臺灣工業史

高淑媛◎著

五南圖書出版有限公司

主編序

奠定臺灣研究基礎　認識本土文化內涵

　　臺灣歷史的發展，並不算很長，有文字紀錄可考者僅數百年而已。但數百年以來，以漢人族群與原住民族群為主體的臺灣，由於歷史發展的特殊，曾歷經不同政權的統治，與中國大陸的關係時分時合；再加上臺灣四面臨海，地理位置優越，自古以來歷史的發展便兼具海洋與國際雙重性格。因此，臺灣本土文化發展多元，與中國文化、日本文化，乃至美國文化相較，均有相當程度的差異性，值得重視與認識。

　　臺灣歷史與文化的研究，以往由於特殊的政治環境，並未受到應有的關注與鼓勵。解嚴以來，隨著國內政治情勢的變化、社會日趨多元與開放，以及本土文化的蓬勃發展，臺灣研究備受海內外人士的重視。臺海對岸的中國學術教育機關亦先後成立臺灣研究所或臺灣研究中心等單位，以研究臺灣政治、經濟、社會、文化各方面的發展。塵封的臺灣史料大量出土，專書、論叢的出版有如雨後春筍；學術研討會的舉辦、學者的參與研究，以及各地文史工作室的相繼成立，積極投入臺灣各角落文史資料的發掘與搜集工作，終使臺灣研究形成一股熱潮，蔚為「顯學」，與過去的情況相較實不可同日而語。

　　為了回應臺灣歷史與文化研究的熱潮，五南圖書公司特於數年前邀請張勝彥教授、吳文星教授與本人，各就學術專長領域，分工合作，共同完成《臺灣史》一書，以臺灣通史形式刊行問世，藉以幫助讀者對臺灣歷史發展獲得進一步認識。同時，並邀請本人主持《臺灣史研究叢書》出版計畫，預定出版一系列的臺灣專史。各部專史均各就臺灣歷史與文化的專門領域分別加以論述，以加強臺灣研究的廣度與深度，為臺灣研究奠定堅實的基礎；並透過各部專史精采生動的論述，以幫助讀者認識本土文化的內涵，豐富臺灣

住民的精神食糧。

　　本研究叢書共十六部，依序是臺灣政治史、臺灣經濟史、臺灣社會史、臺灣原住民史、臺灣婦女史、臺灣佛教史、臺灣道教史、臺灣基督教史、臺灣民俗史、臺灣教育史、臺灣新聞史、臺灣文學史、臺灣建築史、臺灣音樂史、臺灣美術史、臺灣戲劇史。各部專史的撰稿人俱爲海內外臺灣研究各個領域的知名學者。各部專史的時間斷限，上起開闢，下迄西元2000年爲原則。

　　本研究叢書採語體文撰述，引用資料均於各頁附加註釋（隨頁註），說明資料來源，藉以徵信查考。朝代先後依臺灣歷史發展之實況，分別稱史前時代、荷西時代（或荷據時期）、鄭氏時代（或明鄭時期）、清領時期（或清代、清治等）、日治時期（或日據時期）、戰後（或光復後、中華民國在臺灣等）。年號以使用西元爲原則，並於第一次出現時附註當時紀元，以便參照。

　　本研究叢書之撰述，使用當時地名，並附註現今地名，以便閱讀；所附圖表儘量以隨文方式編排，俾便讀者參閱。

　　本研究叢書各個作者，分別任職於中央研究院及海內外著名大學。他們均在本身繁忙的教學與研究工作之餘，抽空撰寫。由於撰稿時間匆促，或有部份論述因引用資料未能及時取得，以致出現若干錯誤與疏失；或因史事取材與史觀解釋所限，而未臻周延。這些都有賴學界先進與所有讀者的不吝指教，以爲再版修訂之參考。是爲序。

黃秀政　謹識

自序

　　歷史研究是一門需要累積的學問。回顧起來，對臺灣工業產生興趣是碩士階段參與二二八口述歷史跑田野的年輕歲月，當時受訪者口中一再出現的失業一詞累積成鮮明的記憶，進入博士班開始關注臺灣經濟時，只能從國家政策的角度切入，但是想了解社會經濟活動的念頭一直無法放棄。十多年後出版鳳梨罐頭那本專書時，似乎抓到了一點模糊的概念，參與臺灣化工史的撰寫計畫是相當大的轉捩點，透過化學工業的檢討以及再度跑田野的經驗，找到了臺灣漢人社會的生產技術變遷做為切入點，形成本書軸心。然而產業的世界豐富且多元，這本小書所提供的臺灣工業發展經驗，只能抓住一點皮毛，還有許多研究空間等待大家共同努力，透過產業的角度了解臺灣社會、理解資本主義，尋找永續立足臺灣的更好方式。

　　漫長的學習過程，有許多值得感謝的人，特別是大學時代引導打開觀看土地之眼的林瑞明老師，碩士班時陳慈玉教授開啓了關心臺灣經濟的心，跟著張炎憲老師跑田野引導通往近代工業之路，並在梁華璜老師羽翼下成長，臺大經濟系教授吳聰敏長期以來指導與啓發經濟理論與觀念、成大歷史系提供了浸淫書海的好環境，與化工的翁鴻山教授、陳顯彰總經理、徐英傑一起討論、跑田野拓展了社會的寬廣視野，近兩年在研究室幫忙的咨仰、研如、育安、堯涵、秉晨、依璇，辛苦了。產業的世界是豐富、複雜且深蘊人性哲理的，希望這本小書可以提供更多一點對臺灣社會的認識，也期望這只是開端。謹把本書獻給我在天上的父母，還有已經可以永享平安喜樂的張老師、梁老師，以及這塊土地、在這塊土地上流汗工作的人們。

目錄

表目錄

導 論

　　本書主要目的是從臺灣內部因素、技術等長期變遷角度討論臺灣工業化問題。臺灣工業化之路漫長且曲折，自十九世紀中葉以來，歷經殖民統治、戰爭以及政權轉移等巨大變化，1960年代中期，眾多民營中小企業生產國際貿易商品主導之下，臺灣社會轉型為工業化社會，由輕工業為主變成重化工業為主的結構變動也在1970年代順利完成，躋身現代工業化國家之林。

　　臺灣工業化的最大特徵為由眾多中小企業主導出口，明顯與主流的規模經濟經驗不同。眾多中小企業在資本取得上較為容易，而且以出口為導向的工業化需要投入國際市場競爭，不具有規模經濟優勢的中小企業，多數工廠擁有物美價廉的生產技術是重要關鍵，一般而言從國家政策、大企業、資本的視角切入，不太容易掌握。

　　回顧臺灣歷史，從十七世紀以來即捲入國際東西洋勢力變動漩渦之中，頻繁的改朝換代加上內部的多元族群社會的歷史特質，如何從長期性視角有系統地思考這些複雜的歷史變遷？乃是一大挑戰。站在臺灣這塊土地生活者之立場，回顧接觸近代工業之前，臺灣社會累積了什麼生產經驗，並以之為基礎，觀察臺灣社會接觸近代工業之後，如何走上眾多中小企業主導貿易商品生產之路，從社會與國家、市場互動之角度，也就是從由下而上之視角，討論臺灣工業化問題。

　　有兩點需要先說明。首先是臺灣社會的實際內涵只包括漢人社會。臺灣原住民社會的生產活動有自己的歷史脈絡與價值觀，也是筆者深感興趣的，但目前還沒有能力處理。其次是工業的定義。工業的內涵通常包括製造業及油電礦等能源、原物料，也稱為工礦業。臺灣的油與電由國家經營，具有獨占性質，而礦業則是開採大自然蘊藏的資源做為原物料，兩者的性質與製造業有所差異。再者製造業又有專賣、公營及民營之區別，站在民眾之立場，只有民營部分提供著力點。因而本文沿用日治時代以來大家習用的工業之稱呼，實質上則採用工業的狹義定義，以民營製造業為討論之核心。基本上，本書是以臺灣漢人社會加工生產的長期歷史變遷為主軸，檢討社會經濟活動裡的工業圖象之變化。

　　從臺灣工業長期歷史變遷角度切入的歷史分期，與政治的變動並不完全一致。隅谷三喜男、劉進慶、涂照彥等的一連串研究，奠定了臺灣的近現代經濟從清末啓動，1858年開始接觸歐美世界是啓動變遷較適切的年代，而從農業爲支配產業的社會，轉變成以工業及貿易爲主的社會，取得劃時代的經濟發展年代是1964年（昭和39）的戰後發展期。[1]1930年代中期，因重視軍需工業，重化工業成長速度較快，歷經戰爭仍然持續，戰後工業結構的變化快且種類多元，1973年（昭和48）重化工業的比重超過輕工業，工業結構轉型成功。[2]繼承上述觀點，以及經濟社會的類型有農業社會、工業社會，從結構長期變化角度來看，臺灣工業的歷史發展可以劃分爲三個重要階段：1858年之前是以農業爲主的時期，工商業位處輔佐地位，稱之爲傳統農業社會的加工生產時代。1858年臺灣開港，西方近代工業開始影響臺灣，歷經了約一百年的轉型，1964年工業產值超過農業且繼續維持下去，從此農業社會正式轉型爲工業社會，因而1858年到1964年屬社會經濟轉型期。1964年轉型爲工業社會之後，直到今日繼續發展，稱之爲現代工業化社會時期。因爲經濟社會類型的變動緩慢，不同產業變動的速度也不一致，分期的年代無可避免帶有一定的模糊空間。

一、回顧傳統加工生產的重要性

　　討論臺灣工業化問題需要回顧臺灣傳統社會加工生產活動，主要來自

---

[1]　隅谷三喜男、劉進慶、涂照彥《臺灣の經濟：典型NIESの光と影》（東京：東京大學出版會，1992年），頁1-55。本書以1953－1990年爲主要分析對象，雖然主要採取政治分期，但也指出如上述之農業社會轉型爲工業社會之質的轉變之起點及實現點，本書即繼承由農業社會轉型爲工業社會性質轉變之觀點，重新思考長時段的歷史分期。

[2]　葉淑貞〈臺灣工業產出結構的演變：1912－1990〉，《經濟論文叢刊》24：2（1996年6月），頁227-274。

二十世紀初期臺灣社會與機械化生產接觸的歷史經驗，當時日本殖民統治者政策重心放在出口商品、現代化工業，相對地，臺灣社會必須立基於清代累積的資本、技術等基礎之上，自主吸收相關資訊，由社會內部緩慢地由下而上展開工業化之路，因而了解臺灣傳統社會的加工生產能力、活動是重要的。

　　回顧文獻，臺灣傳統社會的加工生產活動之研究有斷層出現。研究者相當重視荷蘭時代的加工生產活動，製糖業、燒磚業及在打狗的製鹽業、藍靛業等等很早就被注意，[3]1625－1641年間陸陸續續在臺灣建立了磚窯業、石灰業、釀造業、包裝業及製蓆業等，[4]荷蘭時代漢人移民社會的加工生產活動相當豐富。十九世紀晚清時期，臺灣大量出口茶、糖及樟腦，進口各種工業品，對貿易活動的依賴是全中國最高的。[5]茶、糖、樟腦屬農林產品之加工部門，研究者不少，從清初自給性生產，1830年出口福建，1865年外銷興盛到1940年代之後轉變成內需市場之發展脈絡，有完整分析。[6]此外，十七～十九世紀約兩百年的歲月，造船業[7]、藍靛業[8]、燃料產業的歷史發展[9]，較為清楚。

---

[3] 曹永和《臺灣早期歷史研究》（臺北：聯經，1979年7月）；江樹生〈臺灣經營藍樹藍靛業的開始〉《臺灣文獻》53：4（2002年12月），頁239-253。

[4] Pol Heyns著、鄭維中譯《荷蘭時代臺灣的經濟、土地與稅務》（臺北：播種者文化，2002年）。

[5] 林滿紅《茶、糖、樟腦業與臺灣之社會經濟變遷，1860－1895》（臺北：聯經出版公司，1997年9月），頁6-7。

[6] 陳慈玉《臺北縣茶業發展史》（臺北：稻鄉，2004年）；許賢瑤〈臺灣包種茶的製造與發展〉，《臺灣文獻》56：1（2005年3月），頁131-170；許賢瑤〈日治時代臺灣包種茶的生產與交易〉，《臺北文獻》151（2005年3月），頁137-174；收入許賢瑤《臺灣包種茶論集》（臺北：樂學，2005年）；范瑞珍〈客家產業經營探討：以姜阿新茶業經營為例〉，《臺北文獻》150（2004年12月），頁107-130。

[7] 許雪姬〈竹筏在臺灣交通史上的地位〉，《臺灣風物》33：3（1983年9月），頁1-9；李其霖〈清代臺灣軍工戰船廠的興建〉，《淡江史學》14（2003年12月），頁193-215；李其霖〈清代臺灣軍工戰船廠的沒落〉《暨南史學》12（2009年7月），頁157-200；陳政宏〈一脈相承：臺灣筏的技術創新與特性〉，湯熙勇編《中國海洋發展史論文集》第十輯（2008年7月），頁527-573。

[8] 蔡承豪〈嘉義地區藍靛業的發展與變遷（十八世紀初－1920年代）〉，《臺灣文獻》63：3（2012年9月），頁151-199；蔡承豪、蕭景文〈尋找失落的產業與先民的回憶：清代平溪的藍靛業〉，《臺北文獻》148（2004年6月），頁233-256。

[9] 曾品滄〈炎起爨下薪：清代臺灣的燃料利用與燃料產業發展〉，《臺灣史研究》15：2（2008年6月），頁37-78。

　　從十七世紀荷蘭人在臺灣建立米、糖並重的經濟發展模式，農業與貿易逐漸結合為一體形成農商連體經濟體系，歷經明鄭時代、清代到1960年代，臺灣經濟基本上以農商連體經濟體系為主軸，延續三百餘年。[10]具有島嶼特色的臺灣經濟必須與島外進行商品交易，農商連體經濟體系生產與貿易並重，符合臺灣需求。另一方面，貿易需要商品，漢人移民的自給自足觀念，也在漫長的歷史進程中不斷展開，以在地生產取代進口努力，清末臺灣不只出口茶、糖及樟腦等農產加工品，也出口精緻的手工商品，如一張可以賣到五、六十金的大甲蓆，鹿港奇楠香及臺南之竹絲冠胎，這些也是商旅購買回鄉餽遺之禮品。[11]明顯地臺灣傳統之加工生產活動應該有更豐富的內涵與技術水準，這是思考臺灣工業化問題時必須重視的歷史條件。

二、工業化轉型期的重要課題

　　清末臺灣社會受到資本主義的外來衝擊，歷經日本殖民統治，到1964年工業產值超過農業產值轉型為工業化社會，1858年到1964年可視為臺灣工業化轉型期，研究成果最多的時期。

　　經濟學者運用理論和統計整理工業發展脈絡，指出1868年以來工業成長速度加快，日治時期使用機械動力工廠的出現是生產技術的最大變革，工廠就業的勞動人口在1930年代已經超過傳統手工業部門，確立了近代工廠成為主要的生產組織，1930年代軍需工業化重點為重工業與化學工業，具有現代性。第二次世界大戰之後工業成長速度變快而且更穩定，臺灣由農業社會轉

---

[10] 黃富三〈臺灣農商連體經濟的興起與銳變〉，林玉茹編《比較視野下的臺灣商業傳統》（臺北，中央研究院臺灣史研究所，2012年），頁3-36；黃富三〈十七世紀臺灣農商連體經濟的啟動〉，陳益源主編《2009閩南文化國際學術研討會論文集》（臺南：國立成功大學中國文學系，2009年），頁121-142。

[11] 蔣師轍撰《臺游日記》（臺北：臺灣銀行經濟研究室，1957年），頁67。這些商品的討論詳見本書第三、四章。

型進入工業社會是1964年；1973年重化工業又超過輕工業，達成工業結構的轉型，1978年（昭和53）之後的臺灣社會成為一個以重化工業為主的現代工業化社會。[12]

工業化轉型過程中，日本殖民統治者、日本資本扮演的角色被重視。矢內原忠雄從製糖業切入，認為臺灣的資本主義經濟是由國家主導，接著涂照彥加以增補，把糖業帝國主義的內涵整理得更為清晰，並提出國家在1930年代軍需工業化的重要性。[13]吳文星討論日治初期經科學調查研究後之糖業改革，戴寶村研究陳中和經營新興製糖，何鳳嬌探討日治時期製糖工業與甘蔗種植之進步等，[14]補充細節。

1930年代軍需工業化是另一重點，楠井隆三《戰時臺灣經濟論》及張宗漢《光復前臺灣之工業化》，採紀年方式整理1930年代的工業發展。[15]1930年代軍需工業化的內容分析，產業史方面有陳慈玉分析鋁業及鹼氯產業，[16]

---

[12] 葉淑貞〈從歷史角度剖析臺灣戰後工業發展的特徵〉，《中國現代史專題研究報告（17）》（臺北，中華民國史料研究中心，1995年5月），頁508-610；葉淑貞、劉素芬〈工業的發展〉，《臺灣近代史經濟篇》（南投市，臺灣省文獻委員會，1995年6月），頁199-310；葉淑貞〈臺灣工業產出結構的演變：1912－1990〉，《經濟論文叢刊》24：2（1996年6月），頁227-274；葉淑貞〈臺灣近百年來工業成長型態之剖析〉（行政院國家科學委員會專題研究計畫成果報告，1998年1月）。

[13] 林滿紅〈日據時期臺灣經濟史研究之綜合評介〉，《史學評論》1（1979年7月），頁165-175；涂照彥《日本帝國主義下的臺灣》（東京都，東京大學出版會，1975年6月）；矢內原忠雄《帝國主義下的臺灣》（東京都：岩波書店，1988年6月）。

[14] 吳文星〈日治初期臺灣糖業改革之序幕〉，收入黃俊傑編《高雄歷史與文化論文集（第三輯）》（高雄：陳中和翁慈善基金會，1996年），頁1-11；戴寶村〈陳中和與新興製糖株式會社之發展〉，收入黃俊傑編《高雄歷史與文化論文集（第三輯）》（高雄：陳中和翁慈善基金會，1996年），頁71-90；何鳳嬌〈日據時期臺灣糖業的發展〉《國史館館刊》復刊20（1996年6月），頁71-94。

[15] 楠井隆三《戰時臺灣經濟論》（臺北：南方人文研究所，1944年）；張宗漢《光復前臺灣之工業化》（臺北：聯經出版事業，1980年5月）。

[16] 陳慈玉〈日據時期臺灣鹽業的發展—臺灣經濟現代化與技術移轉之個案研究〉，載中研院近史所編《中國現代論文集》（臺北，中研院近史所，1991年3月），頁579-605；陳慈玉〈一九四〇年代的臺灣軍需工業〉，《中華軍事史學會會刊》9（2004年4月），頁145-189；〈斷裂與連續：戰時到戰後初期臺灣重要軍需工業的變遷〉，《兩岸發展史研究》7（2009年6月），頁155-199；〈自軍需至民需—近代臺灣的鹼氯工業〉，《兩岸發展史研究》創刊號（2006年8月），頁1-19；〈近代臺灣的鹽業與鹼業：技術移轉與產業轉型的一個案〉，《新亞學報》24（2006年1月），頁241-290；〈近代臺湾の塩業とソーダ業—技術革新と産業転換の一例として〉，《社会システム研究》12（2006年3月），頁139-172；陳慈玉〈連續與斷裂：戰後初期的臺灣工礦業，1945－1947〉，收入楊振隆編《大國霸權or小國

褚塡正處理屬國策會社性質的丁醇產業戰前戰後，[17]洪紹洋與陳政宏談日本人經營的現代化機械工廠、造船廠戰前戰後近百年的歷史。[18]高淑媛則從政策面切入進行分析。[19]戰後初期的工業政策，仍以公營事業爲主體，資源由政府分配，民營工業只有紡織業看到發展，[20]臺灣的航空工業也是國家主導之下的產業。[21]這些研究共同指出軍需產業是日本帝國分工體制下的產物，由國家、日本資本、技術主導，屬殖民地型產業分工結構性質，第二次世界大戰後並沒有很大變化，只是企業組織型態由民營轉變爲公營；只有鋁業在戰後輔導民營鋁加工廠轉供應內需，公營與民營合作，是比較少見的例子。[22]

由國家、日本資本、技術主導的製糖業、軍需工業，在日治時期是臺灣工業主流，但並不是戰後領導臺灣工業化的主要力量；領導臺灣工業化的

人權：二二八事件61週年國際學術研討會學術論文集‧上冊》（臺北：二二八事件紀念基金會，2009年），頁65-124。

[17] 褚塡正〈戰時「臺灣拓殖株式會社」之研究—試析嘉義化學工廠（1939－1945）（上）〉，《臺北文獻直字》141（2002年9月），頁87-118；〈戰時「臺灣拓殖株式會社」之研究—試析嘉義化學工廠（1939－1945）（下）〉，《臺北文獻直字》142（2002年12月），頁87-121；褚塡正〈戰後臺灣石化工業之濫觴：中油公司嘉義溶劑廠研究（1946－1972）〉，《臺北文獻》163（2008.3），頁175-214。

[18] 洪紹洋〈日治時期臺灣機械業發展之初探：以臺灣鐵工所爲例〉，收於國立中央圖書館臺灣分館編，《朱紫明學術研討：殖民與近代化論文集》（臺北：國立中央圖書館臺灣分館，2009年），頁271-296；〈戰後臺灣機械公司的接收與早期發展（1945－1953）〉，《臺灣史研究》17：3（2010年9月），頁151-182；陳政宏《鏗鏘已遠：臺機公司獨特的一百年》（臺北市：行政院文化建設委員會，2007年）；堀內義隆〈日本植民地期臺湾における機械市場の形成と機械工業の發展〉，《現代臺湾研究》35（2009年3月），頁35-56；洪紹洋《近代臺灣造船業的技術轉移與學習》（臺北：遠流，2011年）；洪紹洋〈戰後臺灣造船公司的接收與經營（1945－1950）〉，《臺灣史研究》14：3（2007年9月），頁139-170；洪紹洋〈戰後臺灣造船公司的技術學習與養成〉，《海洋文化學刊》4（2008年），頁153-194；許毓良〈光復初期臺灣造船業（1945－1955）：以臺船公司爲例的討論〉，《臺灣文獻》57：2（2006年6月），頁191-234。

[19] 高淑媛〈臺灣戰時生產擴充政策之實施成效—以工業爲中心之分析〉，《成大歷史學報》29（2005年6月），頁165-213。

[20] 劉士永《光復初期臺灣經濟政策的檢討》（臺北：稻鄉，1996年）；劉士永〈戰後初期臺灣工業政策與生產狀況1945－1952〉《臺灣風物》41：3（1991年10月），頁156-206。

[21] 林玉萍《臺灣航空工業史：戰爭羽翼下的1935年－1979年》（臺北：新銳文創，2011年）。

[22] 陳慈玉〈「計劃經濟」體制下的臺灣鋁業〉，收入謝國興編，《改革與改造：冷戰初期兩岸的糧食、土地與工商業變革》（臺北：中央研究院近代史研究所，2010年），頁233-274。

主力乃是民營中小工業。許雪姬、劉素芬以民營的唐榮鐵工廠爲核心，討論1940年代設立到1945年戰爭結束後事業繼續經營，度過危機後採用規模經濟的觀念，大量投資成長爲民營規模最大的鐵工廠，1960年前後再度發生經營危機，終於在1962年（昭和37）收歸國營，並從國家政策解釋原因等。[23]謝國興以臺南幫爲核心進行研究，橫跨日治時代到現代，從小紡織廠成長爲企業集團，是戰前臺灣社會工廠經營與戰後之間有延續性的具體例證。[24]醬油業、蔺草產業及花生榨油技術、養蠶繅絲事業，從自給式的純手工，轉而採用日本人帶進來的機械化生產，[25]清末臺灣社會已經可以生產的化學工業品，也在轉型過程中由社會自主採取機械化生產。[26]日本時代培養的技術人才、人際網絡在戰後仍然發揮影響力，日治時期的生產技術也成爲1960年代興起之製鞋產業的技術基礎，戰前殖民地時期各種資產在戰後順利被繼承發展。[27]1949年前後來臺的上海商人帶來設備與技術，對臺灣經濟有正面貢獻。[28]女性與臺灣工業的研究相對較少，黃富三《女工與臺灣工業化》肯定1949年後工業爲經濟發展重點時，紡織業、電子業的出色成就是由女工達成

[23] 許雪姬〈唐榮鐵工廠之研究，1940－1955〉，收入黃俊傑編《高雄歷史與文化論文集（第二輯）》（高雄：陳中和翁慈善基金會，1995年），頁155-199；〈唐傳宗與鼎盛時期的唐榮鐵工廠，1956－1960〉，《思與言》33：2（1995年6月），頁67-96；〈戰後臺灣民營鋼鐵業的發展與限制，1945－1960〉，收於陳永發主編《兩岸分途：冷戰初期的政經發展》（臺北：中央研究院近代史研究所，2006年），頁293-337；劉素芬〈民國四十年代政府經濟政策與民營企業：唐榮鐵工廠改組爲公營之政策背景〉收入黃俊傑編《高雄歷史與文化論文集（第二輯）》（高雄：陳中和翁慈善基金會，1995年），頁201-299；樊沁萍、劉素芬〈一九六〇年代唐榮鐵工廠公營化個案分析〉，《人文及社會科學集刊》8：1（1996年3月），頁189-226。
[24] 謝國興《企業發展與臺灣經濟：臺南幫的個案研究》（臺北：中央研究院近代史研究所，1994年）。
[25] 江辛美〈臺灣日治時期醬油產業的變遷〉，《臺灣博物》28：3（2009年9月），頁52-63；洪麗雯〈藝術與產業的交會：清末臺灣蔺草之運銷〉，《臺灣學研究》4（2007年12月），頁61-76；〈日治時期臺灣蔺草紙會社的出現及發展〉，《臺灣文獻》58：4（2007年12月），頁269-312；林哲安〈日治時期臺灣花生榨油技術的發展與運用〉《臺灣史學雜誌》13（2012年12月），頁60-95；何素花〈臺灣蠶業之發展：日治時期殖民經濟事業之一〉，《臺灣史料研究》22（2004年2月），頁72-111。
[26] 高淑媛《臺灣近代化學工業史》（臺北：臺灣化學工程學會，2012年10月）。
[27] 謝國興〈戰後初期臺灣中小企業的殖民地傳承〉，謝國興主編《邊區歷史與主體性形塑》（臺北：中央研究院，2013年12月），頁45-85。
[28] 謝國興〈1949年前後來臺的上海商人〉，《臺灣史研究》15：1（2008年3月），頁131-172。

的。1960年代以來婦女在製造業之勞動參與率的快速增長，成為推動臺灣工業化的重要因素之一。[29]柯志明以五分埔成衣製造業為例證，深入討論臺灣都市小型製造業的資本、技術來自親友的互相支援，市場資訊共享，農業時代的互助模式延伸到現代小型工廠。[30]這些專書與論文討論涉及了清末以來工業生產朝向資本主義化轉型過程中，臺灣社會自主採取的各種行動，戰前戰後持續努力打造臺灣工業化的成績。

　　1858年到1963年的轉型期，因為有第二次世界大戰及戰後的混亂期，加上政治因素，戰前戰後是連續抑或斷絕，牽涉到臺灣順利工業化是社會抑或國家的貢獻之歷史評價問題。基本上研究者從個案或是統計數字進行研究，大多主張1930年（昭和5）是影響戰後中小企業的重要時期，戰前戰後有連續與斷絕的兩面，但從臺灣社會而言連續性較明顯，日本學者石田浩也透過1945－73年中小企業研究，肯定戰後臺灣經濟以中小企業為主體。[31]只有少數學者站在國家的立場，選擇紡織、石化及自行車產業等戰後國家曾強力介入的產業為例，強調國家的角色。[32]

　　筆者認為從臺灣歷史來看，國家權力一直處在交替變動中，而社會是相對穩定且持續立足在這塊土地之上，實際經營工廠進行生產的也是社會，民營中小企業更需要從社會角度切入理解。因而本文將以這段時期豐富的研究成果為基礎，從傳統加工的累積、輕工業的生產機械化、重化工業的技術研

[29] 劉鶯釧、謝嘉雯〈女性勞動參與的決定因素：1905－1940年的臺灣實證〉，《經濟論文叢刊》25：2（1997年6月），頁183-205；黃富三《女工與臺灣工業化》（臺北：牧童，1977年），頁1-92；劉克智〈臺灣婦女勞動力與工業發展之關係〉，于宗先、劉克智編《臺灣的工業發展》（臺北：中央研究院經濟研究所，1984年），頁407-431。

[30] 柯志明《臺灣都市小型製造業的創業－經營與生產組織：以五分埔成衣製造業為案例的分析》（臺北：中央研究院民族學研究所，1993年）。

[31] 石田浩《臺灣經濟の構造と展開：臺灣は開發獨裁のモデルか》（東京都：大月書店，2003年），頁97-129。

[32] 瞿宛文《經濟成長的機制－以臺灣石化業與自行車業為例》（臺北，唐山，2002年）；〈重看臺灣棉紡織業早期的發展〉，《新史學》19：1（2008年3月），頁167-227；〈臺灣戰後工業化是殖民時期的延續嗎？兼論戰後第一代企業家的起源〉《臺灣史研究》17：2（2010年6月），頁39-84。

究，以及戰前戰後的繼承發展等角度切入，更具體地討論社會在臺灣工業化的過程扮演的角色。

三、本書之構成

臺灣工業化由民營中小企業主導，對現代工業化理論而言最大的焦點是社會由下而上的工業化，因而本書第一個焦點是臺灣漢人社會在現代化之前的加工生產之累積，從第一章到第五章討論十七世紀以來的木工技術、線香及蓆、布等出口工藝品、婦女的工業生產活動等，展示更多臺灣在農業時代的手工業生產面向及特色。

1858年到1963年工業化轉型期的臺灣社會，是本書的第二個重點。這個時代橫跨清末、日治時期及戰後初期，最重要的議題是臺灣社會能不能吸收西方工業革命所帶來的改變。西方工業革命在十八世紀中葉生產方式轉換為使用機械與動力，速度快、效率高而提升價格競爭力，十九世紀中葉科學與技術的結合。Douglass C. North指出十九世紀中葉之後，生產技術愈來愈需要科學上有重大突破，直到石油化學及核能的發展，這是科學與技術結合的階段。科學與技術結合出現在十九世紀，二十世紀快速發展，到現在還未停止，對現代工業影響更大。[33]日本統治時代的大規模機械工廠、產業技術研究，基本上是以日本人為主體運作的，對臺灣社會而言，決定工業化成敗的關鍵出現在第二次世界大戰結束、日本工程師遣散回國之後，臺灣社會能不能填補日本人留下來的技術空缺，並繼續讓日本人留下來的硬體設備正常運轉。歷史已經證明大部分是可以的，因而問題的核心就必須解決臺灣社會如何累積自己的技術能力。因而本書分析工業化轉型期時，以臺灣社會的因應

---

[33] Douglass C. North. Structure and Change in Economic Hisory, New York: W.W.Norton, c1981.

行爲做爲分析重點，包括臺灣社會如何吸收機械化生產、公司制度，接觸科學與技術結合之進步技術的歷史經驗，以及臺灣社會的技術能力累積在戰後初期如何呈現並躍上國際舞臺等，將在第六章到第十章進行分析。

　　1960年代中期，臺灣由農業社會正式轉型爲工業社會之後，漸漸走出一個與以往都不同的時代，以國際廣大的市場需求爲發展主力，並引進外資、導入技術，轉型爲重工業與化學工業占優勢的現代工業社會。這一段歷史屬當代史，以第十一章整理民營重化工業的脈絡，分析臺灣工業化的獨特歷史過程帶來之影響。最後，再將透過本書的分析看到的新發現，結合已有的研究成果，提出臺灣工業化的長期變遷歷史圖象。

　　本書從社會的角度觀察臺灣現代工業化的歷程，把重點放在社會、技術及政策，只是一個開始。工業的變遷受到技術、政策的影響之外，也受到資本、勞工、市場的影響，同時也將改變原有社會的流通構造、財富分配、農業生產、社會階級、價值觀等等，期待未來更多研究者投入，解明臺灣現代工業化、資本主義化不同面向的發展過程，掌握優點與弊端，透過回顧過往共同思考未來。

第一章　十七世紀臺灣社會的木工技術

　　十七世紀荷蘭人統治臺灣對臺灣加工生產影響很大。荷蘭以商業立國，積極到各地尋找商業據點與商業機會，十七世紀在臺灣建立米、糖經濟的發展模式，明鄭時期繼承之，清代有糖、米、茶及樟腦出口，直到1960年代臺灣經濟的發展基本上以農商連體經濟體系爲主軸，延續三百餘年。[1]十七世紀以來，農業與貿易結合爲一體的農商連體經濟體系，是臺灣經濟的一大特色。

　　農商連體經濟體系不僅由農業與商業組成，就如甘蔗農業需要加工技術製成糖，成爲商品，農業與商業之間還有加工業的支持。製糖業、燒磚業及在打狗的製鹽業、藍靛業等等很早就被注意，[2]磚窯業、石灰業、釀造業、包裝業及製蓆業等等亦陸陸續續在臺灣建立。[3]這些加工產業形成農商連體經濟的商品生產基礎。從長時段歷史變遷角度來看，荷蘭時代的工商色彩對臺灣漢人社會的加工生產活動有何影響？荷蘭時代重要文獻《熱蘭遮城日誌》中記錄許多與木工相關事項，本章乃選擇以木工技術爲線索，討論十七世紀臺灣漢人社會的加工生產如何形成，以及其影響。

一、蔗糖貿易與包裝

　　1624年荷蘭人來到大員時主要目標是建立據點從事中國、日本及東南亞、波斯到歐洲的轉口貿易。貿易需要商品，十七世紀國際上流通的四大

---

[1]　黃富三〈臺灣農商連體經濟的興起與銳變〉，林玉茹編《比較視野下的臺灣商業傳統》（臺北，中央研究院臺灣史研究所，2012年），頁3-36；黃富三〈十七世紀臺灣農商連體經濟的啓動〉，陳益源主編《2009閩南文化國際學術研討會論文集》（臺南：國立成功大學中國文學系，2009年），頁121-142。

[2]　曹永和《臺灣早期歷史研究》（臺北：聯經，1979年7月）；江樹生〈臺灣經營藍樹藍靛業的開始〉，《臺灣文獻》53：4（2002年12月），頁239-253。

[3]　Pol Heyns著、鄭維中譯《荷蘭時代臺灣的經濟、土地與稅務》（臺北：播種者文化，2002年），頁35-73。

貿易商品是砂糖、棉布、生絲以及茶。[4]砂糖、棉布、生絲以及茶的原料都
具有農業性質，臺南一帶平原寬廣、土地肥沃，溫度與陽光皆適合植物成
長，擁有得天獨厚的農業條件，因而荷蘭人把臺灣當作海外貿易基地之外，
也花一些心思關注農業生產。1633年荷蘭人開始獎勵種植稻米、甘蔗，接著
陸陸續續獎勵種植更多可以加工爲商品的農產品。南部的平原缺少水利灌溉
之便，稻是旱稻，收穫量不大，小麥、大麥、豆類、棉花、苧麻、菸草、大
菁、油菜種子、薑黃等也有少量生產。[5]荷蘭人也曾試著在臺灣養蠶，1646
年種植桑樹，並從中國找來專家，那些專家把第一批蠶引進福爾摩沙（臺灣
南部）。[6]荷治時期養蠶業未見可觀成績。總之，荷蘭人在臺灣栽培甘蔗、
棉花、種桑養蠶是爲了取得國際貿易商品，具有農業商品經濟性質。

　　荷蘭人在臺灣的諸多嘗試，以種蔗製糖成績最好，這與荷蘭人招致漢人
移民原鄉的社會經濟背景有密切關係。1633年荷蘭人在臺灣島內開始獎勵種
植甘蔗時，從福建招募蔗農與製糖工人。從福建招募移民，除了地理上接近
的因素之外，應該也有技術方面的考量。中國在很久以前就開始種甘蔗，唐
代甘蔗糖業的雛型已經出現。福建栽培甘蔗的紀錄最早出現在宋代，成書於
十二世紀的《糖霜譜》記錄了福建爲中國境內糖霜五大產地之一，馬可波羅
在1290年左右經過福建時，也盛讚當地糖業興盛。福建所產蔗糖運銷中國各
地，也銷售到海外。[7]馬可波羅的著作在西方廣爲流傳，荷蘭人可能有所耳
聞。十六世紀福建的製糖技術因爲國內外市場需求擴大的刺激，發展出一套
與新時代對應的技術體系，從甘蔗栽培、品種選擇到壓榨、煎糖及精製成白
糖等一系列的生產技術，是當時最進步的，而且這一套技術也隨著移民的足
跡到達了東南亞各地。[8]荷蘭人從福建招募蔗農、製糖工人來臺，等於是透

[4]　浜下武志、川勝平太《アジア交易圈と日本工業化》（東京：藤原書店，2001年），頁171-172。
[5]　村上直次郎譯注、中村孝志校注《バタヴィア城日誌》II（東京：平凡社，2003年），頁338-339。
[6]　江樹生譯註《熱蘭遮城日誌》II（臺南：臺南市政府，2002年），頁600。
[7]　戴國煇《中國甘蔗糖業の展開》（東京：アジア經濟研究所，1967年），頁5-61。
[8]　前引浜下武志、川勝平太《アジア交易圈と日本工業化》，頁78-87。

過技術人才的直接移動，將福建進步的種蔗與製糖技術移轉到臺灣，這應該是獎勵種蔗製糖相對順利的重要因素。

1633年開始種植甘蔗，1635年生產200-300擔的少量蔗糖，[9]1636年臺灣生產蔗糖外銷之後，數額年年增加，1636年至1661年蔗糖生產額及外銷量、外銷地點如下〈表1-1〉所示，包含日本、巴達維亞（即今日之印尼雅加達）、波斯等地，1650年之後有許多年產量都超過1萬擔。〈表1-1〉的數字不代表1636-1661年間實際生產、輸出的蔗糖數量，應該是代表這段期間有紀錄可查的生產、輸出數量，可以看到的趨勢是臺灣的生產穩定成長，外銷量則時有消長。1647年之前大員商館輸出的砂糖量高於臺灣生產額，乃是在臺灣生產之外收購中國砂糖，進行轉口貿易；1647年之後臺灣出口蔗糖以本地生產為主，到了1650年代末期曾經將蔗糖回銷中國。[10]

砂糖不只是商品，種蔗製糖也帶有加工性質，生產及銷售過程中衍生出各種加工產業，例如砂糖生產過程需要生產工具，出口時需要包裝，從種植甘蔗、加工製成糖到包裝、島內物流集中到出口的一連串經濟活動中，需要用到的生產工具、包裝用品有蔗車、鐵鍋、竹籠等，以及運輸工具如牛車、船舶。荷蘭時代用糖桶、糖箱[11]包裝砂糖，製桶與製箱技術也出現在臺灣，是臺灣歷史中最早有明確紀錄的木工技術。

大員商館用糖桶裝砂糖，乃是因為從臺灣將糖運到日本或運回巴達維亞的海上航程又遠又長。中國商品包裝大部分使用竹籠、藤籠，並不適合長途海上運輸，例如1636年12月就曾發生從臺灣航向巴達維亞船上載運的數籠

---

[9] 前引Pol Heyns著、鄭維中譯《荷蘭時代臺灣的經濟、土地與稅務》，頁59。

[10] 林偉盛〈荷據時期的臺灣砂糖貿易〉，曹永和先生八十壽慶論文集編輯委員會編《曹永和先生八十壽慶論文集》（臺北：樂學書局，2001年），頁7-29。

[11] 在史料中最早出現的是糖桶，1640年代糖桶與糖箱並列，接著糖箱出現的次數愈來愈多，1650年代完全取代。木桶與木箱都屬木工技術，本文乃以糖箱為主要稱呼進行討論。

表1-1　荷蘭時代臺灣蔗糖的生產與外銷數量統計（單位：擔）

年代	臺灣產量	輸出					
		日本	巴達維亞	荷蘭	波斯	中國	合計
1636	1,226	4,290	1,000				5,290
1637	3,000-4,000	2,431		9,368			11,799
1638		897	25,483		656.25		27,036.25
1639					5,028		5,028
1640		10	6,319		12,662		18,991
1641	9,000	2,568	1,906		1,000		5,474
1642	7,000						
1643	2,500		5,892	8,000	126		1,4018
1644	3,000		5,800	6,029			11,829
1645	15,000	690		11,000	4838		16,528
1646		4,100	10,044				14,144
1647	8,000		967		700		1,667
1648	9,000		3,050		3,000		6,050
1649	5,300	1,000		1,515	3,000		5,515
1650	12,000	1,000			5,074		6,074
1651	35,000	890	6,004		4,635		11,529
1652	8,000	1,467			2,136		3,603
1653	9,000-10,000	420			4,500		4,920
1654	18,000				4,469		4,469
1655	4,500	1,789	4,265		1,858（箱）		
1656		4,000	3,286（箱）		4,000	1,350	
1657	27,000	4,000			8,000	5,300	17,300
1658	9,900	6,450			6,451	8,000	20,901
1659	17,500	6,000	3,500		8,000		17,500
1660	15,000				8,000		8,000
1661	1,500-1,600	2,452		7,000			9,452

資料來源：林偉盛〈荷據時期的臺灣砂糖貿易〉，頁14。

說明：臺灣產量為白糖與黑糖合計。1636年、1644年、1657年、1659年與所引用資料不同，乃依作者
　　　資料正文修改；1642年產量由正文資料補足。並加上合計一欄。

砂糖，因遇到壞天氣弄溼溶解造成損失的紀錄。[12]因此大員商館在購入商品後會再進行整理、包裝，將貴重商品重新包裝更適合長程海上旅行，例如《熱蘭遮城日誌》1643年9月記載：「整天包裝要運回荷蘭的黃色生絲、白絲及絲質布料」；1644年6月：「連續幾天下雨，因此無法修理受損的戎克船，也無法做我們平常的工作，只是天天將運來的糖裝箱。」[13]大員商館貿易量擴大時，商品包裝需求也跟著擴大，荷蘭人聘請中國人從事包裝、整理與挑運的工作，專門製造包裝絲綢的籃子與竹蓆的中國工匠，行情也跟著看漲。[14]包裝在貿易活動中不太起眼，做起來也似乎不那麼帶勁，但卻是不可或缺的一環。荷蘭人雇用中國人從事包裝及生產包裝用的籃子與竹蓆，有編織技術的工匠在荷蘭時代也來到了轉口貿易據點的安平。

　　1630年代荷蘭人使用的糖桶是進口材料後在臺灣加工。1635年7月從福建沿海來到大員的5艘戎克船中有2艘載糖，1艘載木板與米，那些木板是要用來做糖桶的，另2艘載木板與鍋。[15]1636年至1638年從中國各地至大員船隻所載運的物品中，出現「砂糖桶的木板」之紀錄共有15次。[16]「砂糖桶的木板」一再地出現在商品表單，屬重要商品，但性質上屬原物料，需要加工組裝成糖桶才能使用，從中國進口的木板，合理推測是進口後在大員製成糖桶，然後拿來包裝要出口的糖。當時大員商館雇用的工匠中有箍桶匠，如1637年10月，大員商館出發攻打大武壠原住民之時，被留在城堡裡的人有部分軍隊、船員、木匠、水泥匠、冶鐵匠及箍桶匠等。[17]大員商館雇用箍桶匠，表示糖桶極可能是進口原料由大員商館雇用的工匠直接生產。

[12] 村上直次郎譯注，中村孝志校注《バタヴィア城日誌（Ⅰ）》（東京：平凡社，2003年），頁285。

[13] 江樹生譯註《熱蘭遮城日誌》Ⅱ（臺南：臺南市政府，2002年），頁196，300。

[14] 前引Pol Heyns著、鄭維中譯，《荷蘭時代臺灣的經濟、土地與稅務》，頁61-63。

[15] 江樹生譯註《熱蘭遮城日誌》Ⅰ（臺南：臺南市政府，2000年），頁208。

[16] 曹永和《臺灣早期歷史研究》（臺北：聯經出版公司，1979年7月），頁180-209；220-228。還有一次是從下淡水溪以南的「南方」運了「桶板」到大員的紀錄，查對日誌則是「柴火」，不能證明在1630年代臺灣生產木板，如後述，有生產紀錄出現在1640年代。

[17] 前引江樹生譯註《熱蘭遮城日誌》Ⅰ，頁352。

二、漢人農民製造糖桶與糖箱

　　大員商館進行遠洋貿易，收購商品後重新整理包裝的記載時斷時續。1645-1646年臺灣蔗糖產量增加時，再度出現許多與糖桶相關的記載，呈現的內涵與1630年代的紀錄已經不同了。1640年代的最重要的變化是漢人農業移民參與了生產糖箱或糖桶的工作，不再只是依賴進口。

　　1640年代中國處在明清改朝換代的混亂期，避難來臺的漢人移民快速增加，蔗糖生產量也隨之增加，荷蘭人乃委託漢人移民製造糖桶。1647年6月，大員商館為了避免糖桶缺貨，鼓勵中國人製造更多糖桶，乃跟四個重要的中國人達成協議：如果在三個半月內能夠交來大批的糖桶，我們將對最大的糖桶每個多支付0.125里爾，即支付1.125里爾；不然就支付1里爾，而最小的糖桶將支付0.875里爾。但是如果他們不能在上述期限交貨，這條件就失效。[18]1655年3月，大員商館長官派人去通知大家，有意要供應糖箱給大員商館的人，必須於本月15日以前準備好，過了這日期就暫時不再收購任何糖箱，不過可以準備製造糖箱的木板，以便大員商館以後有需要，即可迅速製造糖箱供應。[19]這些記載告訴我們1640年代來自中國的漢人移民已開始製造糖桶以及糖箱了，交易過程中，大員商館採用價格操作鼓勵漢人移民在荷蘭人選定的期限內製造符合商館要求的商品，非常重視時間與效率。

　　1658年的一筆資料確定製造糖箱的人是農民。1658年1月大員商館收到一份中國人長老、商人及鄉村的農人提出來的陳情書，要求提高收購蔗糖價格。這要求被完全拒絕了，不過在另一方面允許他們，所有的糖，不分種類品級，將來出口稅都將從每擔支付30stuyvers（30×0.05 = 1.5荷盾），減為每擔支付20stuyvers（1荷盾），如此可望增加糖的出口量。此外，因上述中國人長老與農夫代表懇切的要求，決定將從大員商館的帳號預支七千里爾給

---

[18] 前引江樹生譯註《熱蘭遮城日誌》Ⅱ，頁650。
[19] 江樹生譯註《熱蘭遮城日誌》Ⅲ（臺南：臺南市政府，2003年），頁440。

他們，用以供應堅固的糖箱給大員商館，條件是他們必須提出可靠的保證人，而且那些糖箱必須於四個月內交貨。[20]紀錄中強調中國人長老與農夫代表，未將一起陳情的商人含括進去，也告訴我們製造糖箱與農民密切相關。

荷蘭人的貿易活動中蔗糖的地位一直很重要，一年需要多少糖箱？可以從一箱大約可以裝多少糖推測。1656年記載「將175,780斤砂糖分裝在750個箱子裡。」則一箱約可裝234斤。翌年有兩筆記載，「分裝在653箱裡的1,527擔白砂糖」；「651箱砂糖即1,514.5擔砂糖」[21]，換算的話前者一箱裝2.34擔，後者裝2.33擔。荷蘭時代一擔是100斤，這三筆資料很相近，一箱的重量都在234斤左右。若依這個容量估計，一萬擔砂糖需要4,276個箱子，需要量相當多。十七世紀以農業經濟為主流的時代，或說是近代之前社會分工還不太明確的時代，農民與工人、商人間的身分轉換容易，農民在需要時可以參與商業活動，農民們在農閒或有需要時也可以製造加工品，將糖箱板組裝成糖箱或糖桶的工作，所需要的木工技術也不算困難，而且有需求就會吸引人才，就如1630年代大員商館到中國招募有種蔗製糖技術的移民一般，1640年代大員商館的糖桶、糖箱需求，也很可能吸引有木工技術的漢人移民來到臺灣。

農民參與糖桶生產之後，很快地學會用它來裝糖。1648年4月大員商館用告示通告大家，以後糖不可用桶子裝來交貨，要用籃子裝來交貨，因為用桶子裝，如果糖溼了很難再乾，而會損壞。[22]蔗農模仿荷蘭人用糖桶裝糖交貨被大員商館明令禁止。但在1657年，大員商館改變立場，規定蔗農必須自行將所收穫的糖裝進糖箱裡。這規定予期會有好的效果，公司將可因此排除倉庫的空間不足和因失火遭受損失的問題。[23]大員商館改變立場的主要考量是糖箱保存的成本很高，空的糖箱占用大量的倉庫空間，糖箱也是易燃物，

[20] 江樹生譯註《熱蘭遮城日誌》IV（臺南：臺南市政府，2011年），頁344。
[21] 前引江樹生譯註《熱蘭遮城日誌》IV，頁155，207，270。
[22] 前引江樹生譯註《熱蘭遮城日誌》III，頁27。
[23] 前引江樹生譯註《熱蘭遮城日誌》IV，頁159。

萬一失火將造成重大損失。在裝糖前再收購糖箱，或是要求蔗農用糖箱裝糖，都是把保存糖箱的工作交給農民，儲存空間及火災等損失也轉嫁給農民負擔。

　　總之，歷史紀錄呈現1640年代來臺的漢人移民不但有製糖技術，也參與糖桶、糖箱生產，擁有木工技術。十七世紀中國進步的生產技術，隨著移民足跡遍及東南亞、琉球、朝鮮，然後經由朝鮮帶到日本。[24]擁有農業種植及加工製糖技術的漢人移民也渡海來到臺灣，並能敏銳因應荷蘭人的蔗糖包裝需求製造糖箱，直接透過人才的移動帶來各種加工技術，屬於十七世紀漢人技術移民向海外各地擴展的一個篇章。

三、木工技術與運輸工具

　　十七世紀來臺的漢人移民有木工技術，對臺灣工業史有重要意義。因為十八世紀之前物質的世界可以說是木材的時代，運輸工具、家具、榨油機以及大部分的農具都用木材製造。[25]應用木工技術進行生產的品項很廣，是一個社會不可或缺的技術。木工的原料來自樹木，臺灣在十七世紀時被稱為福爾摩沙，即以樹林青茂聞名，木材資源豐富。原料與技術具備的臺灣木匠，除了糖箱之外還可以生產些什麼呢？

（一）板輪牛車

　　引人注意的第一種產品是板輪牛車。1658年1月大員商館派去蒐集建造新領港船木料的木匠工頭寫的一封信，留下了重要相關資訊。他寫道，在

---

[24] 浜下武志、川勝平太《アジア交易圏と日本工業化》（東京：藤原書店，2001年），頁72-78。

[25] 費爾南‧布勞岱爾（Fernand Braudel）著，施康強、顧良譯《十五至十八世紀的物質文明、經濟和資本主義‧卷一》（臺北：廣場出版，2012年），頁335。

鳳山的角彎落（Hoeck van Hongswa）砍伐的栗子樹無法利用水路運出來，因為從那裡到 Appeliance 的道路盡是沙土、丘陵、灌木和沼澤的混合。那座森林雖然有良好平坦的牛車路，可以從打狗的內河通到森林前面的平地，路程約兩小時，但不知道該森林裡面有多大，因為無法走過那些叢生的荊棘，若能找到進入該森林的通道而砍伐木材，運到打狗的內河裡，就很容易在東北季風時用小船運出來了。又寫道，那條下淡水河的河水都消失了，有些地方乾涸到連空盪盪的舢舨也無法通航，必須又拖又抬地走過一刻鐘以上的乾地，因此，從那裡也沒有辦法取得木頭，除非由原住民用體力來拖扛，從高處搬運到下面來。我們（大員商館）看完這兩封信，立刻寫回信交給送信來的人帶回去，回答說，他們可以從那附近的農夫調用為搬出那些已經砍伐的木頭所需數量的牛車，也可以從在那裡為中國人工作的鋸木工人當中，雇用所需人數的鋸木工人來為我們工作，答應他們將會支付好價錢給他們。[26]荷蘭時代在高屏溪流域伐木，農夫們跟隨著伐木工人的足跡進入森林附近耕種，也已經建立了從河邊直通農地的牛車路，擁有牛車這種適合陸地的運輸工具，有河流之處則利用小船、舢舨運送貨物。我們可以想像當時臺灣內部的生產情形。米、糖經濟架構下，農產品也是經濟商品，米穀與蔗糖都屬於沉重且單價低的商品，運輸需求較大，特別是甘蔗含有超過80%的水分，加工之前很重，更需要運輸工具，因此農夫足跡所到之處如果沒有河運可以利用，建構牛車路是另一種選擇。

　　1658年大員商館所提及可以運送木材的牛車，有很大的可能性是板輪牛車。板輪牛車是以木板做成兩個大輪子，無軸輻之分並使用牛力拖曳的牛車，其上若編竹為箱，就叫笨車。根據文獻考證，臺灣漢人的原鄉漳、泉及日本、琉球一帶並未發現板輪牛車，因而應該不是漢人移民帶進來的。板輪牛車傳入的路線可能有兩條：一條是荷蘭人統治南臺灣時自歐洲輸入；一條

---

[26]　江樹生譯註《熱蘭遮城日誌》Ⅳ（臺南：臺南市政府，2011年），頁340-341。

是爪哇的華人領袖蘇鳴崗由南洋一帶傳入，而以後者的可能性較大。板輪牛車傳入臺灣後有很多名字，如牛車、大車、笨車、柴頭車，甚至也被叫做馬車。板輪牛車的車輪由三片木板合併而成，主要使用樟木、烏心木及柜木等材質，車輪直徑五、六尺（約150至170公分），連牛軛總長約4公尺，寬約1.5公尺。木匠做一輛板輪牛車只要五個工作天即可完成。[27]

蘇鳴崗為泉州人，是巴達維亞的華僑領袖，1636年辭去甲必丹之職回中國途中，曾響應荷蘭大員商館的開墾號召，落腳臺灣，向漢人通事購屋翻修居住，並招來移民入墾，1639年3月重返巴城，於1644年客死該地。[28]蘇鳴崗長期在印尼活動，從印尼間接引進歐洲人使用的板輪牛車是有可能的，因為板輪牛車的源頭是歐洲。在歐洲，人們經常可以見到一對牛拖著實心輪子的木車，而這種牛車在殖民時代也被帶到巴西，潘帕斯草原由牛所拉的笨重牛車使用實心輪子，車軸轉動時吱吱響。[29]板輪牛車隨著歐洲人足跡進入東南亞，再由蘇鳴崗引進臺灣是可能的。也有可能是荷蘭人直接帶進來的。不論如何，板輪牛車確定在荷蘭人統治臺灣時已經傳入臺灣。

板輪牛車傳入臺灣後迅速在臺灣南部普及，1684年（康熙23）年臺灣剛改隸清朝統治時，已經是「男女出入、輓運貨物，俱用牛車，如吳越之用舟楫也。」[30]康熙年間，諸羅縣境內土地平曠，便於車行，車輪高五尺多，一頭牛約可運六、七百斤貨物，編竹為車籠以盛五穀；誅茅採薪時則拿掉車籠，梱束以載。行遠則可乘三、四人，貨物更重時則另橫一木於右，摯靷加軛，多用一頭牛來拉。婦女要搭乘時置竹亭於牛車上，或用布帷。因為大家都用牛車，導致牛價昂貴，水牛強健者要3萬錢才能買到，漢莊、番社無

---

[27] 陳漢光〈臺灣板輪牛車之今昔〉，《臺灣文獻》11：4（1960年12月），頁14-32。

[28] 翁佳音《荷蘭時代：臺灣史研究的連續性問題》（臺北：稻鄉出版社，2008年），頁182-183。1909年印尼雅加達蘇鳴崗之墓被發現。

[29] 前引費爾南·布勞岱爾（Fernand Braudel）著，施康強、顧良譯《十五至十八世紀的物質文明、經濟和資本主義·卷一》，頁335-338。

[30] 蔣毓英《臺灣府志》（南投：國史館臺灣文獻館，2002年），頁57-59。

不家製車而戶畜牛者。[31]板輪牛車可以載貨、載人，與牛一起在臺灣迅速普及，不分種族，很多農家擁有這種運輸工具。

　　板輪牛車受到大眾歡迎的原因與地理條件有關係，使用高大的圓型木板為車輪，適合南部平原地區的砂質地。

　　南北路任載及人乘者，均用牛車……蓋台灣地雨後潦水停塗，有輻輒
　　障水難行，不如木板便利也。車轍縱橫衢市間，音脆薄，如哀如訴；
　　侵曉夢回時尤不耐聽。[32]

　　臺灣使用板輪牛車如吳越之用舟楫，需要量相當大，而福建並沒有生產，印尼距離臺灣遙遠，這麼笨重的商品不太可能一直大量遠距離輸送。而且板輪牛車最大的特色是製造技術簡單，臺灣的木匠有能力生產也不是不可能。在地生產的有力證據為板輪牛車使用的材料都是取自本地，如土楠可為輔輻，甚堅韌；赤鱗質堅，大者取為車心，小者用為籬柱；麻竹不堅厚，止可製車籠、糖籠、倉笨、篾籗等物。[33]鳳山地區牛車軌選用堅木為之，中駕一牛引重致遠，旁用一牛佐之，用赤鱗為車心，用土楠為輔輻，用麻竹製車籠。[34]板輪牛車生產技術相對簡單，且在臺灣可以找到適合的材料，十七世紀就在臺灣生產的可能性很大。

　　板輪牛車在臺灣使用約三百年，到了日本時代還在用。來自溫帶的日本人看到這種牛車，感受到它的原始而獨特的風格，輪子的軋軋聲也敲出南國情緒。當時板輪牛車的地理分布仍然以中南部地方為主，幾乎每家農戶都有一輛車，用來搬運農產品及肥料，東臺灣也有，中北部很少。整部車都是用木材打造的，樟是最受歡迎的材料，雖然看起來粗笨，卻很實用，即使是雨

---

[31] 周鍾瑄《諸羅縣志》（臺北：臺灣銀行經濟研究室，1962年），頁146。
[32] 朱景英《海東札記》（臺北：臺灣銀行經濟研究室，1958年），頁51。
[33] 前引周鍾瑄《諸羅縣志》，頁217-222。
[34] 陳文達《鳳山縣志》（臺北：臺灣銀行經濟研究室，1957年），頁101，105。

後滿地泥濘也暢行無阻，只要調整牛隻數量，最多可以載5,000斤的貨物。但因板輪是一個大圓盤，會嚴重損傷街道，日本領臺後為了保護道路，乃限制使用場域，只能在私人的田間小路、山腳、溪川的砂礫地及道路不發達的海岸地方使用。禁令發布後，新製板輪牛車的數量就減少了。[35]政府選擇保護街道，板輪牛車使用空間受到限制，臺灣各地從十七世紀一直活躍到二十世紀初期，具有地方特色的運輸工具因政治因素不再受青睞，也就很少生產，接著火車、腳踏車、機車、汽車等近代運輸工具又取而代之，板輪牛車只殘存在極少數地方，引發一絲思古悠情。

（二）民用河船、海船的生產

　　荷蘭時代臺灣已經出現河流用的舢舨。木材在傳統社會裡是造船的主要材料，船是清代臺灣的重要交通工具之一。船依用途分為海船以及河船，海船體積大，且依船主身分又可分為官船與民船。官船即所謂軍工戰船，臺灣從康熙年間已經具有造船技術，直到道光年間一直在臺灣打造軍用海船。[36]

　　臺南軍工廠外有民廠，又名廠仔，在硓𥑮石地方；又有帆廠在其邊，造船亦木匠類也。[37]民廠較少被重視，並不代表沒有生產。就如蘭嶼人會在海邊自己打造自己的船一般，根據臺灣總督府之調查，擁有木造船技術的船匠並不需要特定的工作場所，在臺灣的大小港灣、漁業據點或河口停船處附近，都可以打造新船或修理舊船。臺灣使用的船，種類相當多，有在海上及河川下游、上游使用的貨船、漁船還有運大肥的特殊用船，如下〈表1-2〉。造船時使用的木材種類很多，船匠選用硬度、韌度適合的材料製造修理，大多數是用臺灣本地所產木材。選材時會考量是在哪裡使用以及用

[35] 永山規矩雄調查〈臺湾に於ける木竹材の使用〉，《臺灣總督府中央研究所林業部報告第5號》（臺北：臺灣總督府中央研究所，1927月3月），頁157-159。
[36] 李其霖〈清代臺灣軍工戰船廠的興建〉，《淡江史學》14（2003年12月），頁193-215；李其霖〈清代臺灣軍工戰船廠的沒落〉《暨南史學》12（2009年7月），頁157-200。
[37] 川口長孺等撰《安平縣雜記》（臺北：臺灣銀行經濟研究室，1959年），頁83。

途，如河川上、中、下游各有不同的船，材料條件也會調整，會依捕魚、載貨或運送大肥等不同用途，使用不同的船，讓人印象深刻。在河川使用的船製造原理與海船相似，不同點是傾向瘦長，而且對於堅牢程度的要求更高。[38]

　　口述調查資料也證實了民廠造船時的機動性，如造船時先在近水的地方搭寮做為臨時工廠，船造好下水後寮就拆掉。造船的木匠需要三年四個月的學徒養成期，技術學成後可得到一本記載船的大小和尺寸的簿子。臺南陳家船廠平時只雇用十餘人，工作繁忙時再加雇熟練工人。[39]木造船在中國使用很久，臺灣漢人移民的原鄉靠海、擅長造船，擁有木造船的修理及製造技術之可能性很高，渡海來臺之後仍然延續傳統學徒制，代代傳承技術。

　　木造船之外還有竹筏，主要材料是麻竹與藤。竹筏種類也很多，有沿海漁業專用的漁筏，還有用來搬運貨物的溪筏，兩者型態大同小異。大部分的竹筏是在溪、魚塭中使用的小型竹筏，分布相當普遍，因為臺灣的麻竹產地分布很廣，而且製造費用低廉、製法簡單，是可以自己打造來使用的。臺灣的港口因為有湧，大船很難靠岸，必須用竹筏將旅客與貨物接駁上岸，是清代兩岸行旅與商品往來不可或缺的交通工具。[40]臺灣也打造過可以渡海的竹筏，從國際視野進行比較研究，確立其技術的先進，[41]也證明臺灣民間造船技術頗有水準。

---

[38] 前引永山規矩雄調查〈臺灣に於ける木竹材の使用〉，頁115-118。
[39] 本會編纂組〈採訪記〉，《臺南文化》3：4（1954年4月），頁62-75。
[40] 許雪姬〈竹筏在臺灣交通史上的地位〉，《臺灣風物》33：3（1983年9月），頁1-9；前引永山規矩雄調查〈臺灣に於ける木竹材の使用〉，頁133-136。
[41] 陳政宏〈一脈相承：臺灣筏的技術創新與特性〉，湯熙勇編《中國海洋發展史論文集》第十輯（臺北：中央研究院社會科學研究所，2008年7月），頁527-573。隨著臺灣的工業化，筏的材料、結構與設備上都能迅速反映，但一直保持簡單技術與構造與客製化、成本低廉等自古至今一脈相承特性。

表1-2　臺灣傳統木造船種類及功能用途表

船型	名稱	別稱	航行區域	功能用途
遠洋船	大卜船	帆船	臺灣、南中國間，也有達北中國、南洋	能載運5000石以上，船員8-9名，被外國稱爲戎克船。有隔艙不易沉沒。
	卜船	卜子	臺灣沿岸	能載運2000石以上，船員4-5名，主要從事通商或是運漕業。有隔艙。
沿海船	罟艚	網仔船	臺灣中北部沿岸	漁船，構造堅固，較能承受風波，不易破損沉沒。
	開腳艙仔船	蝦尾船	淺海地區	漁船，構造堅固，舳與艫高，爲了在淺海操縱方便，船體吃水較淺。
	雙掌仔船	三板	沿岸地區	小浮船，載運量僅1000斤，操縱輕便。
	荷船	渡船	沿岸地區	在沿岸港口從事乘客載運和運送業船腹膨大，舷側高挑，構造甚堅牢。
溪川船	紅頭仔船		溪河下游	貨物運輸，載運50石以上，船員3人。
	大舢舨		溪河上游	貨物運輸，載運20石以上，頭胸部狹小，船員2人。
	瘦仔	溪船	溪河上游	貨物運輸，與大舢舨大同小異，但略小，速度更快。
	土砂船		溪河	採砂及運砂用船，船員1人，腹部微大。
	渡船		溪河	與前二者相似，但舳的開手和艫部的開腳較爲短矮。
	龍船		溪河	扒龍船用的競賽船。
	掠魚船		大河	漁船，船體細長，腹部有蓬。
	跳粑仔船		溪河與出海口	捕鰮魚（烏鰮）專用船，腹部沒有船屋。
	屎船		溪河、埤圳	運農田用之糞尿液肥。

資料來源：永山規矩雄調查〈臺湾に於ける木竹材の使用〉，頁115-118。

　　總之，傳統木匠用臺灣的樹林、竹林所產原料，用雙手在海口、河口各地打造竹筏、海船、溪船，加上板輪牛車，這些運輸工具共同串連了海洋、河流與陸地，方便行旅來往各地，也負責將米及砂糖從農村各地集結到港口，然後外銷，形塑了臺灣島內外的物流與人流，是臺灣農商連體經濟的交通動脈，也是米糖產業的有力助手。

四、木竹製家具與生產工具

（一）甲萬與木櫃

　　「甲萬」這個現在聽起來有點陌生的名詞，是一種貯存帳簿與貴重物品的大箱子，與荷蘭人有直接關係。

　　甲萬出現在康熙年間修纂的方志。鳳山縣志記載：「甲萬其製本之紅毛，長三尺許闊二尺，木取堅厚，商人以貯帳目」。臺灣縣志云：「甲萬用堅木爲之，商人以貯賑目者」。諸羅縣志最爲詳細，云：「甲萬，或稱夾板，以樹木爲之，長三尺許闊尺五、六寸，高二尺，上有蓋，啓閉之法以鐵爲機，其制不一，曰番鎖，堅牢殊甚，用以貯衣服、器皿；大櫃亦以楠爲之，長七尺，闊三尺許，高三尺；內作兩隔，鎖之制如甲萬，諸爲商賈者用貯銀錢數目，夜以爲床寢其上，防竊盜也」；「楠木色稍黑，故遜內地，然亦堅緻，物用甲萬之屬咸取之。甲萬制自外洋，此地多爲之者，以重而難移，且番鎖固不可啓，偷兒無所施其巧耳」。[42]這些紀錄告訴我們，甲萬是荷蘭人引進臺灣，特色是用堅硬的木頭製造，且附上堅固不易破壞的鐵鎖，臺灣人很快也學會製造，原料取自當地，楠木最適合，可收藏帳簿或珍貴之

---

[42] 陳文達纂《鳳山縣志》（臺北：臺灣銀行經濟研究室，1957年），頁101；陳文達纂《臺灣縣志》（臺北：臺灣銀行經濟研究室，1961年），頁53；周鍾瑄編《諸羅縣志》（臺北：臺灣銀行經濟研究室，1962年），頁196-197，296。

物，功能類似現在的保險箱，商人愛用。甲萬的鐵鎖也被用在中國傳統的大櫃，讓大櫃變得很像是甲萬的放大版，大小類似一張單人床，商人將貴重物品保存在大櫃內，不但有鐵鎖保護，夜晚還可睡在上面防盜，有了雙重保障更加安全。

　　清代臺灣商旅往來日多，旅舍的設備甲萬仍受注目。如《臺陽見聞錄》云：「甲萬制自外洋，此地多爲之者，亦名夾板。以楠木爲之，以重而難移，且啓閉以鐵爲機，其制不一，名曰番鎖，堅牢殊甚，用以貯金銀重物。今南北路旅舍皆有之。其制稍大，凡客至，以重物包封付旅舍主，即收貯甲萬內，而寢其上焉。」**43**雅言云：「荷蘭據臺三十八年，教化土番，從事貿易，其語言當有傳者；而今已不可考。唯甲萬一語尙存我輩口中，且有其物。甲萬形如櫃而小，有木製、鐵製二種，極堅牢，爲收藏珍寶、契卷之用。」**44**甲萬確定是十七世紀由荷蘭人帶進來並且被臺灣漢人移民接受，學會生產技術，融入本地社會，是商人、旅店的重要設備，吸引來自中國商旅之目光。

　　甲萬的製造技術與櫃子等相同，櫃子是一種使用很普遍的家具。康熙末年的方志記載各種家具是利用臺灣生產的木材、竹材製成的，如用紋理細緻的楠木做桌子；而用文竹做成的桌子數量更多，因爲價格便宜而且省工。木凳也用楠木；竹凳則以鸞腳綠竹來製造；床則截竹或木爲之，粗糙不耐久，而從中國進口的床則很精巧。衣架用木材所製者很少，大多以鸞腳綠竹做成，只能供一年之用。**45**

　　臺灣盛產竹材，社會因爲大量使用竹材製造各種生活用品又多了一種工匠，稱爲竹匠。安平縣雜記云：

---

43 唐贊袞撰《臺陽見聞錄》（臺北：臺灣銀行經濟研究室，1958年），頁139。

44 連橫《雅言》（臺北：臺灣銀行經濟研究室，1958年），頁86-87。

45 前引周鍾瑄《諸羅縣志》，頁196-197；前引陳文達《鳳山縣志》，頁101，104。

起蓋草屋及搭涼棚、做竹床、竹棹、竹椅、竹几、竹籃各器棋。嘉義竹匠所作較堅好，係用桂竹、貓兒竹為之，非安平、鳳山竹器所能及。又有做米篩、做一切小竹器及用竹篾組成方長一片或縱橫各尺餘至數尺一丈多者，便人家儲粟、儲地瓜簽，並蓋涼棚用。鄉下農夫有執此業者，亦竹匠也。[46]

　　臺灣竹材的種類豐富，分布廣，資源累積可以稱得上是無盡藏，特別是嘉義地方有出名的純桂竹林，自古以來竹材的利用頗為發達，從大型的住家、寢具、桌子、椅子等，到小型的笐類籠類，日常生活用品器具都有竹製的。[47]綜合這些紀錄可以看到臺灣竹匠的作品，不但有大型的房屋，中型的家具，還有處理、保存食物會用到的小工具米篩等等，而且農夫就有生產能力就地取材生產日常生活所需的各種家具。價格便宜而且省工的竹製家具、用具，讓更多人有能力消費，也許談不上精美，但仍然可以提供方便生活，形成了臺灣的特色之一。有了這些家具生產能力，可以想像清代庶民們即使經濟條件不是很好，在生活中仍然有廉價的竹桌、竹椅、竹床等家具湊合使用，相對比較不容易出現家徒四壁的慘況。

（二）木製農具與生產工具

　　清代的生產工具也大多是木材製造的，例如米店用來碾米的土籠、除去稻殼的風鼓、油車及布機，都屬木製為主的生產工具。

　　土籠者，竹篾箍成，中實以土，分上下層焉。有土籠齒九層，木片為

---

[46] 川口長孺等撰《安平縣雜記》（臺北：臺灣銀行經濟研究室，1959年），頁81。

[47] 臺灣總督府商品陳列館編《臺灣に於ける家內工業》（臺北：臺灣總督府商品陳列館，年代不詳），頁8-9。竹材的用途例如編製竹籃、製造竹桌、竹椅等，在塑膠工業盛行之後，幾乎都被取代了。不過竹材生長快、加工容易的特性，被遺忘許久之後，當石化工業的負面影響一一浮現，或是擔心石油耗盡踏入後石油時代的二十一世紀，竹材生產快、加工容易的特性乃再度被各界重視。

之，以便碾粟，使壳去而為米。有風鼓者，木匠以木製成，中有木
扇，以鐵為柄，用手轉之，鼓風而去粟壳；米店用之。**48**

　　米店利用糙米與稻殼重量差異的原理，用風鼓產生的風力吹走稻殼。
製作風鼓是木匠的工作，因為風鼓是由風鼓肚、風鼓櫃、風鼓葉、風鼓架、
風鼓腳及風鼓手還有各種配件組成，只有風鼓手是鐵製，其他都是木製的，
樟、楠仔及烏心石這些堅硬的木材最受歡迎。農耕社會的重要農具犁的犁
頭、犁壁及象鼻勾用鐵材，其他的構造如犁底、犁柱、犁轅等6種零件都用
木材，掛在牛背的犁轅是最重要的，要選用不是很重的堅韌木材如黃杞，減
輕牛的負擔。油車及布機也是木製生產工具。油車是製油時的壓榨機，依原
料可以分為土豆車（榨花生油）及麻油車（榨麻油）兩種，麻油車比土豆車
形狀稍短，構造則大同小異，包含油車床、油車床腳、淨仔、澀仔、鐵輪、
鐵板、槌槌仔等，只有鐵輪、鐵板是金屬製的，其他都是木製。油車床是製
油機的主體，由圓木製成，大小不一，普通是直徑2尺以上，長度方面土豆
車10尺、油車6尺。油車床用材要能承受強大的外力，要選用堅硬可堪摩擦
衝擊的木材，雞油、龍眼、烏心石等堅硬耐摩擦的木材是最受青睞的。布機
則是染坊中布帛染色後用來壓出漂亮光澤的機具，主要的部分是機臺、機心
和踏石。機臺構造極為簡單，角材長4尺，幅2尺5寸的長形機臺的左右兩側
附上1個臺耳，主要是使用烏心石，其材質強韌，保存期長，抗折及抗壓力
強。機心大多使用荔枝木，是短圓柱形的卷軸，用來捲染上顏色的布帛，長
度2尺2寸，圓徑6寸。踏石放在機心之上，可以左右持續踏動，呈現染色後
布帛的光澤，用大湖石作成。**49**風鼓、犁、油車及布機這些穿衣吃飯生活所
需生產工具，除了重要部位用鐵之外，基本上是由木材構成，木工技術也能

---

48 前引川口長孺等撰《安平縣雜記》，頁80-81。

49 永山規矩雄調查〈臺湾に於ける木竹材の使用〉，《臺灣總督府中央研究所林業部報告第5號》（臺
北：臺灣總督府中央研究所，1927年3月），頁373-380，409-412，439-441。

發揮，選擇適當用材的同時，還會考慮如何減輕牛的負擔。

　　農業時代的生產技術並不是一直都是停滯的，雖然速度不快仍然會出現變化，例如十九世紀的製蓆業就從手工編製演進成機織草蓆。機織草蓆至少出現在三個地區：臺北北投、彰化大村及臺南學甲。北投製蓆業據說是1853年（咸豐3年）開始的，住在北投的陳姓佃農一天有事到淡水的路途中，看到海邊草地裡生長著許多漂亮藺草，採取撕開確定纖維強韌，足與中國輸入的草蓆抗衡，乃挖根移植到水田，移植後生長情況良好，於是從中國購入名叫花串的製蓆器開始製蓆，之後漸漸普及，特別是日本領臺的1895年、1896年很興盛。彰化大村地區約於1815（嘉慶20）年開始栽植三角藺製蓆，當時擺塘庄約30名、大庄約20名婦女從事製造，製品供應村民需要，三角藺栽種面積逐漸擴大，收穫量也激增，婦女製蓆技術嫻熟，約1850（道光30）年大庄賴乾學會製造製蓆機及使用製蓆機的方法，於是大量製造製蓆機，並利用餘暇傳授製蓆技藝，製蓆產地擴大到鄰近的過溝庄、蓮花池等地。臺南學甲是在1871（同治10）年由住在學甲庄北方宅仔港庄的莊格，到臺南廳大目降街（今新化）向一位製蓆業者學習製蓆，並借了一架製蓆機回家，教母親李專織製方法，附近鄰居也來學習，織蓆技藝於是逐漸傳開。在此地製蓆業未興盛前，草蓆都仰賴大目降方面供應，大目降街則是在1822（道光2）年由黃雪開始使用製蓆機。[50]臺灣從1822年已經有使用製蓆機紀錄，1850年賴乾擁有製蓆機的生產技術。製蓆機是用木製的簡單器械，臺灣社會擁有木工技術，乃有能力生產供應附近農村婦女使用，隨著中國技術進步使用工具可以提高生產力。

---

[50] 田邊一郎《本島製莚に関する調查》（臺北：臺灣總督府殖產局，1915年），頁18-19，36，47-52。1911年臺灣總督府也投入技術改良，從日本購買花莚暨機借給北投等地，建構在原有的技術基礎之上，效果相當不錯。

五、技術之特性與重要性

　　荷蘭人來到臺灣之前，臺灣已有原住民在這裡生活。荷蘭人到了臺灣之後，不僅把臺灣當做貿易據點，當權力較穩固時，也獎勵內部的商品生產，經營農業及農產加工。農業及農產加工需要眾多勞動力，荷蘭人選擇從中國移入擁有農業種植及製糖技術的漢人移民。他們到了臺灣之後，從事農業及製糖之外，也生產一些生活用品，1640年代開始生產糖桶、糖箱與板輪牛車、甲萬，也編蓆、釀酒、製藍，擁有各種加工技術。十七世紀荷蘭人的選擇，開啓改變臺灣這塊土地加工歷史的緒端。

　　荷蘭時代的漢人移民，在明鄭時代沒有看到大舉離開臺灣的紀錄，歸屬滿清後也有半數以上繼續留在這塊土地上生活，木工技術可以衍生出櫃子、家具、生產工具等一連串相關產品，基本上沒有看到明顯斷層。這樣的歷史發展對臺灣的加工生產技術大有助益，十七、十八世紀之交的康熙年間，臺灣可以生產的木工製品種類已經相當多，交通工具、家具、生產工具等主要供應臺灣內部市場需求，展開第一階段的進口替代：由臺灣本地生產取代進口。臺灣在農業經濟時代具有濃厚的農商色彩，透過砂糖貿易長期與中國、日本等外部市場保持聯繫，生活用品與生產工具的加工生產則強化了臺灣內部市場的供應力，漸漸降低對外依賴，而板輪牛車以及甲萬，吸收了荷蘭人帶進來的技術，添加了一些異國色彩。

　　從十七世紀以來歷經了兩百多年的歲月，臺灣的木工技術呈現出自己的特色。日本時代臺灣總督府中央研究所調查臺灣社會的木材、竹材之使用，下了一個結論，指出臺灣與日本在利用木材資源時，重視的地方不一樣。第一，臺灣習慣上重視節省原料。例如建築，樑與柱、內部隔間使用木材的用量比日本少，且很少上漆修飾。第二，室內使用的桌椅、床櫃齊備，櫃子類有衣櫃、廚櫃等木製箱類，使用量很大，種類也多到不可勝數，並喜歡用曲線以及在器具上用複雜的雕刻裝飾，大多選擇可以彎曲或容易雕刻的闊葉

樹。第三,臺灣的棺木與華南一樣用針葉樹並從福州輸入之外,家具、農具、牛車與船都混合使用闊葉樹與竹材,大部分是就地取材,種類繁多,使用闊葉樹的能力很發達。第四,負責生產的木匠使用的加工器具有鉋、鑿、鋸等工具種類很多,形狀、用法不一,木匠們運用眾多器具把木材彎曲,雕刻以及木鑲嵌,器具的運用技術其實比日本發達。[51]木鑲嵌是指清代臺灣木匠利用木材顏色的豐富,在桌面、椅面、床面等使用不同木材構築出各種圖樣的技術,也稱鑿花匠,用堅木、杉木雕刻一切人物、花草,供廟寺店厝用;或嵌鑲在椅棹床几上面,頗稱工緻。[52]日本學者的研究調查報告中肯地描述臺灣木工的特色,例如節省原料、使用的原料與加工都很複雜,善用臺灣本地生產的潤葉樹,發揮了相當不錯的技術能力,加上大量使用容易加工的竹材生產價格便宜家具,都展現臺灣社會節省原料、善於使用原料,生產量多且種類多元複雜商品等特點。

節省原料的特點在臺灣工業化的時代仍然繼續發揮,例如1981年以後臺灣製造的塑膠射出成型機,採用微電腦控制裝置,不但配線少、故障率低,且具有自動診斷功能;1983年製鞋業者開發出節省能源的自動鞋類塑膠底射出成型機械,在國際市場引起重視。[53]節省原料、節省能源不只在過去重要,在天然資源日益消耗、溫室氣體急速增加的現代社會,更為重要。

附註:本文曾以「荷蘭時代臺灣的糖桶工業」為名,在第3屆「國姓爺與媽祖信仰」學術論文研討會發表,感謝曾品滄教授惠賜高見。

---

[51] 前引永山規矩雄調查〈臺湾に於ける木竹材の使用〉,頁19-21。
[52] 川口長孺等撰《安平縣雜記》(臺北:臺灣銀行經濟研究室,1959年),頁82。
[53] 前引鄭祺耀、許淑玲編《機械工業六十年史》,頁123-136,161-173,198-199;劉仁傑《分工網路:剖析臺灣工具機產業競爭力的奧秘》(臺北:聯經出版事業,1999年),頁108-115。

第二章　臺灣傳統線香業及其技術的演變

一、前　言

　　十七世紀漢人移民正式進入臺灣拓墾。荷蘭在十七世紀時已經以商業立國，積極到各地尋找商業據點與商業機會，在臺灣建立起米、糖經濟的發展模式，農業與貿易逐漸結合為一體，形成農商連體經濟體系，明鄭時期重農也重商，清代有糖、米、茶及樟腦出口，到1960年代臺灣經濟的發展，基本上以農商連體經濟體系為主軸，延續三百餘年。[1]

　　糖、茶、樟腦及米這些一般熟知的貿易商品大都屬於農產加工品，清末江蘇人蔣師轍注意到臺灣有一些新的外銷商品，臺灣出口商品出現了變化。蔣師轍是在1892（光緒18）年初應聘來臺，當時的臺灣巡撫邵友濂請其襄助臺南、臺北科舉考試試務，以及編纂《臺灣通志》。蔣師轍在臺期間除了批閱試卷，就是閱讀臺灣各種方志，並把閱讀心得寫在日記裡。蔣師轍所寫的日記，有一段自己的見聞最為特別。他說，大甲之蓆如布帛一樣可以折疊放在行篋裡，最精緻者一張可以賣到五、六十金，最便宜的也需番餅三枚才能買到，從臺灣回大陸者很多人買來做為餽遺之品。鹿港之香名叫奇楠香，如縷一般纖細，色黑，點燃後芬郁沁人，製為珠串時香味比揚州所製更香。還有臺南之竹絲冠胎，其細如髮，製為涼冠，與萬絲胎競美，精緻者一冠需番餅一枚。這是過去所無的貨品，當一一增之。[2]不僅如此，7年後，當日本領有臺灣之初，來臺灣的日本人回鄉時也會帶些本地特產做為禮品，當時臺灣物產堪為酬酢往來贈品者，有大甲番蓆、宜蘭番布、臺南番錦，雖然都馳譽外地，但不及鹿港施錦玉、施美玉兩家之香珠出色，香珠銷售最多。[3]十九

---

[1]　黃富三〈十七世紀臺灣農商連體經濟的啟動〉，陳益源主編《2009閩南文化國際學術研討會論文集》（臺南：國立成功大學中國文學系，2009年），頁121-142；〈臺灣農商連體經濟的興起與銳變〉，林玉茹編《比較視野下的臺灣商業傳統》（臺北：中央研究院臺灣史研究所，2012年），頁3-36。
[2]　蔣師轍撰《臺游日記》（臺北：臺灣銀行經濟研究室，1957年），頁67。
[3]　〈今昔不同〉，《臺灣日日新報》日刊，1899年6月14日，3版。施美玉香鋪據說大約與施錦玉前後來臺，為同宗，但生產曾經中斷，1920年代再由施奕周、施起深父子重振家業，施起深即為施振榮之父。周正賢《施振榮的電腦傳奇》（臺北：聯經，1996年），頁3-12。

世紀末期，臺灣的草蓆、線香、帽子以及布匹這些生活必需品，因為芳香、精緻，乃成為臺灣歷史上首次出現的伴手禮，大多是由行旅隨身攜帶的少量外銷商品，不太容易出現在海關及統計書等國家資料中。

　　大甲蓆、奇楠香、竹絲冠胎、臺南番錦、宜蘭番布是什麼？檢索史料可以發現從技術源流的角度來看，奇楠香來自中國的手工生產技術，是漢人帶進來後加以技術改良。十七世紀漢人移民大量入臺拓墾，加工生產糖等農產加工品，也從事木工生產家具、農產加工品的包裝材料以及牛車、舢舨等島內運輸工具，大多帶有副業性質，而奇楠香是一種線香，線香是由香鋪所製，屬專業化生產。大甲蓆與中部平埔族密切相關，且經歷了技術改良的過程，臺南番錦也吸收了一些平埔族織布的特色，將在下一章討論。如果依顏水龍的定義，則精緻、帶有美的要素又具實用性的生活器物，就是廣義的工藝品，是具有一個社會脈絡不絕的生命豐富趣味、具有外銷價值的特色商品。[4]這些商品是可以歸類為臺灣社會具有現實生活趣味的外銷工藝品，與農產加工品性質不同，需要更多加工技術。一個社會的工藝品並不是一朝一夕突然出現的，是經過漫長歲月，由眾人之力脈脈不絕累積而成的，也是了解臺灣加工技術能力的重要線索。香鋪曾振明號偶然留下的歷史文獻，顯示康熙年間臺灣已開始生產線香，專業化生產歷史相當早。乾隆年間鹿港施錦玉香鋪的相關紀錄，提供更多相關資料。臺灣線香的生產歷史的研究者很少。諸葛正、林育陞等使用臺灣總督府的《臺灣線香製造業調查》，闡述日治初的製香業，並未有歷史性的沿革分析。[5]本文從文獻、回憶錄、調查資料等，嘗試整理臺灣傳統線香業的歷史與技術，了解傳統農業時代臺灣如何建構專業化生產能力。

---

[4]　顏水龍《臺灣工藝》（臺北：顏水龍自印，1952年）。顏水龍費時十多年投入臺灣工藝的調查與研究所寫成，一個目標即在振興臺灣手工藝品外銷。

[5]　諸葛正、林育陞〈日治時期製香業的產業、設計發展內容與特徵〉，《設計與環境學報》12（2011年12月），頁21-47。

二、康熙年間設立的臺南曾振明香鋪

　　漢人移民進入臺灣拓墾，也帶來原鄉信仰，到廟裡燒香祈福風氣盛行。清代康熙年間，臺灣婦女喜歡結伴入寺廟燒香的現象已經相當出名，曾被批判、禁止，康熙年間陳文達纂的《臺灣縣志》以及周鍾瑄編《諸羅縣志》都有生動敘述，徵引如下：

> 婦女入寺燒香，臺俗最熾，閒時尚不多觀，一遇佛誕，則招群呼伴，結隊而行，遊人遍於寺中，邂逅亦不相避。前臺廈道雷陽陳公示禁特嚴，其風稍息；年久法弛，仍蹈故轍，豈盡婦人之過乎？為之夫者與其父兄，實不得辭其咎也。[6] 婦女過從，無肩輿，則以傘蒙其首；衣服必麗，簪珥必飾，貧家亦然，村落稍遠，則駕牛車以行，歲時、佛誕，相邀入寺燒香，云以祈福。[7]

　　這兩段紀錄的主角是婦女們，她們在歲時、神明生日時，打扮的漂漂亮亮的到廟裡燒香祈福，家裡到廟裡的旅程如果有點距離，則是由父兄、丈夫等家中男性成員駕板輪牛車送迎，男性也參與並支持，可以視做一種社會共同行為。信眾入寺廟燒香必須消費線香，雖然一個人一次的使用量很少，但當社會熱衷祈福，積少成多、聚砂成塔，一整年累積下來的消費量應該相當可觀。

　　漢人的家庭也常常需要消費線香。家中長輩一天又一天、一年又一年，每天早晚兩次持香虔誠敬拜神明與祖先的身影，是長年的鮮明記憶。傳統漢人社會一年之中需要用線香的場合不少，大者是三大節，正月初一元旦，一早起來梳洗打扮整齊，準備嘉果，焚香禮敬神明、祀祖先；農曆7月

---

[6]　陳文達編《臺灣縣志》（臺北：臺灣銀行經濟研究室，1961年），頁60。
[7]　周鍾瑄編《諸羅縣志》（臺北：臺灣銀行經濟研究室，1962年），頁149。

中元鬼門開，家家設饌致祭無主孤魂普渡；年底，天神下降，士女皆焚香禮
拜送年，除夕張燈設饌祀神及祖先，焚金紙、放爆竹辭年等。加上各種年中
節慶及每個月初一、十五的家庭例祭，商家每個月初二、十六的拜拜，祖先
的祭辰等等，一年之中禮神、祭祖活動頻繁，且年復一年。[8]大多數人的生
活裡，禮神、祭祖的機會很多，這些活動都會用到線香，一年累積下來所消
費的線香也相當可觀。

　　廟宇也是消費線香的大客戶。成語有一句話叫香火鼎盛，根據解釋，
香火為佛家語，指焚香及供奉神明的燈火。記憶中的廟宇，不論白天還是黑
夜，一柱柱清香裊裊不絕，香火鼎盛代表信眾的支持。焚香敬神的香火不僅
出現在廟宇、學校，如臺灣府儒學及臺灣縣、鳳山縣、諸羅縣儒學，都建有
聖廟祭祀孔子，每年都編列有香燈銀，以及習儀、拜賀、祈晴、禱雨之香燭
銀項目，[9]也是消費者之一。

　　禮神、祭祖、燒香祈福都會用到線香，有消費就有需求，需求則是靠生
產或進口滿足。線香是多數人都會用到的產品，但生產這種商品是需要專業
技術。傳統農業社會大多數的生活用品，例如草鞋、草蓆、竹簍、竹籃等，
可以算是生產技術較簡單的手工製品，並未與農業分工，雙手萬能的農民們
平常從事農作，農閒時或必要時，用身邊可以取得的稻草、竹材從事生產。
生產線香的香鋪屬工夫店，需要的設備較多，技術較為困難，一般農家不容
易取得設備或擁有技術，比較容易發展成為專業化生產。[10]臺灣的線香市場
隨著移民人口增加而擴大，成為吸引擁有製香技術的漢人移民到臺灣設立香
鋪的經濟誘因。

　　臺灣線香專業化生產之最早紀錄，出現在康熙年間的臺南。曾扶容在
1661－1722年間渡臺，將家室安置在府城的禾寮港街，並設立香鋪。曾扶容

---

[8]　高拱乾編《臺灣府志》（臺北，臺灣銀行經濟研究室，1960年），頁190-192。
[9]　前引高拱乾編《臺灣府志》，頁145-160。聖廟即孔廟。
[10]　臨時臺灣舊慣調查會編《臺灣私法（第三卷上）》（臺北，南天書局二刷，1995年10月），頁214。

帶來自己的香料配方，選用上好原料，精製各色線香、香珠。[11]臺灣隸屬清朝版圖之初，人去地荒，即使有渡臺禁令，康熙40年代地方官仍然歡迎士農工商等有正當職業、有益地方之移民。[12]也許是在這樣的時代背景下渡海來臺，香鋪所在地禾寮港街，位於府城大街北方，康熙中葉已是百貨聚集的繁華地，約位於今日臺南忠義路二段一帶。[13]曾振明香鋪也許不是臺灣第一家香鋪，但應該是目前有紀錄可尋的、歷史最悠久的香鋪，佐證了清代康熙年間臺灣已經開始生產線香，臺灣的線香不是完全依賴進口。曾扶容帶著配方渡海來臺設香鋪，乃是透過技術人才的流動，直接將中國的製造技術、設備與原料帶進來臺灣。

曾振明香鋪的產品種類相當多，據1909年臺灣總督府之調查，有軟腳香、竹腳香兩種線香，還有香珠。含有大量沉香粉、外觀呈黑色的「烏沉香」，以及散發出桃花芳香而命名的「桃香」、「笑桃香」，三種產品屬於軟腳香。所謂軟腳香是指不用細竹而僅用香粉形塑而成的線香，只能祭拜神佛還有祖先，使用量不大。消費量最大的是竹腳香，將香粉黏在細竹條上製成，也是現在常見的線香，可用來祭拜鬼神、祖先。[14]換言之，竹腳香是更大眾化的商品，而烏沉香、桃香及笑桃香是小眾化的商品，曾振明號選用上好原料精製各種商品，滿足多樣化的消費需求。

嘉慶、道光年間，曾振明香鋪傳承到第四代的歲貢生曾敦仁時，已經是遠近馳名的老字號，仿冒品隨之出現。曾敦仁為了避免魚目混珠，重新製作匾額，並刊刻曾祖父曾扶容在康熙年間的創業履歷，試圖降低被仿冒的狀

---

[11] 臨時臺灣舊慣調查會編《臺灣私法附錄參考書（第三卷上）》（臺北，南天書局二刷，1995年10月），頁112-115。

[12] 施添福《清代在臺漢人的祖籍分布與原鄉生活方式》（南投，臺灣省文獻委員會，1999年再版），頁45。

[13] 前引高拱乾編《臺灣府志》頁47；洪敏麟《臺南市市區史蹟調查報告書》（南投，臺灣省文獻委員會，1979年6月），頁30。

[14] 臺灣總督府《臺灣線香製造業調查》（臺北，臺灣總督府民政部殖產局，1910年），頁4，37-39。總督府並未調查香珠，香珠之說明詳見本文施錦玉一節。

況，不料仍然沒有作用。傳到第五代生員曾邦治時，已經有一百餘載的歷史
傳承的家業，受到仿冒品威脅，部分業者仿冒曾振明香鋪標號，專門用便宜
原料製造香線、香珠，運往南、北二路各埠頭散售，企圖魚目混珠的狀況更
爲嚴重，乃於1848（道光28）年4月，向臺灣縣提出陳情書，希望臺灣縣明
示禁止仿冒之外，也希望鳳山、嘉義、彰化暨淡水、宜蘭各縣廳憲，一體出
示嚴禁。[15]

　　從道光年間曾家第四代、第五代的陳情內容來看，曾振明香鋪的銷售市
場可能已經北達宜蘭、南到鳳山等南、北二路。香線、香珠是屬於重量輕、
單價相對較高的商品，運輸相對容易，雖然清代交通不如現在方便，不過陸
地上有板輪牛車運輸，也可以利用沿岸及河流的船運，清代臺灣各地生產的
農產品，如米、糖等，可以由農村集中到街市、港口輸出；相對地，以臺南
爲生產據點，產品透過同樣的運輸網絡，由府城逆向流通臺灣島西半部南北
各地的可能性不是沒有。[16]清末是曾振明香鋪業務鼎盛時期，香鋪所在地的
五全境，在1875年（光緒元年）馬尾水師學堂的學生到臺測量地圖時，稱之
爲曾振明街，位置在今日赤崁樓附近，至1936年仍然是臺南市內有名的重要
商店。[17]

　　經營有成的香鋪行業，在傳統社會是有機會累積財富的，並透過科舉
功名提升社會地位。曾家後代子孫有機會受教育，而且不只一位有基層科舉
功名，如第四代的曾敦仁是1829（道光9）年歲貢生，曾經參與《臺灣采訪
冊》的採錄與撰寫工作，如疆域山水等即由曾敦仁與陳國瑛等共同採訪，[18]
第五代曾邦治則是秀才，連續兩代出現有功名的士紳。曾振明香鋪也常參與
整修廟宇等活動，如1796（乾隆60）年及1807（嘉慶20）年兩度重新整修大

---

[15] 臨時臺灣舊慣調查會編《臺灣私法附錄參考書（第三卷上）》（臺北，南天書局二刷，1995年10
　　月），頁112-115。

[16] 如後述，日本時代調查證明臺南的曾振明香鋪是三大批發商之一，消費地點遍及全臺。

[17] 大日本職業別明細圖（臺南市，1936年版）。戰後曾振明香鋪的資料不明，有待日後查考。

[18] 陳國瑛等《臺灣采訪冊》（臺北，臺灣銀行經濟研究室，1959年），頁5-6，197。

觀音亭碑記，洋洋灑灑的商號名錄上，可以找到曾振明，也可以找到後述的鹿港施錦玉香鋪；1797（嘉慶2）年，臺南興濟宮重新整修，捐款的商號不多，曾振明、施錦玉並列其間。曾振明香鋪所在地距興濟宮及大觀音亭並不遠，道光年間興濟宮再度整修時，由曾敦仁具名捐獻。嘉慶、道光及光緒年間，曾振明香鋪繼續出現在重建彌陀寺、重修大觀音亭還有擴建西華祖堂的捐款名單上，參與整修廟宇的活動百餘年間持續不絕。**19**

三、乾隆中葉鹿港施錦玉的設立與發展

　　兩度與曾振明香鋪一起出現的鹿港施錦玉，也是有悠久歷史的香鋪。而且曾振明香鋪的另一種產品香珠到底是什麼？是誰在消費？也可以從鹿港施錦玉的資料中了解。

　　鹿港施錦玉香鋪之歷史可以上溯到乾隆年間。據施家後代回憶，施錦玉香鋪是乾隆中葉，大約1760年（乾隆25）創業的。創業者施光醮原在福建泉州晉江縣西岑鄉開香鋪，店名就稱為「施錦玉」，經營十多年稍具規模，但因西岑是農村，發展受限，乾隆中葉位在泉州對岸的鹿港發展為臺灣第二大港口，西岑鄉民組團移民鹿港風氣很盛，施光醮乃決定到鹿港發展，攜帶製香器材與原料隻身渡臺，在鹿港上岸後，購買最熱鬧之地設立施錦玉香鋪，不久故鄉兩位製香司阜接踵移民到鹿港，等於是原班人馬重新在鹿港開業，經營很快上軌道。**20**施錦玉香鋪在乾隆年間鹿港發展期間，懷抱著拓展事業

19 黃典權編《臺灣南部碑文集成》（臺北，臺灣銀行經濟研究室，1965年），頁181-186，252-253，368-370，537-548，585-588，625。
20 施翠峰《施翠峰回憶錄》（臺北，臺北縣文化局，2010年），頁1-7。依回憶錄來算施翠峰為施錦玉香鋪創始者的第五代子孫；但第一代來臺是1760年，且因為在家鄉已有十多年的生產履歷，來臺時年紀應已是中年，第二代50歲就退休，依常理第3代應該在1810年左右接棒才對；但回憶錄指第三代施受業在1860年出生，年齡有點對不上來；但在乾隆、嘉慶初年與曾振明並列在臺南碑記上，可以佐證是乾隆年間設立的。

之希望渡臺，也帶來製香器材、原料與技術，與曾振明香鋪一樣，是透過技術人才的流動，直接將中國的製造技術帶進來臺灣。

　　鹿港的施錦玉香鋪，與臺南曾振明香鋪在臺灣的發展模式大致相同，施家後代也有機會就學，熱心參與社會公益。如施應成在西岑成長，少年時曾讀書，有貢生資格；施受業是1860年生於西岑村，年少時亦學習四書五經，約1880年（光緒6）時接獲父信，來臺接掌家業，餘暇仍未忘情藝文。光緒年間渡臺禁令已取消，施受業乃攜眷移住臺灣，日本領臺後曾擔任保正、保甲聯合會長，並於1911年獲紳章。其子施文坡1900年在鹿港出生，曾接受漢學教育，1917年鹿港公學校實業科畢業後繼承家業，是一位認眞的香料研究家，並主持鹿港信用組合。[21]經營有成的香鋪，利潤似乎不錯，社會地位也不低，綿延到二十世紀仍然在地方具有舉足輕重地位。

　　施錦玉香鋪來臺後的第二代施應成，在臺經營事業期間最大的業績就是改良原料，研發出氣味清香的奇楠線香、烏沉香與香珠。施錦玉所生產的奇楠線香或烏沉香屬軟腳香，製造方法是將三十多種藥材搗碎後再研磨成粉末，再製成長線型，最長可達40公分、直徑約0.25公分，特色是拿起線香聞不到味道，但點燃後一股清爽的芬芳立刻充滿室內。因爲軟腳香沒有細竹支撐，較容易折斷，於是以精緻包裝保護。清代時的包裝是每10支線香包成一束，用多層軟質白紙重重包裹後，外面再包一層紅紙，十束裝入一個長紙盒，紙盒外有施錦玉的標頭。4盒裝入一個精緻的手工木箱，木箱上有一層漆，並漆上如「百合奇芬」等吉祥字，還附有把手可以提，便於文人墨客或上流階級在生活中使用，也是送禮佳品。[22]

　　施錦玉生產的奇楠線香的主要用途，與文人、士紳與生活富裕的地主們有更密切的關係，可以看到傳統文人生活的另一個面向。奇楠線香帶點風雅

---

[21] 前引施翠峰《施翠峰回憶錄》，頁13-17；鷹取田一郎《臺灣列紳傳》（臺北，臺灣總督府，1916年），頁181；臺灣新民報社編《臺灣人士鑑（日刊一周年版）》（臺北，臺灣新民報社，1937年），頁82。
[22] 前引施翠峰《施翠峰回憶錄》，頁1-7。

的聞香用途並不是特例，檢索史料，文人生活中也追求吃穿住以外的享受，例如嗅覺的享受，如惠安人張士榔是萬曆丙辰進士，1674年（康熙13）因三藩之亂避居金廈，1689年（康熙28）遁跡來臺，居於東安坊；杜門不出，持長素，焚香烹茗，日以書史自娛。[23]品嚐茶湯溫潤的同時，也享受線香帶來的滿室香氣，讓嗅覺也得到滿足。古人們生活中追求嗅覺滿足的事例不只一例，方法也不僅一種，同書的記載還可以找到其他事例，例如把有香味的水果，如：鳳梨，盛在瓷盤，讓香氣充滿室內，或是把佛香柑置於盆中，其香不散。[24]這是運用水果的香氣來讓室內充滿芬芳，品嘗生活的味道。線香也可用以計時，道光年間在臺灣盛行擊鉢吟，燃香計時，如燃蘭花香盈寸得七絕一首、捷者得三、四首，銅鉢催吟、刓香為度。[25]曾振明香鋪生產散發出桃花芳香的軟腳香時命名為「桃香」，蘭花香可以想像散發出蘭花的高雅香味，且香的燃燒速度平均，聞香同時計時。

　　香珠也屬文人或富裕之家的消費品。施錦玉香鋪的奇楠香也可以製為珠串，就是製成香珠之後再串成珠串。香珠是少數香鋪才有生產，曾振明、施錦玉兩家都有生產。施錦玉的創業者施光醮是製香珠高手，來臺後親自傳授製法，將香料粉末加水，搓成圓珠形後穿洞，待其略乾後裝入布袋中，加入滑石粉，然後用雙手緊握布袋口兩端，快速左右搖擺布袋，讓一顆顆香珠在布袋中互相磨擦，重點是需要搖布袋連搖七天，七天後香料製成的珠子已經完全變乾，每一粒都圓滾滾的且閃著亮光，串成珠串後加上琉璃珠當配件就完成了。清代大小官吏在正式場所或節慶時必須配戴朝珠，朝中大臣配戴的是玉珠，不但高貴而且很重，地方官或士紳平常都改戴香珠，廟宇大神像也佩戴，還有文人墨客、富商也喜歡配戴香珠。香珠通常一串約有120顆，也可以做成手珠。手珠一串約10顆，是富裕家庭外出時配戴。還有一種小串神

[23] 陳文達纂《臺灣縣志》（臺北，臺灣銀行經濟研究室，1961年），頁198。
[24] 陳文達纂《臺灣縣志》（臺北，臺灣銀行經濟研究室，1961年），頁15，198。
[25] 詹雅能〈從福建到臺灣—擊鉢吟的興起、發展與傳播〉，《臺灣文學研究學報》16（2013年4月），頁116-125。感謝許雪姬老師的提點。

明珠，家庭奉祀的小尊神明配戴，價格較便宜，由直徑較小香珠串成，一串108顆，也可當念珠。配戴在身上傳出陣陣芬芳，經年不衰。[26]

清代官吏或地方士紳在正式場所或節慶時必須配戴朝珠，這是一種讀書人的禮儀，被富商採納，擴大了朝珠的需求而帶動生產。朝珠的原料也很多樣化，臺灣除了香珠之外，至少還有兩種原料可以製成朝珠，即澎湖的文石，還有林投。當時的人們取用身邊的各種原料加以利用，如澎湖產文石，打磨之後出現紋路，顏色淡而不濃，淺而不豔，顏色佳者價格好，製成朝珠重而且涼，適合夏天配載。[27]林投久種成木，木質堅硬有紋理，宜作箸及朝珠、歌板、月琴及諸樂器。[28]澎湖文石與林投的共同特色是堅硬有紋理，香珠需要圓滾滾的且閃著亮光，具有美感，也是一種能夠反映時代生活特色，而且滿足具有美的素質之工藝品。

施錦玉香鋪生產的奇楠香，不論是軟腳香或是香珠，都是以著芬郁沁人的香氣取得文人的讚賞，並與文人、富商的生活結合，品質佳做出口碑後，自然就容易如上述江蘇人蔣師轍之記載一般，透過兩岸往來的士紳、官員、文人、商旅以伴手禮的形式，拓展了海外市場。日本領臺後施錦玉香鋪的製造量比過去更多，輸出的價金增加到三萬餘元，[29]受到日本人的歡迎，當做禮品採購回日本。施錦玉把製品拿到日本博覽會參展，有3次獲得獎牌的紀錄，1908年出口到神戶。[30]1908年後繼續參展，榮獲獎牌及獎狀超過50面。[31]施錦玉香鋪從福建遷移到臺灣生產之後，進行了技術改良，應該是讓施錦玉生產的奇楠香具有蔣師轍所言之香味超越揚州製品，也受到日本人稱許的重要關鍵。歷史上討論技術移民的跨國界移動，是國際間技術移轉最有

[26] 前引施翠峰《施翠峰回憶錄》，頁28-31。
[27] 林豪編《澎湖廳志》（臺北，臺灣銀行經濟研究室，1963年），頁347-348。
[28] 謝金鑾編《續修臺灣縣志》（臺北，臺灣銀行經濟研究室，1962年），頁53。
[29] 〈香港暢銷〉，《臺灣日日新報》1904年6月17日，4版。
[30] 〈鹿港香業〉，《漢文臺灣日日新報》1909年5月27日，4版。
[31] 施翠峰《施翠峰回憶錄》（臺北，臺北縣文化局，2010年），頁26-39。

效方式。[32]施家技術移民到臺灣生產奇楠香的例證，則表現了技術在跨國界移動之後，進行技術改良，有更出色的表現。

四、技術養成與原料變化

從曾振明香鋪與施錦玉香鋪在臺灣設立並發展的歷史，可以找出臺灣線香業的歷史脈絡。清代的康熙年間來自中國的曾扶容到臺灣設立曾振明香鋪，乾隆年間施錦玉香鋪從中國遷移到鹿港，臺灣的香鋪技術源自中國，設立時間點不同，直到清末仍在臺灣陸陸續續設立新香鋪，例如大雅人朱興泉與朱水（1874－1957）父子於1887年在大雅創立「朱慶春香鋪」，古法製香，專製線香及貢香、香環、沉香、檀香。朱傳德1926年從大雅公學校畢業，在香鋪當學徒，對於香的製造過程頗有研究，遂使朱慶春香鋪的聲名遠播，生意興隆。[33]

香鋪從事生產也從事販賣。司阜是生產時的技術負責人，香鋪聘雇的職工中司阜的名稱不僅一種，如〈表2-1〉，曾振明香鋪雇用人員之工作內容所示，製造過程已經有某種程度的分工，香鋪中負責販賣的伙計等5名，負責生產的司阜也有5名，還有一名記帳；司阜的最高薪水比記帳高，司阜中又以做硬腳香的竹篾司阜薪水最高。施錦玉香鋪工資最高的是做香司阜，將木料粉碎成粉的銅檀司阜及小工的月薪為4元時，比香司阜的月薪7元，高出很多。施錦玉的製造過程中，將各種材料調合、粉碎混合均勻的工作反覆達21次，比一般的十幾回更多。[34]從這些紀錄中可以看到，香鋪是自產自銷，

---

[32] 浜下武志、川勝平太《アジア交易圏と日本工業化》（東京，藤原書店，2001年），頁70-78。

[33] 許雪姬、楊麗祝、賴惠敏合著《續修臺中縣志·人物志》（臺中：臺中縣文化局，2010年），頁193-194。朱傳德除香業製造外，並能順應時勢，投資鞋業。1967年6月在臺中市創立大宙塑膠加工股份有限公司，專製塑膠鞋類產品，為臺灣外銷鞋類先驅。1987年產量達1100萬雙，營業額約1億美元。

[34] 前引臺灣總督府《臺灣線香製造業調查》，頁39-53。

商業與工業併存，但生產過程已經出現分工，有不同種類的司阜專司其職，專業化程度相當高。

表2-1　曾振明香鋪雇用人員之工作內容、人數及待遇（約二十世紀初期）

工作內容	人數	月薪	備註
記賬	1	4	
店口伙計	4	2-3	
學生理	1	0.5	
竹篾司阜	2	5	做硬腳香
線香司阜	1	3.5	生產軟腳香
犁香柴司阜	1	4	切成碎屑
椿石對司阜	1	4	將碎屑搗碎精磨

資料來源：《臺灣私法（第三卷上）》，頁258，275-278；臺灣總督府《臺灣線香製造業調查》，頁39-53。司阜的月薪是約數，南部及北部採按件計酬，但與月薪出入不會太大。

　　香鋪老闆與司阜的關係，還有司阜與來學藝的司仔之關係，從臺南芳義和公會的規定可以推知一二。曾振明香鋪的所在地臺南府城也是臺灣香鋪最集中的地區，清代曾經組織香鋪郊，稱芳義和公會，一度中斷，1899年再度恢復。芳義和公會以九天娘娘為行業神，加入芳義和公會並捐款的16家商號、捐款數如下〈表2-2〉。傳統上，商號設立分店負責外銷稱為「棧」，振明棧應該是曾振明香鋪負責外銷的分店。16家商號也各有圖章，登記在芳義和公會設置的帳簿之上。芳義和訂出的同業章程，規定業界倫理，共有6條，重點是司阜與店主之間，賬項要清楚明白；在賬項清楚明白的前提下，司阜有選擇換新頭家的自由；其次是強調學徒與司阜必須保持和諧關係，如果與司阜有衝突時，其他香鋪不能收留，如有店主違規，則需請大家吃飯、看戲。**35**

---

35 臨時臺灣舊慣調查會編《臺灣私法附錄參考書（第三卷上）》（臺北，南天書局二刷，1995年10月），

表2-2　芳義和公會會員及捐款額

捐款數	商號名稱
七三銀9元	曾振明、振明棧、施金玉、黃泉春、丁遏馨、金蘭芳、振尚儀
七三銀4.75元	吳尚儀、陳震明、吳振馨、張錦明、陳錦芳、鼎崇芳
七三銀2.75元	徐海司、王吉司、蔡馥馨

資料來源：《臺灣私法附錄參考書（第三卷上）》，頁57-58。

　　同業章程是約束香鋪主與製香司阜、司仔倫理關係的民間公約。香鋪、銀紙店等工夫店以及染房、打銀店、裁縫店等手藝店需要一些專業技術，擁有技術者稱為司阜，是決定商品品質的核心人物。司阜可以左右司仔的去或留，與傳統社會強調父權的習慣是一致的。同業者間的和諧關係相當受重視，萬一有矛盾或糾紛時，理虧的人要請吃飯、看戲，在吃喝玩樂間解決問題。

　　決定線香品質的另一個要素是香料配方。曾振明香鋪所用配方是祖傳，使用的紫檀、羅粘等原料是從大陸進口的。[36]鹿港施錦玉香鋪的祖傳配方經過來臺第二代的改良，原料有甘松、大黃、桃香、麝香、梅片、沉香、檜香、粘仔、末仔等，另有兩三種材料祕而不宣，由店主親到香港收購。[37]曾家有自己祖傳的香料配方，施錦玉也有，香港是重要採購地。施錦玉的香料配方，基本上是由施家的人掌握，施應成、施文坡都投入香料研究，不輕易外傳的，但有經驗的老司阜可以從味道大概推知。

　　線香業進入臺灣後漸漸使用了一些本地原料。日治初期的調查報告書詳

頁57-61。原文為眾司阜各人在本店做工者，賬項不直，聽其阻擋，不可故違。司阜不住本店，賬項未清楚，亦不可准倩。俟其清楚，准倩。司阜年終至元月初四日開工止，若無侵辛金，准其自由。要倩司阜，先問舊頭家。若有賬項清白，聽其准倩。司仔未出司者，與司阜不直，擅出自住別號，不可准倩。證人為憑，此據。故違條規者，公訂議罰：漢席二筵、官音一檯。感謝林玉茹教授指示棧乃是負責外銷。

[36]　洪敏麟《臺南市市區史蹟調查報告書》（南投，臺灣省文獻委員會，1979年6月），頁30。
[37]　〈鹿港香業〉，《漢文臺灣日日新報》1909年5月27日，4版。

細記載線香業所用的原料，整理如下〈表2-3〉。

表2-3　日治初期臺灣線香原料

用途	名稱	主要來源
主材料	白檀粉	安南產，自香港輸入原料由香鋪加工成粉末。
混合料	香楠	使用地區以北、中部為主。臺灣產，宜蘭至臺中山區生產香楠粉；品質好者多由漳州輸入原料。
混合料	檜粉	使用地區以南部為主。輸入檜木由香鋪加工成粉末。
混合料	肖楠末	臺灣產；在屈尺、三峽及苗栗、臺中山區製造，或由香鋪向肖楠木工廠購買鋸屑後加工。
加香料	沉香	東南亞產，自香港輸入原料由香鋪加工成粉末。
香腳	竹軸	以刺竹為原料切割成細條，臺灣各地皆有生產，為農家婦女副業。少數由福建石碼、潮州輸入。
附著材	松脂、糖、酒類	用三者的混合液調合香粉；主要是臺灣產，松脂及白糖有少量輸入。
著色料	黑烟	自鐵鍋外部刮取或用木炭為原料製造，臺灣產為主，少量優良品由寧波輸入。

資料來源：《臺灣線香製造業調查》，頁11-37。

　　線香使用的主要香粉原料是白檀，混合用的香粉則南北有別，北部用香楠及白末，中部用香楠，而南部用檜粉。臺灣本地可以生產的原料有香楠、肖楠、竹、松脂等。香楠的產地之一是噶瑪蘭，蘭地多山，香楠末被列為蘭地生產藥材之一。[38]香楠是屬樟科的喬木，日本時代總督府調查時，發現全臺闊葉林中都有香楠，但以北部最多，每年5月到9月間人們會剝下香楠樹皮，用水車踏成粉末後，送到市場販賣，稱為「楠仔粉」，加水攪拌後產生黏質物，也是線香的黏著劑。肖楠的樹幹外觀與檜木相似，生長在北部及中

---

[38] 柯培元撰《噶瑪蘭志略》（臺北，臺灣銀行經濟研究室，1961年），頁102-106。

部300-1400公尺山區，材質細緻有芳香，但是易脆，一般用來裝飾家具，鋸屑也稱爲「淨香」，是線香製造時使用的混合料。[39]竹材則是臺灣隨處可見的資源。以前製糖或家庭使用鐵鍋，燒煮時用柴火，長期累積在鐵鍋底部面的黑焦物刮取後集中起來，也可做爲原料。

整體而言，線香剛到臺南生產時，是帶著原鄉的配方，進入臺灣後，隨著線香業的發展和普及，臺灣產的原料也被拿來利用，供給一部分原料。但是主要原料以及品質較好的香料還是必須從香港、中國等地進口，無法完全自給。這些原料中有不少是廢物利用，如木製家具業的肖楠鋸屑，或是鐵鍋底的黑烟，這在過去資源稀少的社會不算少見，因爲可用資源稀少而被珍惜，反而可以物盡其用，幾乎沒有被白白浪費之物資。

線香的主要原料白檀，還有加香料檜木、沉香、安息香等等，依明代李時珍所編本草綱目，這些是屬於芳草以及香木類，都是漢藥會用到的藥材。[40]施錦玉香鋪的製品在1898年（光緒24）臺灣傳染病流行時，被認爲乃匯集天地正氣而能辟疫，各地爭相採買各色香線、香珠，香鋪增添十數名人力製造，仍然不敷市場需求，一時大發利市。[41]香線、香珠被大眾認爲可以辟疫而搶購，與所使用的香料有關，天然的芳香成分被認爲有防疫作用。

自清代康熙年間以來，臺灣各地陸陸續續出現專業化的香鋪，生產線香供應本地使用，可以減少進口數量，但並未完全取代進口，日本領臺時仍然從中國進口線香。但日本領臺後臺灣的主權移轉，隨著日本政府修改關稅提高線香進口關稅，線香的進口量漸漸減少，1905年（光緒31）臺灣各港輸入的線香價格約3.3萬，臺灣一年消費的線香總價約在40萬上下，90%以上是在地生產。軟腳香的消費量本來就不多也不穩定，日本領臺後，日本的軟腳香進入臺灣市場，量不多。消費量也有時間性，祭祀活動多的時候如農曆7月

---

[39] 金平亮三《臺灣樹木誌》（臺北，臺灣總督府中央研究所，1936年），頁56、224。檜木爲柏之一種，臺灣產檜木位深山，未見被利用之紀錄。
[40] 李時珍《本草綱目》（臺北，國立中國醫藥研究所，1981年），頁484-524，1093-1113。
[41] 〈中路時事　香料匠況〉，《臺灣日日新報》1898年5月27日，4版。

的消費量最多，甚至占全年的一半，其次是農曆正月。1909年（宣統元年）臺灣線香製造業者超過200戶，分散各地，臺南有約50戶，彰化街28戶，臺北大稻埕及艋舺合計約11戶，嘉義約有15戶，苗栗約9戶，鹿港約6戶。製品以竹腳香爲主，少數在大都會的香鋪製造不用竹腳的軟腳香。香鋪的規模都不算太大，以個人經營爲主，且製造者也兼販賣，商工合而爲一，少數香鋪也製造「香珠」作爲副業。大部分香鋪製造兼零售，很少以批發爲主的製造商，而批發到其他地方的製造商只有臺北的振玉、鹿港的施錦玉以及臺南的曾振明。**42**

五、小　結

　　加工生產是爲了滿足生活所需，漢人移民臺灣人數增加，內部消費市場漸漸成長。生活用品的市場需求吸引擁有專業加工技術人才遷移來臺，康熙年間曾扶容帶著祖傳配方與設備來臺創設曾振明香鋪，乾隆時期施錦玉遷移到鹿港開業，就是具體例證。香鋪創業之後就開始展開進口替代過程，由臺灣生產的線香取代進口品，香鋪的司阜以及司阜教授的學徒出師後，都是可以選擇獨立開業，慢慢增加臺灣香鋪數量及生產能力，慢慢地取代了更多進口品，原料也出現了在地化演變傾向，進一步強化了在地生產、在地消費的行爲。日本統治時代，是中國傳統商品自給自足更進一步的時代，受到政治因素影響，進口的困難度以及因爲關稅負擔導致的進口成本增加，讓在地生產更加有競爭力，全臺各地的製造業者也超過了200戶，1905年時已經有90%以上的自給能力，在地生產、在地消費成爲主流。

　　臺灣傳統線香的專業化生產過程，已經出現明顯的分工情形。亞當斯密

---

42 臺灣總督府《臺灣線香製造業調查》（臺北，臺灣總督府民政部殖產局，1910年），頁37-39，60-72。

的名著《國富論》安排「論分工」為這本名著破題，生產過程的分工是現代經濟發展的重要關鍵，也是現代生產機械化的重要關鍵。臺灣傳統加工生產在何時分工？如何進行分工？乃是值得重視，並有待研究的課題。

　　加工商品與生活息息相關，在生活裡所扮演的功能也會有它的變與不變。從線香的例子來看，最普遍的禮敬神鬼、祭祀祖先，這種大眾化功能到現在變化不大。線香裡的軟腳香、香珠還有三種用途，第一種是做成朝珠佩戴，禮儀用或裝飾用，富貴人家也跟進，戴朝珠之外也戴手珠，裝飾之外也提供香氣；第二是聞香、計時，滿足嗅覺，常見於文人雅士與富貴之家；第三種是防疫。檀香、沉香及其他加香料，也是漢藥材。這是過去士紳時代的市場需求，以及資源相對稀少、珍貴的時代，長期累積的生活智慧，因應各種情境，把生活過得更有味道。隨著物換星移，生活出現了變化，但佩戴手珠、聞香等等仍然存留在現代忙碌生活中。

　　線香消費者有常民也有文人士紳。文人士紳的消費能力高，重視品質，促使已經專業化的製造者更重視技術，用天然的好原料調配出最好的味道，用紮實的手工技術，產製好品質的商品，一代傳一代永續經營的老字號、長期累積的口碑、經歷技術改良後的優質產品，有機會成為出口的商品。線香也是一種自產自銷的商品，兼具工與商的特性，有名的製香家族之後代子孫，有能力也有機會進學並取得科舉功名，提升社會地位；於日本時代仍然有機會主持「信用組合」，成為當地的有力家族。

附註：本文曾在2015年以〈線香與生活：臺灣傳統線香業及其技術的演變〉為題，收錄　　　在《南瀛歷史、社會與文化IV》（臺南：臺南市政府文化局，2016年3月），頁　　　165-180。感謝林玉茹教授提供寶貴意見。收入本書時在文字、資料上曾依本書文　　　脈稍做修改。

第三章　清代臺灣商品生產
　　　　與原住民工藝技術

　　清末有些商品已成爲臺灣特產，被當做禮品帶回中國。日治初期來臺灣的日本人，回日本時也會帶些當地特產做爲禮品；大甲番蓆、宜蘭番布、臺南番錦及鹿港施錦玉、施美玉兩家之香珠都馳譽外地，最受歡迎。[1]香珠如第二章所述，屬線香的一種，康熙年間由來自福建的技術移民帶進臺灣，漸漸由本地生產取代進口，更因技術改良、品質好而出口外銷，日本人也喜歡，屬隨漢人移民足跡帶進臺灣的中國手工生產技術。相對地，十九世紀後期可以供來臺各界人士選購的禮品：大甲番蓆、宜蘭番布與臺南番錦的生產技術，則與臺灣島嶼上的原住民工藝密切相關。

　　大甲蓆的編織技術在日治初期衍生出大甲帽，大甲帽是日治時期臺灣重要輸出商品，政府曾經做過調查，史料留存相對豐富，可以證明大甲蓆與中部平埔族密切相關，且經歷了技術改良的過程。宜蘭番布是由噶瑪蘭婦女生產，臺南番錦也吸收了一些平埔族織布的特色。臺灣從十七世紀漢人移民大量入臺拓墾後，原住民與漢人數百年間共同在這塊土地上生活與競爭，上述例證則顯示原住民的物質文化被漢人社會吸收，對漢人商品生產有正面幫助。原住民工藝技術對臺灣商品經濟的影響是很少被提及的面向，本文應用有限的文獻，尤其是日治時代的調查資料，從漢人社會的角度出發，以大甲蓆、臺南番錦爲具體例證，討論清代臺灣加工商品的原料、技術與原住民工藝技術的關係。

一、大甲蓆的技術改良與傳播

　　草蓆是過去日常生活經常使用的寢具，也可用來包裝商品，用途很廣，爲荷治時期已經出現在臺灣產業之一。臺灣各地幾乎都產蓆，重要的織

---

[1]　〈今昔不同〉，《臺灣日日新報》，1899年6月14日，3版。

蓆原料爲七島藺與大甲藺。七島藺俗稱鹹草，分布很廣，如鳳山、彰化縣志
都有藺草織蓆的紀錄，[2]日本時代曾經調查過草蓆產地，指出草蓆的編製主
要以大甲藺、三角藺或燈心草爲原料。大甲蓆主要產地在苑裡、通霄及大甲
一帶，以大甲藺爲原料，全靠手工編製。使用三角藺爲原料，並用從中國購
入的製蓆機製造機織草蓆，產地重心在中南部，如臺中的大庄、臺南的學甲
及高雄的彌陀。[3]編草蓆、生產草蓆的地理範圍分布相當廣，但成爲外銷商
品並在十九世紀享有高知名度的只限於大甲蓆。

　　大甲蓆與衆不同的第一點是原料。大甲蓆的原料是大甲藺，大甲藺俗稱
蓆草，產地集中在臺中、苗栗一帶，原本生長在沼澤或溪邊，長長的草莖可
以編製草蓆。清代苑裡、大甲所編草蓆除了供應島內日常生活所需之外，還
打開了外銷大陸的管道，清末時成爲著名的臺灣特產品之一，品質精緻化，
價格也高於一般日常使用的草蓆，主要原因是出現了一連串技術改良。

　　第一次技術改良出現在乾隆年間，主角是大甲平埔族雙寮社一位聰明
伶俐，名叫「加流阿買」的婦女。根據臺灣總督府的田野訪查，約在1727年
（雍正5）雙寮社婦女蒲氏魯禮以及日南社婦女蚋希烏毛等，直接取用野生
藺草編製粗糙的草蓆以及日常用品。到了1765年（乾隆30）左右，雙寮社有
一位聰明伶俐的婦女，加流阿買，熱心研究，將大甲藺的莖撕開成2-3條後
用來編蓆，編出來的草蓆變得更加精巧，大獲好評，吸引附近的婦女們競相
習藝，附近的日南社、大甲東社、大甲西社、日北社、房裡社及苑裡社的婦
女們也爭相拜師習藝。加流阿買接著改善大甲藺的品質，大甲藺是當地自然
野生的植物，她認爲野生藺草莖的長度短且粗細不一，不方便製作，編製草
蓆的人數增加後只靠野生藺草供應量也可能不夠，於是到沼澤地掘採野生藺
草苗移植到水田，試種之後，發現大甲藺草莖的長度變長，且品質也比較整

---

[2]　周璽總纂《彰化縣志》（臺北：臺灣銀行經濟研究室，1962年），頁336；王瑛曾編《重修鳳山縣志》
　　（臺北：臺灣銀行經濟研究室，1962年），頁330。
[3]　田邊一郎《本島製莚ニ關スル調查》（臺北：臺灣總督府殖產局，1915年）。

齊劃一，有了成效之後雙寮社及附近各社開始移植，大甲藺進入人工栽培的時代。經加流阿買改良草蓆編織技術以及改用人工栽培藺草之後，這些技術由雙寮社傳播開來，大約嘉慶年間平埔族婦女嫁給大甲街的漢人，大甲街開始編製草蓆，並將編法傳授給其他婦女，因而嘉慶年間大甲地方的漢人婦女們學會了編織技術，並普及開來。[4]

　　1765年雙寮社婦女加流阿買改良技術讓草蓆精緻化，同時也把野生原料移植到水田栽培，提升原料品質，這是大甲蓆從地方性的日常用品走向外銷商品的最重要一步，也展現平埔族婦女的工藝及農業才能。雙寮社、日南社、大甲東社、大甲西社、日北社、房裡社及苑裡社在歷史上被歸類為崩山社群，地理上位於大安溪以北，自康熙時代開始有少數漢人移民來此拓墾，之後漢人移民日多，生存競爭日趨激烈，1730年代曾聯合中部平埔社群抗清失敗，人口大幅減少，到了1790年代人口稍有回復，但漢人進入大安溪以北定居的人口更多。嘉慶、道光年間崩山社群參與蘭陽平原的拓墾流失了一些人口。1823年（道光3）臺灣中部平埔社群集體移住埔里開墾，留在大安溪北岸原居地的人口銳減。雖然清廷在1737年（乾隆2）基於治安考量而有禁娶番婦的規定，但是法令禁止未必能有效阻止漢人娶番婦。[5]若從康熙末年的1720年代開始算起，到1887年（光緒13）將近150年間，平埔族與漢族在同一地區居住，政府禁令沒有完全阻隔原漢通婚，手編大甲蓆的技術仍然透過婚姻從平埔族傳入漢人社會，並普及開來，進而提升了大甲一帶婦女的工藝才能，這是平埔族在物質上留給臺灣社會經濟的另一種財產。

　　總之，大甲蓆品質精緻的原因有兩個，第一是編織技術的改良，第二是當地特產的大甲藺原料。大甲、苑裡這兩個生產大甲藺原料的地方也就成為

---

[4] 島田彌市、倉田藤一《大甲藺及同製作品調查書》（臺北：臺灣總督府民政部殖產局，1908年5月），頁45-46；〈大甲莚製品及原料ニ關スル調查書臺中縣提出〉（1901年5月），《臺灣總督府公文類纂》，637-6。

[5] 洪麗完《熟番社會網絡與集體意識─臺灣中部平埔族群歷史變遷（1700－1900）》（臺北，聯經出版社，2009），頁169-173，190-196，281-305。

編製大甲蓆的核心地區，並向北擴及通霄、竹南等適合栽培大甲藺的地區，如新竹縣志所載，「竹南大甲，善織嘉紋草蓆。」[6]嘉紋草蓆指蓆上編出美麗紋樣，從竹南到大甲一帶的大甲藺產地，婦女們精於編織有漂亮紋路的嘉紋草蓆，成為地方特色。

　　草蓆為許多地方生產的日常用品，具有自給自足色彩，精緻的大甲蓆要成為臺灣特產、成為禮品，必須進入市場體系，這個任務則由漢人負責。原本大甲蓆是農閒時婦女們編製，主要是供應自己家裡所需，技術改良製品變得精巧之後，也把自己編的草蓆當做禮物贈送臺北、新竹的親戚朋友使用。因為編法精巧頗受珍惜重視，漸漸地臺北、新竹也有人委託編製，附近女子從事編織草蓆的人數也漸增。將大甲蓆推廣出去的重要人物是莊助，大約1828年（道光8），大甲街的莊助收購附近各社及大甲街生產的大甲蓆，或用布交換大甲蓆到各地販賣，因為編法精巧，大甲蓆的名聲開始傳播開來，臺南的商人也到大甲收購成品賣給清朝的官吏，欲投清朝官員之所好；清朝官員把它們帶回故鄉贈禮之後，從中國大陸來的訂單也增加了。清末臺灣建省，劉銘傳以臺北為行政中心之後，從中國來的大大小小官員改集中臺北，大甲商人們收購的大甲蓆十之八九轉而銷往臺北。編織大甲蓆是農村婦女的工作，農民們一開始是拿草蓆跟商人交換米穀、布帛，1885年（光緒11）之後，臺北、臺南貿易商也參與了大甲蓆的買賣，開始有了固定的市價。1885年左右一張大甲草蓆的價格大概是3-10元之間，之後品質走向精緻化，價格也隨之提高，加上銷路好，帶動了這個行業的興盛，編織大甲蓆的農家日益增加，以苑裡最為明顯。苑裡在1890年（光緒16）左右編製大甲番蓆的農戶有400戶，大甲有約100戶。[7]

　　大甲蓆受到清朝官吏愛好，從大陸來的訂單也增加，外觀精緻漂亮是重

---

[6]　鄭鵬雲、曾逢辰《新竹縣志初稿》（臺北：臺灣銀行經濟研究室，1959），頁176。
[7]　前引〈大甲莚製品及原料ニ關スル調書臺中縣提出〉；前引島田彌市、倉田藤一《大甲藺及同製作品調查書》，頁1-9；45-46。

要因素；還有一個重要因素是攜帶方便。大甲之蓆如布帛一樣可以折疊放在行篋裡，最精緻者一張可以賣到五、六十金，最便宜的也需番餅三枚才能買到，從臺灣回大陸者很多人買來做爲餽遺之品。[8]兩岸間漫長的海上旅程，輕薄短小、方便攜帶是做爲餽遺之品的良好條件，應該也是銷路廣的重要原因之一。由於清朝官吏是大甲蓆外銷的主要顧客與管道，當清末建省來臺官員人數增加時，銷售路線由臺南轉向臺北，產銷制度也建立了，更多的需求帶動了生產風氣，大甲、苑裡一帶是清代大甲蓆重要產地，清末的產地已經轉移到以苑裡爲主。

二、苑裡之編蓆技術改良

苑裡社也屬崩山社群。1765年（乾隆30）左右苑裡社婦女向加流阿買習藝，學會編蓆。1805年（嘉慶10）左右苑裡社婦女擺勻將使用野生大甲藺編草蓆的技術傳授給苑裡地方漢人，一開始僅是編製自己家中使用的草蓆，道光年間苑裡庄的漢人移民陳水之妻，利用家裡一部分水田移植栽培大甲藺，苑裡地方大甲藺進入人工栽培的時代，所編的草蓆也拿到大甲街交換布帛等物品。光緒初年北勢庄一位名叫李查某的女孩，將草莖細分編緻精巧製品之後，這種編製方法開始普及開來。[9]苑裡社婦女學會編蓆技術是乾隆年間，最初所學到的是使用野生大甲藺編草蓆的技術，似乎並沒有學到加流阿買用人工栽培大甲藺草並將草莖細分的編製技術，而是日後由陳水之妻及李查某等兩位婦女先後完成的。多位聰明伶俐的婦女，在不同時間、不同地方有同樣想法，進行技術改良。

至於前文提到「1885年……之後品質走向精緻化，價格也隨之提高。」

8　蔣師轍撰《臺游日記》（臺北，臺灣銀行經濟研究室，1957年），頁67。
9　前引〈大甲莚製品及原料ニ關スル調書臺中縣提出〉。

　　這是繼1765年雙寮社婦女加流阿買的技術改良後，再一次的技術提升，核心人物是苑裡的婦女洪鴦。洪鴦，1854年（咸豐4）出生於苑裡，與當地的眾多女孩一樣，從小就開始學編織草蓆，用心學習編法與編織紋樣，隨著年齡增長編法熟練，拿小刀把大甲藺剖成適當粗細，少女時代已經可以隨意編出新花樣，或編出文字。她覺得與朋友們一起編比較有趣，常與左鄰右舍的朋友們一起編織新花樣，也一起討論。清末苑裡的編蓆技術與品質的提升，臺灣總督府認為洪鴦功不可沒，雖然洪鴦並有申請任何專利，日本帝國發明協會仍在1925年頒給獎牌表彰。[10]清末大甲蓆的生產，質與量苑裡都超越了大甲，繼續透過大甲商人們所建立的銷售管道販賣。

　　苑裡盛行製蓆也改變當地男女的分工界線。根據《苑裡志》記載，苑裡的物產與新竹略同，草蓆是苑裡特產，銷售量多因而殖產興盛，苑裡居民每年的收入，除米穀之外以草蓆為多，每年可得金二萬元左右。1870年代生產愈盛；1880年代以來製造者手藝更加靈巧。苑裡的女子很少從事女紅，女子長到了六、七歲開始學織草蓆，這點雖然與大甲一樣，但苑裡女子的手藝更工整，能夠在尺幅之中織成「吉祥」字樣以及巧製花樣。幼女織之，老婦人也織之，操井臼洗衣煮飯之事不少是由男人擔任，這是苑裡的特殊風俗。[11]苑裡志詳細的記載表現編製草蓆的產業特色以女性為主，採用家庭手工的生產方式。女子的手藝工整，收入似乎不錯，甚至可以養家活口成為家裡重要經濟支柱，忙不過來時就由男子洗衣煮飯做家事，共同合作，維繫家庭生活，男女分工界線模糊化，也讓農村除了種稻之外多了一項生財之道，經濟生產活動有更多選擇。

---

[10] 洪鴦在1886年左右開始研究，並用大甲藺成功編出中折帽，是臺灣歷史上有明確記錄的第一頂西式帽子，也開啟了日本領臺期間由臺灣婦女纖織雙手編織的數不清的大甲帽的生產史。洪鴦自己也成為日治時期極罕見獲得日本帝國發明協會頒發發明獎加以表彰的婦女、臺籍人士。帝國發明家傳記刊行會編《帝國發明家傳（下卷）》（東京，日本圖書センター，1991），頁251-256。

[11] 蔡振豐《苑裡志》，收入《文叢》第48種（臺北，臺灣銀行經濟研究室，1959），頁82-83、91、97、114。

　　總之，1765年雙寮社婦女加流阿買的技術改良，讓大甲蓆品質提升，精緻化讓大甲蓆不僅作為日用品使用，也是往來酬酢的禮品。1828年左右大甲街的莊助把大甲蓆帶到各地販賣，漸漸累積知名度，也打開中國大陸的外銷市場，產量更多。1880年代之後苑裡婦女洪鴦鴦研究新花樣，並教朋友們編新花樣，製品更加精巧。平埔族的工藝才能透過婚姻進入漢人社會，加上漢人的商品行銷能力、技術改良能力，歷經了一百多年的發展，創造了清末臺灣有名特產：大甲蓆成為外銷商品，加入市場經濟。

三、宜蘭番布、臺南番錦與番布

　　臺灣平埔族擁有優異的織布工藝才能，能夠充分利用生活周遭的各種纖維資源，成為蘊生清末特產番布的源流之一。臺灣原住民的織布技術使用臺灣產植物為原料，揉樹皮，織斜紋綾等的技術，康熙年間的《諸羅縣志》已有記載，如彰化以北原住民多揉樹皮為裙，白如苧；達戈紋出水沙連，如毯，是用苧麻及樹皮製成，色瑩白，斜紋間以赭黛，長不竟床，出南路各社者皆灰色。原住民用來蔽體，漢人則拿來做衣包，頗精緻。織布工具也有自己特色，將木頭中間挖空，樹圍約三尺多，函口如槽，橫竹木桿在於內，卷舒其經，綴線為綜，擲緯而織達戈紋、繫腰小帶，花紋歷錄可愛。[12]《諸羅縣志》記載的達戈紋織法，與大甲一帶平埔族婦女的織法及工具類似；而大甲一帶平埔族婦女的工藝才能相當出名，善織達戈紋一事也曾經在巡臺御史六十七心中留下鮮明圖象。[13]清末來臺之史久龍記載原住民心甚巧，善於織布，所織斜紋布皆白色，係以麻和樹枝絲織成者，故夏日服之最宜。[14]湖南

---

[12] 周鍾瑄《諸羅縣志》（臺北：臺灣銀行經濟研究室，1962），頁157-161。
[13] 六十七《番社采風圖考》（臺北：臺灣銀行經濟研究室，1961），頁3-4。
[14] 史久龍著、方豪校訂〈憶臺雜記〉，《臺灣文獻》26卷4期/27卷1期（1975年12月），頁16-17。

湘陰人黃逢昶在清光緒初，宦遊臺北，奉委至宜蘭催收臺北城捐，用詩詞記
錄了宜蘭平埔族織布的情境，即「唱罷漁歌覓剪刀，輕裁番布白如旄；漫疑
花樣新宮錦，莫與香羅價並高」，註記說明平埔以樹皮爲布，輕似香羅，豪
貴爭購。[15]從康熙到光緒年間的這些資料，都共同指出平埔族善於織布，且
會使用樹皮、苧麻等各種植物纖維織出顏色潔白、輕軟、堅固耐用、可愛、
雅緻的布，適合臺灣炎熱的夏季氣候等特色，康熙年間漢人就把它拿來做衣
包用，清末宜蘭番布輕似香羅，豪貴爭購，雙方之間有長期的商業來往。

　　清末宜蘭番布輕似香羅，豪貴爭購，但資料較少，只知道宜蘭的平埔族
原本就盛行織布，每家都備有織機織苧麻布，婦女們把所織的布拿到市街販
賣以補生計，稱爲番布。但是在日本領有臺灣之後的1901年左右，便宜的日
本棉布出現在宜蘭街市上，番布的銷路大受影響，婦女們所織的布變成只能
供自己及家人使用。[16]從這筆資料可以大致了解宜蘭平埔族婦女有利用當地
生產之苧麻織成布的傳統，並且成爲一種交易商品、禮品；但在日本領臺後
不久，低價的日本棉布取代了宜蘭番布，這項產品的消費市場萎縮，漸漸地
淡出歷史。

　　臺南番布也已經淡出歷史了，但這項產品不是平埔族的產品，而是漢人
吸收不同族群文化而出現的外銷商品，留下的文獻稍多。臺南番布出現在清
末，文獻裡很少被提到，卻是日本人所稱許的臺灣四大禮品之一，日本也特
別針對生產者臺南雲錦做調查。綜合各種資料，可以整理出臺南雲錦的技術
來源以及特色。

　　《安平縣雜記》記載織番錦司阜，臺南城內只有一家，並織番布，字
號「雲錦」，位上橫街。[17]臺南雲錦的產品有番錦以及番布兩種；番錦的技
術來源是中國江南官營織染局之織造技術，據連雅堂記述，1851年左右（咸

[15] 黃逢昶《臺灣生熟番紀事》（臺北：臺灣銀行經濟研究室，1960），頁30。
[16] 〈各廳ニ於ケル勞働者ニ關スル調查書（二回）〉（1902年9月），《臺灣總督府公文類纂》4691-6。
[17] 川口長孺等撰《安平縣雜記》（臺北：臺灣銀行經濟研究室，1959年），頁84。

豐初年）江南大亂，有蔡某者爲江寧（南京）織造局織工，搬到臺灣郡治之上橫街，織造綢緞紗羅，店號叫做「雲錦」，然其絲仍取之江浙，尙未能自給也。[18]根據日本時代調查資料，1900年時蔡家的織造負責人是蔡淵淇；蔡淵淇的祖父由蘇州來臺創業，也是臺灣唯一一家擁有織絹、織花錦技術的織坊。據說清末蘇州織花錦技術曾經失傳，花錦供給必須仰賴臺灣。蔡淵淇織花錦之外也擁有織綾羅綢緞的技能，織花綿的機器新製價格約需200元，原料則必須由蘇州輸入。蔡淵淇曾因爲生絲必須由中國輸入而深覺遺憾，約在1882年投下資金在臺南城東門外、南門外拓墾田野種植桑樹，並從廣東輸入蠶種、桑苗，經營養蠶業，據說因工資太貴而虧損了五六千元。[19]蔡家所織花錦是一種緯絲，是一種用極細的五彩線織就的手工紡織品，品質精緻，清末派駐臺灣官員還鄉時常帶回做贈品，乃馳名京師。官營織染局因太平天國之役而織工四散，名存實亡，光緒皇帝大婚時宮內織染局趕工不及，曾命臺灣布政使南來採辦，傳爲佳話。[20]

　　雲錦的絲織品，丁紹儀也有記錄。丁紹儀爲江蘇無錫人，1847年秋（道光27）因妹妹嫁來彰化而渡臺，順道到臺南探望其業師黃浣雲。當時臺灣道全卜年爲其父執，囑其襄理度支，並輔佐其師稽核臺灣郡城的文冊，留臺八個多月，記錄了不少臺灣之事，回鄉翌年編成《東瀛識略》一書但未出版。迨1871年（同治10）再度遊臺，社會、民情與以往不同，於每目之下有補述，兩年後《東瀛識略》始刻印行世。丁紹儀說，臺灣由人工所製者有番錦，絲皆是從中國進口的，先將絲撚成線後才開始織，就如雲南的通海緞。臺灣只有郡城一戶能織，價極貴，原本需要番銀二十餘元，之後漲到三十餘

[18] 連橫《臺灣通史》（臺北：臺灣銀行經濟研究室，1962年），頁640-642；連橫《雅言》（臺北：臺灣銀行經濟研究室，1963年），頁78。

[19] 〈生蕃布の解說〉，《臺灣協會會報》16號（1900年1月），頁73-74。

[20] 華農生〈清代臺南府紡織「緯絲」〉，《臺南文化》新6期（1979年1月），頁28-29。雲錦所在地爲臺南忠義路，日治時期臺灣文化三百年紀念展覽會曾展出「雲錦緯絲」，臺南民族文物館收藏前清舉人蔡國琳遺物蟒袍爲雲錦所製。

元，以米色者最佳，雜以五采絲織爲被褥面，價格與袍褂相同，亦有織成桌圍、椅墊，一套的價格需要百餘元，朱地錦紋，陸離耀目。[21]

另一位記錄番錦的文人是何澂。何澂是浙江山陰（今紹興縣）人，1874年（同治13）日本出兵臺灣，沈葆楨到臺灣負責海防，福建巡撫王凱泰也由福建移駐臺灣，何澂以知府身分奉檄隨營，處理撫署文案，閒暇時則與王凱泰及舉人馬子翊等相唱和，各得〈臺陽雜詠〉數十首。何澂詠詩之中有「番錦千絲蟹女織」，加註說明番錦只有郡城一戶能織，價極貴，間以五采絲織成被褥等件，陸離耀目，尚覺可觀。[22]

清末來到臺灣的丁紹儀與何澂，不約而同注意到臺南雲錦的絲織品，稱之爲番錦，稀有而且價格高貴，織造也很費工，產量稀少。這麼珍貴的物品被帶回中國，應該是送給重要人物的貴重禮物，加上雲錦絲織品的技術與原料都來自中國，與臺灣原住民沒有關係，爲什麼會使用來在錦稱呼？清代臺灣有番社、番仔寮等地名，或番草蓆、番杉褲、番鍋等冠有「番」字的物品，是漢人用來指稱原住民所聚居之地或特殊用品的用語。[23]臺南雲錦的絲織品被稱爲臺南番錦，可能只能從雲錦的另一種產品番布來尋找解答。

雲綿織造的番布，技術來源與原住民的織布技術有關。日本人的調查指出臺南雲錦所織番布的原料是青桐絲，產地在附近山區，自然野生且生長快速，供給豐富。用青桐絲織布者主要是平埔族，漢人很少，平埔族使用的織機是竹製，較小型，只能織斜紋綾，價格一反（長8尺寬1.8尺）約60錢。漢人織番布的人只有臺南城內上橫街蔡淵淇，原料是由織工到山區購買，一斤約15錢，由漢人加工製絲的代價爲1.5元到2元，使用的織機是木製的，較大型，新品價格一台約70～80元，可織斜紋綾與縱縞形，一反（長2丈寬1.3尺）約3元，需織4天左右。蔡淵淇有織花錦的技術，承接番布訂單的價格也

[21] 丁紹儀《東瀛識略》（臺北：臺灣銀行經濟研究室，1957年），頁61。
[22] 劉家謀等《臺灣雜詠合刻》（臺北，臺灣銀行經濟研究室，1961年），頁65。
[23] 前引洪麗完《熟番社會網絡與集體意識─臺灣中部平埔族群歷史變遷（1700－1900）》，頁129-132，158-161。

不低，但是這種布是清末臺灣人去中國旅遊時送人的珍品，或是來臺灣的中國人回去時送禮的珍品，不計代價由個人攜帶到中國去。[24]日本調查紀錄清楚指出雲錦所織番布具有原住民色彩，價格有點貴，被當成伴手禮攜帶到中國，與番錦的原料不同，織法也不同，價格差別更大，有臺灣地方特色也不算太貴的產品則是雲錦所織的番布，當做禮品的機會應該更多，名聲應該也更響亮。

調查紀錄雖然只說蔡淵淇派織工到山區購買原料，並沒有直接指明番布技術與原住民有關，但是由兩點理由可以判斷番布與原住民有關。第一，臺灣只有平埔族利用青桐絲織布。第二平埔族採用斜紋綾的織布方法，這些都是長久以來屬於平埔族群的文化特色。蔡家因戰亂而遷移到臺灣開業之後，苦於原料必須進口，應該會想辦法尋找替代原料，他們的織工足跡踏入山區，並用青桐絲織斜紋綾的番布，即使史料沒有明講，也能判斷應該是吸收了平埔族的文化。青桐屬梧桐的一種，生長迅速，樹皮可以製成白色纖維；排灣族用做織布原料，並且因為這種纖維可以製網而受重視。[25]青桐絲是臺灣南部容易取得的纖維材料，排灣族的利用方法是將樹皮加工成白色纖維，與雲錦所織番布吻合。

臺灣的原住民不論是平埔族或高山族，大多擁有善用身邊的纖維資源，用手工織布的傳統工藝，例如噶瑪蘭人用手工織香蕉布的織布機現在還找得到，織布工法歷經了將近百年資本主義商品的挑戰，仍然被保存下來，當地婦女尚知道怎麼製造香蕉絲並織成布，製作美觀耐用隨身小袋的技術。[26]原住民使用的纖維材料與織布技術，由擅長織花錦的蔡家吸收之後，原料雖仍使用青桐絲，但購買原料後有再加工精製，原來已經呈現的堅緻特色應該會提升。蔡家吸收平埔族的紋樣及原料，融合了中國技術，兩者共同

---

[24] 前引〈生蕃布の解說〉，頁73-74。
[25] 山田金治〈パイワン蕃族利用植物〉，《臺灣總督府中央研究所林業部彙報第1號》（臺北：臺灣總督府中央研究所，1923年），頁21-23。
[26] 張振岳〈噶瑪蘭人的手工織布法〉，《臺灣風物》47：4（1997年12月），頁113-130。

形成具有明顯臺灣色彩的成品，價格雖然有點貴，拿到中國去送禮，想像起來應該是相當實用、珍奇的禮品，也是清末由兩岸往來官員、商旅攜帶出口具有工藝性質的商品。

四、小　結

　　從十七世紀以來，臺灣漢人社會的生產技術最大的來源是中國。中國在明末天工開物成書的時代，是世界生產技術的先進之地。荷蘭人統治臺灣的時代，荷蘭人的「甲萬」也曾被臺灣社會吸收，並與大櫃結合，在大櫃加上鐵鎖，成為商人、旅店保存帳簿以及貴重物品的設備。本文的大甲蓆與臺南番布之例證，則指出了臺灣漢人社會生產技術的第三個來源：平埔族婦女之編織工藝。

　　漢人社會吸收平埔族婦女的編織工藝有兩種管道。如大甲蓆一般，加流阿買改良技術提升品質後，透過婚姻傳入漢人社會，或是由平埔族婦女直接傳授，屬第一種。清末從中國移民到臺灣的花錦織匠蔡家吸收當地平埔族使用的青桐絲原料及紋樣，融合中國技術所織出的番布，則屬第二種。這兩種商品使用的原料都是臺灣在地生產的草木資源，漢人吸收了平埔族的物質文化要素，也用中國技術加以改良，展現臺灣手工藝技術之來源多元性，具有融合與改良的能力，累積下出現更精緻並具有特色的商品，有出口競爭力。這種商品的價值不在輸出數量，而是商品之性質，臺灣歷史上從十七世紀開始外銷蔗糖，清末茶、樟腦大量出口，米、龍眼乾、苧麻絲也有出口紀錄，大都是屬於農產加工品，貿易支持臺灣農產加工業的發達，並在日治時期繼續發展，特別是糖。大甲蓆、臺南番布以及上一章討論的奇楠香，則屬精美並具地方特色的手工藝品，是歷經兩百餘年工藝累積的出口商品，雖然僅是涓涓細流，卻展現了臺灣工藝的製造能力，亦豐富了臺灣的商品經濟。

　　十七世紀漢人大量移民來臺拓墾之前，臺灣本為原住民族群之居所，大

量漢人移民構成臺灣社會主體之後，亦與原住民族群共居一地，互動頻繁，圍繞著土地權力之爭與轉移，爲最受矚目之焦點。漢人與原住民族群共居一地形成的互動，其實有更多內涵，本文討論之大甲蓆、臺南番布，是臺灣漢人社會從平埔族文化裡取得的寶貴資產。臺灣是一個多民族的社會，多元民族不同文化長期共處一地所創造出來具有特色的物質文化，也許不是僅有大甲蓆以及臺南番布兩個例子。臺灣原住民文化的特色爲優秀的工藝才能，熟知並能善用所處環境的自然資源，創造出具有民族色彩的物質，這個特質到今天仍然留存著，細心探究可能也許還能找出更多共同創造風格獨具之特色產品的具體例證。

附註：本文曾在2014年以〈清代臺灣漢人商品生產與原住民工藝技術關係初探——以蓆與布爲例〉，發表在《歷史臺灣》第7期（頁37-50）。收入本書時在文字、資料上有稍做修正。

第四章　臺灣傳統社會之婦女加工生產活動

　　臺灣傳統社會婦女們在經濟生產活動上扮演什麼角色？目前了解並不多。卓意雯《清代臺灣婦女的生活》一書從婚姻、家庭與社會功能、禮教與法律地位等面向討論清代臺灣婦女的生活，經濟生活方面著墨少，除說明臺灣傳統經濟生產活動是「男有耕女無織」之外，也提及婦女除了家務事、從事女紅外，還是各種副業主要生產者及勞動者，但只是副次的，婦女們也沒有成就感等。[1]本書第三章顯示苑裡編織大甲蓆是重要產業，由婦女負責生產，女子的手藝工整，似乎可以成為家裡重要經濟支柱，婦女在臺灣傳統產業經濟上扮演的角色，仍有深入檢討的空間。

　　中國農業社會婦女深具韌性。李又寧〈傳統對於近代中國婦女的影響〉一文指出，傳統的中國婦女是勤勞的，絕大多數婦女不但做家事，也要耕作、做手工業，勤懇地默默工作，不怕吃苦而能在任何環境中生存，就時代需要從事各種新工作，與世並進。[2]農業時代臺灣婦女如中國婦女一般要做家事，也要耕作或從事手工生產，勤懇地工作的證據，留在清代臺灣的方志裡，也留在日本人的調查資料裡。婦女被記錄在清代文獻史料裡是以烈女及節婦的形式表現，這是為了統治目的而由政府表彰、獎勵的女性道德，但因為有些節婦在喪夫後經濟頓失倚靠，必須自己擔起家計，意外地為清代婦女留下了參與工業生產的珍貴史料。日治初期因為日本擁有明治維新時期大批紡織女工協助日本工業化之經驗，總督府調查臺灣經濟時也因注重婦女之經濟生產，而留下一些資料。本文即以方志、日本人的調查資料為主，建構1720到1905年間約200年婦女參與加工生產之樣貌，讓臺灣工業史、婦女史、社會經濟史有更完整面貌。

---

[1]　卓意雯《清代臺灣婦女的生活》（臺北：自立晚報出版，1993年）。
[2]　李又寧〈傳統對於近代中國婦女的影響〉，載《中華民國建國史討論集二》（臺北：中央文物供應社，1981年），頁258-272。

一、康熙末年臺南婦女開始織布

　　1895年（明治28）日本領有臺灣。當時日本的國際處境並不安全，日本的政治領導者仍然擔心日本殖民地化，正舉國一致努力「富國強兵」、「殖產興業」。要兵強必須國家富有，才能購買先進武器，要國家富有則必須發展產業經濟。日本自然資源不甚豐富，當時橡膠、蔗糖等主要由熱帶地區生產，臺灣位處亞熱帶地區也有條件生產，兒玉源太郎、後藤新平乃積極開發臺灣富源，試著將臺灣納入日本的「殖產興業」體系之中，其中的一個方法就是鼓勵臺灣士紳到日本親眼看看其進步程度，提振他們投入臺灣產業經營的意願，協助日本富國強兵。日本領臺後第四年，1899年（明治32）日本在鹿兒島舉行九州沖繩八縣聯合共進會。共進會是一種產業展覽活動，日本九州的七個縣加上沖繩縣各自將最有自信的產品拿出來放在一起展覽，互相比較、學習、改良以追求進步。臺灣總督府利用這個機會命令臺北、臺中、臺南三縣，分別選派三名有殖產經驗的地方士紳到日本參加共進會，順便安排赴大阪、京都、東京等日本最進步、繁華的大都會參觀。臺北縣選派新竹參事葉文暉、新竹公學校甲科生李少福、新店街長許又銘及錫口公學校教員林希張等，全額補助經費之外，並由臺北縣農商課長橫山壯次郎、屬川田武彥等陪同，視察日本的農工商等產業，於三月一日出發，到鹿兒島觀覽後，又引導其參觀神戶、大阪、京都、東京等，前後約一個多月。[3]

　　許又銘、葉文暉等在九州沖繩八縣聯合共進會場對織布業表現出高度興趣。1899年3月11日，新店街長許又銘、新竹參事葉文暉等，在臺北縣橫山壯次郎農商課長的帶領下，到織布所觀覽。織布所裡面有婦女三百餘人，都是十二歲以上二十歲以下的少女，由女師傅數人督率她們在現場織布。她們使用的織布機是木製的，少女們手執布梭，足踏機板，織布速度相當快。葉

---

[3]　高淑媛著、閻立譯〈日本植民初期における臺灣人の資本主義体験〉，《經濟史研究》15（2011年），頁109-130。

文暉就問橫山課長：「日本木匠造一座織布機要多少錢？」橫山課長回答：「織布機一座價格約四元」。並反問葉文暉這種織布機臺灣有沒有？葉文暉回答：「這種織布機與臺灣的織布機大同小異，但是臺灣織布的人很少，至於織絹就更少了，只有織小布與織帶子者，在新竹也有」。葉文暉又問：「假如臺灣要聘一女師以教織布，一年需要多少資金？」橫山課長回答：「聘一女師到臺灣一年薪水及慰勞金約二百餘元。」之後又觀看女子製煙所、女子裁縫所及蠶絲講習所，使用機器洗絲、紡絲，盡美又盡善，觀覽女子紡紗，所用的紡車與臺灣紡車如出一轍。[4]這一段對話告訴我們日治初期臺灣婦女紡紗也織布，織布機、紡車與日本所使用的類似，臺灣確實有紡織業，男性在農田耕作的同時，也有婦女在家從事紡織，臺灣並不完全是「男有耕女無織」的社會。

　　仔細翻閱文獻，臺灣最早出現紡織業的記載是1720（康熙59）年纂修之《臺灣縣志》。臺灣縣以府城爲中心，南到二仁溪、北到新港溪（即今之鹽水溪），是漢人移民最早開闢之地，歷經了荷蘭、明鄭時代，到了康熙末年，已開墾將近百年，人口稠密，人民生活也出現了變化，例如地力因開墾日久而變貧瘠，必須施肥，婦女也開始從事紡織。過去是男有耕而女無織，女子以刺繡爲工，布帛由中國供給，價格很貴，是耗財之一端，最近已有親自紡織以備寒暑衣服者，一人習之，千百人從而效之；一家習之，千百家從而傚之，女紅之害可以減輕許多。同書的列女傳中記載節婦如何辛苦工作養家撫孤，有數例是以紡織維生，例如林氏，居住在東安坊，丈夫死時只有22歲，無子，撫養妾所生的二子爲己子，俸侍婆婆至孝，親自紡織以奉甘旨，數十年如一日。又如余氏是儒生之妻，生了三子之後夫逝，余氏只有22歲，悲哀哭泣，死而復甦，也想捐軀以殉，但環顧三個兒子，最大的才剛離襁褓，最小的才剛出生20天，沒有了母親怎麼活下去！因而轉念，認爲應該撫

---

[4]　〈東遊日記葉文暉稿〉，《臺灣日日新報》，1900年2月22日，4版。

孤以存夫家血脈，之後含辛茹苦，織布、縫紉養家活口，活到63歲，其子贊化考入國學，其孫錫籌考上童生，上天之報施善人，信不爽也。[5]

　　方志中列女傳記錄女性事蹟可分爲兩類，一類是烈女，指夫死時殉死的女性；另外一類則是節婦，節婦的定義是夫死後長期守節、奉養公婆、撫養子女的女性，必須自立維持生計，因而經濟生活的描繪有較多細節。《臺灣縣志》明明白白地記載臺南在康熙末年已經有婦女紡織，也記載了一些節婦依賴紡織維生，撫養子女成人，子孫學有所成，自己受政府表彰、肯定的具體例。同樣在康熙末年編纂的諸羅縣志，則記載諸羅番女雜樹皮織成達戈紋，荷蘭通商的時代開始，進口布帛入了原住民的社會。清代漢人移民增加之後，漢人會種麻，但不織布。漢人的女子以刺繡爲能事，長到十歲就開始教刺繡。[6]土地拓墾尚在進行中的嘉義，漢人婦女不織布只刺繡，如同臺南在十七世紀的開墾初期一般。婦女的經濟生活隨著外在大環境的變化而產生變化，開墾時期以農事爲重，人口稠密、土地分配緊張時，有些婦女投入紡織等加工生產，協助家計。

　　婦女織布與否受到外在大環境的影響，也可以在施琅的紀錄找到。施琅觀察到明鄭與清朝對抗時期，因爲清朝實施海禁，包括布帛等在內的民生物資不易進口，臺灣住民曾經使用木棉紡紗織布。[7]木棉花在臺灣都市很容易見到，這種植物開花時整棵樹都是花，開花後結果，果實成熟後裂開隨風飄的棉絮，其實也是一種纖維資源，明鄭時代布料進口困難時也曾經加以利用，但臺灣納入清朝版圖後恢復商業來往，布料又透過貿易源源供給，就很少人去利用了。這則紀錄顯示臺灣漢人移民有能力紡紗、織布，但布帛借助貿易補足似乎是最經濟的方法。布料能否透過貿易取得？以及取得成本的高低，是左右臺灣社會織布與否的經濟因素。

　　不過康熙年間臺南一帶與紡織業相關的記載並沒有專業化的跡向，如

---

[5]　陳文達《臺灣縣志》（臺北：臺灣銀行經濟研究室，1961年），頁，頁3，56-57，197，200。

[6]　周鍾瑄《諸羅縣志》（臺北：臺灣銀行經濟研究室，1962年），頁137-139；149-150。

[7]　施琅《靖海紀事》（臺北：臺灣銀行經濟研究室，1958年），頁60。

「躬紡織以備寒暑衣服」一般，基本上自給自足色彩比較濃厚，少數婦女靠紡織糊口，也帶有家庭手工業色彩，即是依當時的人口、資源以及生產模式而言，臺灣在康熙末年靠紡織維生應該具有可能性，但因原料條件先天不足，又容易從海外進口，專業化生產的可能性不大，生產人口也不多，因而大多數的文獻撰寫者仍然踏襲著清朝統治臺灣初期所形塑的「男有耕而女無織」的圖象，繼續傳抄下來。

二、清代中期紡織業的點狀拓展

清代中期，隨著漢人移民增加，紡織業亦開始出現點狀拓展，有紡織業紀錄的地區漸漸增加，臺北的大隆同、新竹、彰化以及鳳山嘉祥里等地，都有相關記載。

淡水廳志記載，淡水縣一帶貧家女不為婢女，她們織黃麻做成米袋，松山一帶則織草為蓆。同安人移居大隆同，原本就會使用同安梭織帶子，大小花紋都很工整，新竹比起南路是有過之無不及。[8]新竹縣志初稿亦云：貧家女代人浣衣、代人裁縫，或織婦人纏足所用的小帛、或織帶子，大小花紋俱工。[9]如前述新竹參事葉文暉看過新竹有人織小布與織帶子，兩者可以互相印證。

紡織業的另一個重要據點是彰化。彰化的婦女原本只從事針黹、刺繡及裁縫，足不出戶，刺繡的工整程度可以與蘇州、廣州比美，只是蠶事不興，紡織尚少。最近有挈女眷來臺者，頗知紡紗織布，但皆買彈好的棉花來紡紗。本地生產的吉貝甚多，皆隨風飄散，視為無用。又有絲棉，也是任其開花結實，終無收用。苧麻最近有人買回中國。桑樹雖多，養蠶的人很少，

---

[8]　陳培桂編《淡水廳志》（臺北：臺灣銀行經濟研究室，1963年），頁298。
[9]　鄭鵬雲、曾逢辰《新竹縣志初稿》（臺北：臺灣銀行經濟研究室，1959年），頁175-176。

少數養蠶人也只是任蠶兒自織爲燈、爲扇，以爲觀玩而已。[10]吉貝就是木棉花，與苧麻等本地產的纖維資源，並沒有被好好利用。彰化的記載展現了時代的變化，原本沒有織布業的，因爲有擅於織布的婦女移民來臺，開始有了紡織業，不過原料並非取自本地，而是購買已經彈好的棉花來加工，彈好的棉花則是進口的。因此，清末彰化的節婦以紡織守家維生之例並不罕見，舉兩例說明。

　　清末曾經有修臺灣府志的計畫，吳德功進行田野調查，採訪到節婦賴廖氏儉，16歲許配給賴天在爲妻，賴家貧，廖氏儉克勤克儉協助丈夫經營，兼能孝事翁姑，內外無間言，到了27歲不幸夫亡，所生的二個女兒也因貧而無力撫養，很小就給人家當童養媳，只留下二位幼子，母子三人衣食拮据。廖氏立志哺育二子，將纖小蓮步解放爲赤足，蓬頭犢鼻，與8歲長子耕稼於隴畔，入井臼而出耘鋤，日芻牧而夜紡織，維持家計，辛苦備嘗，刻苦度日。所幸子孫或耕或讀，各守其業，家資致有萬金，長孫冕、曾孫孟元都有機會上學讀書，現在子孫傳下十餘房，人丁近百口，家產數十餘萬金，爲臺中賴姓之巨族。又如節婦王葉氏，彰化半線堡葉光愛之女，生於嘉慶23年，17歲于歸半線堡北門外王慶球之子王錫藩爲妻，24歲夫故，青年守節，度日維艱，饔飧莫繼，一味菜根充飢，藉紡織以撫兒育媳，家貧而悠悠自安。[11]賴氏、王葉氏之例具體刻畫從早忙到晚、內外兼顧的單親媽媽形象，且有幸能在有生之年看到子孫滿堂、生活富足的努力成果。

　　鳳山也可以看到變化。鳳山在過去稱農不加糞、女不紡織，這是指開闢之初而言的，最近因生齒日繁，土壤開拓日久也近磽瘠，小農耕作前需割草、需用糞肥田，都依照古農法行之；勤耘耨、濬溝洫，力耕不讓中土。紡織之業，如嘉祥里，村莊機杼聲聞，篝燒掩映，童而習之；女子之嫁者，轉

[10] 周璽總纂《彰化縣志》（臺北：臺灣銀行經濟研究室，1962年），頁291。
[11] 吳德功《彰化節孝冊》（臺北：臺灣銀行經濟研究室，1961年），頁30-32；43-44。

相傳授，數年來，男耕女織，風丕變也。[12]鳳山開拓日久、移民日多，出現了符合中國男耕女織的理想農村社會。

　　鳳山的節婦中以紡織維生者也不少見，如節孝婦鄭淑娘（1812－1864），年17嫁給張寬厚為妻。張家務農，經濟小康，鄭氏是賢內助，善事翁姑，甘旨無缺，有閒暇則紡織，人咸服其端靜。23歲時夫死，遺孤六歲，翁姑年老，婦絕無去志，甘心終養並撫兒成立，婚娶後得孫三人，里黨賢之。劉束娘，20歲嫁生員李向榮為妻，1827年（道光7）夫故，當時26歲且懷胎3月，到生下遺腹男嬰時，公公又溘然而逝，留下旱田數畝，糊口維艱，婦日以紡織佐饔飧，老姑幼兒幸不凍餒。1893年（光緒19）年婦逝，年92，計守節67年。還有節孝婦李稅娘，1850年夫亡，婦年30，僅遺三歲孤兒，遂立志奉親撫子，家貧甚，仰鍼黹、紡織以佐饔飧，跬步不離閨幃，外人罕有見其面者。鳳山城內中和街張謙之妻陳月娘，28歲時夫死，僅遺3歲孤兒，薄田數畝，入不敷出，不得已而替人紡織澣衣，得其值以佐之。節孝婦高嬌娘（1838－1894），港西里新園街商民高光養女，年二十適港東里新港東莊羅錫州為妻，事翁姑以孝聞，年26夫死，遺孤五歲，家徒四壁，婦以紡紗所得上奉舅姑、下撫孤子，年57以疾終，計守節32年。節孝婦趙道娘，1863（同治2）年夫死，婦年二十有六，遺孤尚幼，家赤貧，紡織度活，人咸稱其貞正。節孝婦吳氏，1863年19歲時，嫁同里大林尾莊王永為妻，服事婆婆以孝聞。1873年（同治12）夫死，婦年二十有九，遺孤三，家貧無措，紡織為業，奉養婆婆二十餘年，勤勞不怨。[13]這些例子都是年紀輕輕的婦女，不論是如鄭淑娘之例的中農之家，或是赤貧，丈夫死後選擇守節，奉養年邁公婆以及撫養幼子，以在家紡紗、織布之收入維持生活。

　　從方志資料紀錄的時代變遷，可以看到臺灣漢人婦女在清代中期投入紡

---

[12] 王瑛曾編《重修鳳山縣志》（臺北：臺灣銀行經濟研究室，1962年），頁55。

[13] 盧德嘉《鳳山縣采訪冊》（臺北：臺灣銀行經濟研究室，1960年），頁290-291，301-304，313，319，322，328-329。

紗織布者漸漸增加，臺北、新竹、彰化、臺南、鳳山等地都有紡織業存在，而守節婦女以紡織維生的事例，更加具體地展現了清代臺灣婦女以紡織維生、刻苦耐勞的生活圖象。守節婦女是少數被記載的例證，不代表只有守節婦女會紡織。紡織是適合傳統婦女的工作，因為是在家裡面工作，不必拋頭露面，是可以守傳統禮教的適當行業，織成布可供家人使用，也可出售換取所得協助家計，紡織技術與工具主要來自中國，移民們從原鄉帶來技術，然後傳授下去。

三、傳統婦女多樣化加工生產

清代中葉的方志資料雖然對於清初臺灣「男有耕而女無織」的生產圖象有所修正，可是既有印象很難打破。臺灣不產棉花，棉紡織業在臺灣婦女的生產活動中重要性不大應該是主要原因。但是紡織的材料並不是只有棉花一種，臺灣出產苧麻、黃麻、鳳梨纖維、香蕉纖維，還有原住民使用的青桐絲，婦女參與種類繁多的雜纖維生產，這是臺灣資源的特色。婦女的生產工作不是只有紡織，還有編織，因而如果把觀察範圍擴展到紡織之外的加工生產活動，可以看到更多婦女參與生產的圖象。

翻找清代方志可以看到一些麻類紡織相關的零星記載，例如鳳山的陳寬之女陳透娘，生於1813年，1830年18歲時嫁大廟口街周最清為妻，婚後侍奉婆婆恭謹，因家裡很貧窮，常常連粥都吃不起，透娘於是製鞋、績麻，協助丈夫供應甘旨，自己則吃粗糙食物，11年後夫故時只有29歲，遺孤僅11歲，哀痛幾不欲生，由親人勸解後拮据襄葬事，有時間則教督孤兒，俾克成立，六、七年後其子幸能操業養母，婦始為之一慰，婚娶訖有孫五人，次孫仁聲已入縣學讀書。[14]

---

[14] 前引盧德嘉《鳳山縣采訪冊》，頁294-295。

　　臺灣麻類纖維產量豐富，可分為苧麻、黃麻兩大類，用途不一樣。黃麻是米袋的材料，米是臺灣重要出口商品，包裝使用黃麻袋大部分是在臺灣生產，農民栽培黃麻在1903年（明治36）時約有1300甲，可以生產274萬斤的黃麻絲，以百斤5元計算至少值12.3萬，以桃園產量最多，臺南次之，大部分都在臺灣由婦女用手工織成黃麻布後，裁剪成黃麻袋裝米穀輸出，不足時再進口，如1903年進口38萬個，約值2.7萬；至於取走纖維後的黃麻木質部則晒乾後，成為當時重要的家庭燃料。[15]黃麻幾乎都被織成布做成麻袋，包裝出口的米穀。

　　臺灣生產的苧麻，只有平埔族婦女會織成布，漢人農家生產的苧麻大部分製成纖維後輸出，織成苧麻布之後再輸入臺灣，少數則編成漁網或苧仔線。苧麻纖維一年輸出總額應該在20萬元以上；1897年（明治30）調查時，一百斤苧麻絲的價格約13元，耆老記憶中30年前，即臺灣開港不久的1867年左右，一百斤的價格曾經高達20元，中國的商人親自到臺灣採買，那時種苧麻的人較多，產量當然也較多，輸出金額應該更多，乃是排名第五位的臺灣重要輸出品。[16]相反地，泉州生產苧麻布的原料大多來自臺灣，由當地婦女織成的布分為兩種，一種稱為糊，是用精製後的苧麻絲所織成的，如惠安南糊；另一種稱為羅，在精製的苧麻絲中加上綿絲做為經線，如惠安諸羅、安溪安羅等，泉州製品中約60萬丈在當地消費，184萬丈賣到臺灣來，總督府估計年進口額約30萬。[17]苧麻絲有自然美麗光澤且強韌，與棉混織成布後用「羅」命名，也可以知道它是美麗的，且布料涼爽，很適合夏天漫長的臺灣氣候，也因此泉州生產苧麻布用臺灣原料，也以臺灣為主要市場，有四分之三輸出到臺灣來。由苧麻布的例子也可以看到臺灣社會織布風氣的確不是很

---

[15] 臺灣總督府農事試驗場《臺灣重要農作物調查　第二編　特用作物》（臺北：臺灣總督府農事試驗場，1906年），頁227。1905年日本在豐原設立製麻會社，即是建立在這樣的基礎之上，但是把它機械化。

[16] 〈苧麻調查山田〔正通〕技手復命〉，1897年10月，《臺灣總督府公文類纂》179-2。

[17] 〈泉州府下苧麻布製造狀況調查書（廈門領事）〉，1911年3月，《臺灣總督府公文類纂》5436-29。

高，但並不僅僅是因爲沒有原料，了解泉州生產苧麻布之技術後，可以看到臺灣缺了兩種條件，第一種是苧麻的精製技術，第二種是棉絲，而平埔族織苧麻布的技術似乎沒有傳入漢人社會，因而苧麻絲一直是以輸出爲主。

臺灣還有一種適合織成夏布的纖維鳳梨絲，鳳山縣轄境內所產鳳梨絲，雖然可織成夏布，但臺人不能自績，所生產的鳳梨絲主要輸出至汕頭，並在汕頭織成美麗的夏布再輸入臺灣。1897年2月、3月，分別由英國籍汽船由打狗港輸出40餘箱。鳳梨絲在鳳山乃是次於砂糖及米的重要輸出品。[18]鳳梨產地屬丘陵地或山地，耕地少且缺水，水田更少，但農村生活一般較爲富裕，主要就是靠鳳梨這種農村副業。[19]臺灣農村生產的苧麻、鳳梨絲等纖維資源，適合臺灣炎熱天候，但卻採用輸出原料加工後再進口的模式，是因爲技術抑或比較經濟利益？有待進一步探討。

日治初期的資料對婦女的生產活動記載詳細，因爲日本重視產業經濟，明治時代紡織業的發展女工扮演重要角色，因而日本人來臺時的調查資料，也重視臺灣婦女的生產活動。例如1896年（明治29）福岡縣派來臺灣調查的資料中，記載北部及宜蘭到苗栗還有林圯埔等地種植菁苧，種植後可連續收穫十年，每年可採取4次纖維，具有絹絲般光澤，以之爲原料所織之布稱白上布，爲夏服專用，農婦採取纖維後自鹿港輸出。大甲、苑裡及通霄地方則栽培蓆草，當地婦女以手工織出草蓆，精緻者織出花紋，需要很長時間，一枚甚至可賣到六七十元，便宜者則二、三元。臺灣婦女也用月桃的纖維製造船舶用繩索及草鞋，臺灣沒有人用稻草製草鞋，都是用月桃，特色是可以用四、五日之久，而且很輕、可防水，步行便利。臺灣婦女習慣塗白粉、插花簪或是鮮花，因而每天早晨市場有賣鮮花者，以玉蘭花最多；花簪是用蓪草紙製造，蓪草以大嵙崁附近出產最多，一百斤可以賣20到40元，

---

[18] 〈產業狀況并物價表（元臺南縣）〉，1897年1月，《臺灣總督府公文類纂》9783-7；〈鳳山地方產業情況取調書（元臺南縣）〉，1897年2月，《臺灣總督府公文類纂》9743-1。
[19] 〈鳳梨及鳳梨絲調查復命書（元臺南縣）〉，1897年6月，《臺灣總督府公文類纂》9780-4。

花簪產地是臺北西門外的艋舺，婦女用刀將蓪草削成薄紙，然後染成各種顏色，製成桃子狀或椿花，就好像用絲織品製成一般，頗為美麗，不僅是可滿足本地需要，也有不少輸出到中國。[20]

　　製作花簪屬臺灣的特別產業，一再出現在史料中，因為花簪不但是婦女的裝飾品，而且使用臺灣特有的蓪草，也出現了外銷紀錄。日本人眼中看見的塗白粉、插花簪之臺灣婦女們，使用的花簪也多出自本地婦女之手，臺南有草花街，草花店司阜剪蓪草及洋布、絨片、綢片為花。[21]用蓪草及洋布、絨片、綢片作花簪，則由婦女完成。製造花簪的原料蓪草紙，清代廣東蓪草紙外銷畫興盛時，臺灣蓪草曾經出口到廣東，日治時期蓪草產業外銷國際，進入商品化階段，加工方式也從傳統家庭手工轉型為現代性之公司，出口蓪草紙曾經盛極一時。[22]

　　1902年（明治35）底，臺灣總督府殖產局進行勞動經濟調查。[23]總督府要各地方廳報告近5年來勞動力供需的變化，以及婦女的勞動情形等。各地方所提出的報告，收錄了更多女子的生產情況，茲以地理空間為主軸，由北而南整理如下表4-1，可以看到全臺各地婦女從事揀菸草骨、揀茶、織米袋、編草鞋、編蓆、編漁網、剖製線香用竹、編斗笠、作花簪、作紙錢及製鞋等等各種工作。

---

[20] 福岡縣內務部第五課《臺灣農事調查書》（福岡：福岡縣內務部第五課，1896年），頁7-19。

[21] 川口長孺等撰《安平縣雜記》（臺北：臺灣銀行經濟研究室，1959年），頁87。

[22] 洪麗雯〈藝術與產業的交會：清末臺灣蓪草之運銷〉，《臺灣學研究》4（2007年12月），頁61-76；洪麗雯〈日治時期臺灣蓪草紙會社的出現及發展〉，《臺灣文獻》58：4（2007年12月），頁269-312。

[23] 殖產局進行勞動經濟調查的調查不明，但從「控除租稅負擔後還有沒有貯蓄能力」為調查重點來看，應該與總督府的租稅制度是有關係的。

表4-1 臺灣各地方婦女的勞動情形（1902年）

廳縣	婦女的重要工作
宜蘭廳	婦女從事洗衣，婢女極少。熟蕃原本機業盛，每家都備有織機織苧麻布，稱為蕃布，拿到市街販賣以補生計。1901年起低價的日本棉布出現在市上，蕃布大受影響，只能供自己及家人使用。貧困的漢人婦女織米袋、草蓆以助父兄。
臺北廳	除菸草骨、揀茶是婦女的工作，領臺後因物價漲而生活費增加，出門工作的婦女也增加，加上新出現的火柴製造業增加工作機會，貼火柴盒需要女工。
新竹廳	女子從事裁縫及編草鞋，1日工資約10錢。
苗栗廳	女子副業在領臺前是編大甲蓆、漁網及製茶，領臺後大甲帽興盛，加上機織傳習，計畫織苧麻，將可增加女子的工作機會。
南投廳	機業是織棉布、鳳梨布，也有少數從事裁縫以及剖製線香用竹、編斗笠及編草鞋的婦女。
彰化廳	女子的產業是作花簪、縫鞋及裁縫，約有百名。
鹽水港廳	婦女以製蓆、舂米為副業，收入一日5-8錢。
臺南廳	副業大多是婦女工作如作花簪、紙錢及製鞋，月收入1-2.5元，以作花簪最高。

資料來源：〈各廳二於ケル勞働者二關スル調查書（二回）〉，1902年9月，《臺灣總督府公文類纂》4691-6。

1905年日本在臺灣進行戶口普查，是統治者有史以來第一次詳實地掌握臺灣社會的各種現象。1905年時，臺灣仍然具有濃厚的傳統社會經濟色彩，使用這一份資料可以分析出清末、日治初期婦女參與經濟活動的特徵。調查資料中從事工業的女性總數有61,852名，參與人數較多的十二種職業的就業人數統計如下表4-2，與上述之調查呈現的婦女工作相當一致，而且從事這12種工作的婦女占女性工業人口的83%，集中度相當高。

表4-2　女性從業人口較多的十二種行業統計　　　　　（1905年，單位：名）

項目	製麻	編帽	竹編	紙錢	製茶	編繩	製鞋	裁縫	碾米	編蓆	麻織	棉織	合計
本業	464	904	1,157	2,099	1,799	439	785	1,249	1,627	416	139	127	11,205
副業	9,775	6,505	5,358	3,287	3,896	2,582	2,202	1,500	799	1,559	1,427	1,142	40,032
計	10,239	7,409	6,515	5,386	5,695	3,021	2,987	2,749	2,426	1,975	1,566	1,269	51,237

資料來源：《臨時臺灣戶口調查結果表》頁135-148。

　　製麻絲、編帽、竹編、製紙錢、製茶、編繩、製鞋、裁縫、碾米、編蓆、麻織、棉織等都是支持日常生活所需的各種行業，可以歸納出一些特點：(1)婦女從事棉織業的人數不算多，僅有1,269名，但從事與麻類纖維相關的產業人數最多，製造麻絲的婦女超過萬人，為10,239名，織麻的婦女也有1,566名，在以加工為業的婦女總數61,852中，占了26%，超過了四分之一。因而如果將紡織業的範圍擴展到生產苧麻、黃麻纖維以及織麻布時，紡織業對臺灣婦女而言仍然是重要產業。(2)婦女手工輕巧，編織是婦女的重要工作之一。(3)婦女們大都把這些工作當做副業，是可以在家工作的。由1905年的調查數字，可以想像大多數婦女是在養兒育女、奉養公婆等繁重家事之外，抽出時間編織，或是在黃麻、苧麻收穫期投入生產，以副業方式參與經濟生產活動，若考量家事與育兒負擔，臺灣女性的工作量就相當驚人。

　　1905年的調查資料詳細，但能否真正掌握實際狀況？如果以製茶業的資料來看，可能是被低估的。1905年調查時以製茶為本業、副業的婦女約5,700名，但另一則報導則顯示有可能更多女子參與製茶，例如製茶業集散地大稻埕估計在茶季時，每日的揀茶女工約有8,000名，每天早上從附近各地有許多妙齡少女薄施白粉，梳得工整的髮際插上花簪，穿著漂亮整潔服裝，邁著小腳前往茶廠，相當引人注目。揀茶女工們到茶廠後就坐在小椅子上，面對一大堆茶葉，一邊挑揀一邊與同伴談天說地。工資是以量計價的，每天工作結束時將揀過的茶葉秤重，技術熟練的最多可拿到50錢工資，技術普通的也可以賺20錢，據說1899年（明治32）春茶期間，茶行支付給揀茶女

工工資就達5、6萬元,不能小看。[24]大稻埕的揀茶女工8,000名的數字遠比總督府所調查的更多,可能有些人是臨時串場的,或是與茶業的榮盛和不景氣相關,工作並不固定。揀茶女工普通的工資對農村家計而言是一筆無法輕視的現金收入,而且她們是必須離家集中到茶行工作,無法避免拋頭露面,以少女爲多,與戰後的女工具有類似性質。

總之,1905年臺灣第一次以近代方法進行人口普查時,婦女以手工生產爲業取得收入的人不在少數,臺灣傳統社會的女性不僅從事紡織,也從事各種手工生產,產品大多與日常生活、農產加工經濟相關,看在日本人眼裡,認爲臺灣人是巧於工作的民族,有多種家內工業,數量較多者是木工類,如:木材製的箱、小家具、髮梳等等以及金銀紙加工,婦女也和男子一樣勞動,青少年也努力工作,一家總動員工作,今昔皆同。臺灣的副業如:竹細工、臺灣蘭製品以及原料豐富的苧麻等纖維,可以織成苧麻布、黃麻布、鳳梨布、月桃布等,還有臺灣藤製品,多數是婦女的家庭副業,特別是中等以下的臺灣人家庭的婦女、小孩,大多數會在家從事各種副業。[25]從這些日本人的資料記載,可以看到農業社會婦女參與了眾多的工業生產活動,一家總動員工作,讓傳統社會擁有更豐裕的物質生活。

四、近現代婦女工業參與之源流

日本領臺後婦女的生活也受到影響而出現變化,最直接的影響來自日本領有臺灣之後,物價高升以致生活費增加,婦女必須更積極從事產業勞動,以助父兄。站在殖民統治者的立場,看到可以充做布帛原料的苧麻、鳳梨布

[24] 〈大稻埕の揀茶女〉,《臺灣日日新報》1900年1月19日,5版;林惠雯《大稻埕查某人地圖》(臺北:博揚文化出版,1999年),頁68-76。揀茶女的工作視茶況增減,人數最多時甚至達2萬名。
[25] 田中一二《臺北市史》(臺北:成文,1985年覆刻版),頁338、353-354。

等纖維資源大量輸出，並輸入苧麻布、鳳梨布，也曾經獎勵機業，試圖將這些原料加工生產成布，以降低進口布帛之花費。但獎勵織布最終沒有效果，臺灣很快改向日本進口棉布，各地仍然只織製少量腳白、帶仔。隨著時間推移，臺灣慢慢出現了紡織工廠，到工廠工作的女工也出現了。1905年豐原的臺灣製麻會社設立，用黃麻織成麻袋供應砂糖包裝用，年產額達55萬，把清代的黃麻家庭手工變為工廠制，也雇用女工在工廠工作。1920年（大正9）新設的臺北紡織工廠生產白綿、薄紗類，1921年（大正10）臺南新設織布工廠並養成職工，這是臺灣綿織物的工業化，成為工廠制工業，也提供了婦女到工廠就業的可能性。[26]婦女在日本領臺之後，被捲入殖民統治、資本主義化的經濟變動之中，生活壓力讓婦女必須更投入工作協助家計，同時資本主義的機械化工廠也增加婦女就業機會。

這些變化帶來婦女從事工業生產行為的改變，也顯示在統計資料中。1905年到1920年的婦女粗估就業率，都在55%以上，也就是15歲以上的婦女每兩個人中，就有一位必須參與經濟生產活動。接著教育率漸漸提高，嬰兒死亡率降低，照顧幼兒工作增加，進入1930年代婦女的粗就業率大幅下降為35.57%，主要是副業人口由1920年的52.97%大幅下降到1930年（昭和5）的25.39%，1940年大致維持。[27]是否資本主義的機械化工廠增加婦女就業機會的同時，也減少了在家從事副業的機會？

戰後初期臺灣輕工業快速發展，女性離家到工廠工作的人數也大幅成長，勤快、易管理且工資低，成為支持臺灣工業化的重要力量。女性的製造業參與持續擴大，以1960年代最為明顯。一則臺灣工業的快速成長，提供了就業機會，加上自1960年代以來推行家庭計畫，避孕技術大幅降低生育率，減輕婦女的育兒負擔，促進了參與率。婦女在製造業之勞動參與率的快速增

---

[26] 臺灣總督府商品陳列館編《臺灣に於ける家內工業》（臺北：臺灣總督府商品陳列館，年代不詳），頁13-14。

[27] 劉鶯釧、謝嘉雯〈女性勞動參與的決定因素：1905－1940年的臺灣實證〉，《經濟論文叢刊》25：2（1997年6月），頁183-205。

長，成為推動臺灣工業化成功的重要因素之一。[28]農業社會的臺灣，婦女們默默在家生產，現代臺灣工業化過程中，婦女們也是要角，而現代五分埔成衣業的老闆娘，不僅吃苦耐勞，還有經營才能。[29]長期歷史變遷中，婦女一直參與加工生產，工作場所則由家庭漸漸轉變為工廠，婦女的工業參與、工業經營能力之議題，值得持續關注。

　　總之，透過文獻的檢索，可以確認康熙年間當臺南土地開墾，人口增加到一定程度之後，紡織業隨之出現，接著彰化、新竹、臺北以及南部的鳳山也出現紡織業，清代臺灣婦女也從事紡織。紡織之外還有織米袋以及製麻業、各種編織業、揀茶業等的存在，提供許多農村婦女就業空間。這些產業多數可以在家庭裡進行生產，加上從事農業、養豬副業以及相夫教子、侍奉公婆等，婦女投入各種生產的勞動量相當大，就如同大多數勤勞的傳統中國婦女，不但做家事，也要耕作、做手工業，勤懇地默默工作，不怕吃苦而能在任何環境中生存，即使不幸遇到喪夫之痛，也能以手工業的收入養家活口，教子成人並讀書取得功名，不但獲得地方社會敬重，更符合儒家婦女守節的道德標準而獲得表彰，名垂史冊。

　　清代臺灣已經出現許多婦女以副業的形式參加生產，實際上是一種客廳即工廠的生產形式，即使沒有離家工作，婦女亦有能力生活自立，更重要的是勤勞精神的培養。長期參與家務、充當勞動助手，並且在家從事手工副業養成習於勞動的勤勞精神。戰後臺灣輕工業快速發展的時代，婦女走出家庭、進入工廠的過程相對順利，也許與臺灣婦女長期以來的工業參與有不少關聯，值得繼續探討。

---

[28] 黃富三《女工與臺灣工業化》（臺北：牧童，1977年），頁1-92。使用文獻資料外亦輔以工廠實地調查。劉克智〈臺灣婦女勞動力與工業發展之關係〉，于宗先、劉克智編《臺灣的工業發展》（臺北：中央研究院經濟研究所，1984年），頁407-431。

[29] 柯志明《臺灣都市小型製造業的創業─經營與生產組織：以五分埔成衣製造業為案例的分析》（臺北：中央研究院民族學研究所，1993年），頁90-91。

第五章　臺灣傳統社會加工生產活動特色

一、臺灣傳統加工生產圖象

荷治時期，臺灣經濟建立米蔗農業及農產加工出口並重之模式，不只農業勞力需要中國移民，加工技術亦來自中國，1625-1641年漢人移民在臺灣陸陸續續建立了磚窯業、石灰業、釀造業、包裝業、染料業及製蓆業等等，[1]也有製造糖桶、糖箱等木工技術，並吸收了帶有異國色彩的板輪牛車、甲萬等產品，臺灣米糖經濟農、工、商並重的型態已經奠立。

明鄭時期漢人移民沒有大舉離開臺灣的紀錄，清朝實施海禁時，隨明鄭移入的官兵也不得不加入農、工、商等生產活動以取得生活資源及武器。奉旨征討臺灣之施琅，曾親見臺灣野沃土膏、耕桑並耦、魚鹽滋生，滿山皆屬茂樹，遍地俱植修竹，硫磺、水籐、糖蔗、鹿皮以及一切日用之需，無所不有。[2]所謂一切日用之需，即指與食衣住行等生活相關之加工品，乃是延續荷蘭時代已經建立的基礎繼續發展。

1684年，臺灣剛經歷過一場戰爭，政權從明鄭轉移到滿清後的第三年，臺灣府志記載了這個島嶼的生活影像——男女出入、載運貨物都用牛車，就如同吳越使用舟楫。務農容易，如果不是凶歲可以無饑，大多數人民仍然以農耕為主要職業，農民以種菜、賣菜、砍柴、賣柴為副業。農村房舍使用竹材、稻草等在地資源起蓋，臺南市街有二千多間每年要繳稅的磚瓦商店，有商店街以及菜市場，也有以行業命名的油行街，生產鹽、糖，也有牛磨將麥子磨成粉做成各種麵食，將農產加工製成各種食品。[3]這段紀錄呈現了一幅農村的農業生產與市街的工商業互補相成的生活景象，可以看到牛車、磚瓦曆以及柴米油鹽的生產，還有糖廍、牛磨間與農產加工業，康熙年間的臺灣就有多樣性生產活動，供應臺灣農民食、住與行各種生活需求，滿足日用之需。

---

[1]　Pol Heyns著、鄭維中譯《荷蘭時代臺灣的經濟、土地與稅務》（臺北：播種者文化，2002年），頁35-73。

[2]　施琅《靖海紀事》（臺北：臺灣銀行經濟研究室，1958年），頁60。

[3]　蔣毓英《臺灣府志》（南投：國史館臺灣文獻館，2002年），頁57-59；72-73，85-92。

　　臺灣被納入清朝版圖之後，漢人移民陸續東來，臺灣人口增加、農業拓展，擴大了島內市場需求，至少在康熙晚期已經出現如香鋪一般具有專業化生產、工商性質的店鋪，供應臺灣本地的市場需求，展開進口替代。十八世紀之前不論中國、西方都屬木材文明時代，運輸工具、家具、榨油機以及大部分的農具都用木材製造，甲萬、櫥櫃及各種家具，還有牛車、海船、溪河用船、竹筏等運輸交通工具，農用器具及榨油、染布、製蓆各種生產工具，都可以在臺灣製造。

　　臺灣歷經荷治、明鄭到清之異民族統治，以及與島內原住民的長期接觸，傳統加工生產的技術來源相當多元。十七世紀以來，臺灣漢人社會的生產技術最大的來源是原鄉中國，中國在明末天工開物成書的時代，是世界生產技術的先進之地，移民們帶著技術到臺灣。隨著漢人移民增加，近世以來，工務繁興，非復從前之舊，臺灣貨物多自外來，執藝事者亦來自福、興、漳、泉，而傳授焉。書中並列舉了一百種工匠，顯示清末臺灣社會已經累積了豐富的加工生產活動。[4] 漢人移民將生產技術帶進臺灣，荷蘭統治時期也吸收了一些荷蘭人引進的技術，從十七世紀以來臺灣漢人與原住民長期接觸，原住民婦女工藝成為另一個寶貴技術來源。中國、荷蘭加上原住民工藝，讓臺灣傳統的手工生產更加豐富，並塑造出臺灣與中國同中有異的特色。加工生產發展過程中也出現了技術改良，部分加工產品日趨精緻，乃從供應島內市場需求擴大到外銷，因而清末臺灣不但有大家熟知的米、茶、糖及樟腦等農林加工產品外銷，也有線香、大甲蓆、臺南番布等具工藝性質的加工品外銷，眾多的婦女參與副業，如製麻絲、編麻袋、編草蓆等等的加工生產，男男女女共同勞動，供應平日生活用品及外銷商品。

　　臺灣傳統社會加工生產的整體面貌，可以透過1905年的國勢調查資料掌握。1905年日本進行人口普查，是統治者有史以來首次詳實地把握社會各種

---

[4]　川口長孺等撰《安平縣雜記》（臺北，臺灣銀行經濟研究室，1959年），頁80-90。

現象。1905年臺灣就業人口如下表5-1所示，男性與女性的就業方式相當不一樣，男性以本業爲主，副業人口只有145,843名，其中無本業者，僅1,101名，也就是約有15萬的男性一個人做兩份工作；相對地女性的副業人口則爲265,880名，絕大多數並無本業，與有本業的310,137名僅有5萬名之差，也就是將近一半有工作的女性是以副業的形式協助生產活動。因而調整之後，[5]當時人口總數約290萬名，有工作的人口約爲163萬，超過一半，且女性約有58萬，占總就業人口的35.3%，超過三分之一。

表5-1　臺灣就業人口（包含本業及副業）男女人口數統計　　　　　（1905年，單位：名）

	合計（名）	男（名）	女（名）
本業人口數	1,363,886	1,053,749	310,137
副業人口數	411,723	145,843	265,880
合計	1,775,609	1,199,592	576,017
調整後	1,629,766（100%）	1,053,749（64.7%）	576,017（35.3%）

資料來源：《臨時臺灣戶口調查結果表》頁134-153。

　　就業人口所從事的經濟活動如下表5-2所示，以農林漁牧的人口最多，1905年的臺灣還是明顯的農業社會，臺灣女性有21萬名從事養豬工作，只有0.4萬名男性養豬，男女分工清楚。工商及礦業、交通業的就業人口合計占15%，所占比率並不輕。中國長期以來用士農工商做爲傳統社會之職業分類，農業占有最重要地位，不僅是因爲農民生產糧食，農民也生產加工原料。以臺灣爲例，傳統農業時代臺灣可以製造的木製生產工具有土籠、風鼓、油車、布機及製蓆機等，使用這些生產工具進行加工的原料是稻穀、花生、芝麻、植物染料（如大菁）及藺草，幾乎都是農作物。15%的工商業比率以現在社會的角度來看不算高，但以傳統農業社會而言，應該帶有不少的

---

[5]　由於本業與副業重覆計算，因而需要將合計及男性兩欄減去從事兩份工作者以進行調整。

工商業色彩。其次是女性參與加工生產的比例較高，但不從事具服務業性質的商業。從事工業活動的女性只比男性少了約1.5萬，相對地從事商業活動的女性則不到一萬，商業活動主要由男性負責，顯示儒家傳統之女性不在外拋頭露面的道德觀在臺灣社會仍有相當強的約束力。

表5-2　臺灣就業人口經濟活動分類統計　　　　　　　　　（1905年，單位：名）

職業分類	合計	男	女	比率
農林漁牧	1,334,228	850,271	483,957	75.1%
工礦業	137,964	76,112	61,852	7.8%
商業及交通業	128,466	120,395	8,071	7.2%
其他	174,951	152,814	22,137	9.9%
合計	1,775,609	1,199,592	576,017	100%

資料來源：《臨時臺灣戶口調查結果表》頁134-153。

　　男女從事工業生產活動，有明顯的分工。男性從業人口較多的十二種工業之就業人數整理如下表5-3，樟腦、大工、採金、土水、製麵、竹製品、採煤、打銀、製菓、打鐵、製箱、製糖等是就業人口較為集中的12種行業，合計約為3.8萬，僅為男工全額7.6萬的半數，集中度不算很高，表示從事的工業種類相當多元。女性從業人口較多的十二種工業如上一章所示，麻絲、編帽、竹編、紙錢、製茶、編繩、製鞋、裁縫、碾米、編蓆、麻織、棉織等占了83%，集中度相當高，而且幾乎都與男性之項目相異，且女性從事加工生產以副業為主，男性則是以本業為主，與養豬是農家婦女的副業一樣，男女從事工業生產活動有明顯分別。食品、竹製品、打銀、打鐵、編織是供應臺灣市場需求的產品，生產者遠比從事出口的樟腦、製糖、製茶者為多，反映農業社會的加工生產帶有濃厚的生活用品自給自足之色彩。

表5-3　男性從業人口較多的十二種工業統計　　　　　　　（1905年，單位：名）

項目	樟腦及藥	大工	採金	土水	製麵	竹製品	採煤	打銀	製果	打鐵	製箱	製糖	合計
本業	5,916	2,868	2,630	2,666	2,723	2,273	2,520	2,756	2,437	2,362	2,205	815	32,171
副業	400	992	646	423	358	607	352	113	265	118	152	1,525	5,951
計	6,316	3,860	3,276	3,089	3,081	2,880	2,872	2,869	2,702	2,480	2,357	2,340	38,122

資料來源：《臨時臺灣戶口調查結果表》頁135-148。

　　總之，1905年臺灣的調查資料顯示臺灣仍然是農業社會，但也是工商業有一定程度累積的社會。因為十七世紀以來臺灣漢人移民即以臺灣本地出產的農林資源製造各種產品，供應本地生活所需或外銷，歷經明鄭時期及清代，男男女女參與各種日常用品、運輸工具、農產加工品、生產工具及包裝品之生產，需要專業技術的加工品也日漸增加，主要是供應臺灣市場消費為主，出口商品為輔。清末的外銷商品不只是茶、糖及樟腦等農產加工品，也有工藝品外銷之紀錄。傳統的加工生產方式在轉型為現代工廠制度期間以手工業組織之形式保留，估計到1930年（昭和5）手工業的就業人數仍然超過工廠的就業人數，1930年代後才讓位給工廠。[6]現在臺灣已是工業化社會，但仍然有傳統的加工生產方式，例如縫製外銷美國高級毛線帽頂端的毛球，仍然採取家庭式手工副業生產，並沒有完全絕跡。

[6]　葉淑貞、劉素芬〈工業的發展〉，臺灣省文獻委員會《臺灣近代史經濟篇》（南投市，臺灣省文獻委員會，1995年6月），頁204-208。

二、重視一技之長與社會和諧

　　十七世紀以來以市場需求爲主力，繼承並吸收融合中國、荷蘭及原住民的技術，農工商並行發展的歷史，長期累積出社會對加工生產、一技之長的肯定，線香傳承兩百多年的經營者是最好的例子。

　　臺灣傳統社會的專業化生產乃工商共存。例如曾振明香鋪所雇用的人員有負責販賣的伙計，也有負責生產的司阜，香鋪同時兼具加工與販賣兩種性質。工商共存的現象並不只一種行業，染坊亦是如此。染坊是臺灣染布業的俗稱，主要是布商的副業，染綿布或麻布，小的染坊只有兩、三個染色用桶，大的染房桶子超過30個，桶子的口徑約5尺，高度約4尺。染布之藍液的調配、染料購入以及指揮監督一般由一名司阜頭負責，是需要經驗與技術的工作；另有一名副司阜頭輔佐，染色後的整理、黜出等工作由石仔腳負責，技術好壞也影響染布品質，是需要熟練技術的工作。[7]臺南布店錦榮發號聘雇的員工有管銀2、店口夥計8、學生理2、總鋪2名，計15名；同街的瑞和號布店兼染坊則有管銀1、店口夥計5、學生理3、總鋪1名，計10名之外，還有染布司阜5、學司阜2名。臺北的榮德號，則有記賬1、司阜4、店口2及總鋪1名，計8名。[8]

　　傳統社會農業與工商業的獲利能力並不一樣。明末江蘇習俗認爲，農事之獲利只有一倍，但需要最多勞力，從事加工生產可以獲利二倍，但仍需要勞力與雕巧，商賈獲利達三倍而不怎麼需要勞力，需要用心力。[9]長期以來，工與商的獲利能力比農業更好在中國社會已被認知，從事工商業需要如手巧、會計算等一技之長，可以獲得更好的收入。清代臺灣工商共存的專業

[7]　眞島寬吾〈臺灣ニ於ケル主要天然染料ニ關スル調查〉，《臺灣總督府中央研究所工業部報告第1回》（臺北：臺灣總督府中央研究所，1926年），頁59-87。

[8]　臨時臺灣舊慣調查會編《臺灣私法第三卷上》（臺北：南天書局，1995年覆刻），頁258-259。

[9]　農事之獲利倍而勞最、愚懦之民爲之；工之獲利二而勞多，雕巧之民爲之，商賈之獲利三而勞輕，心計之民爲之。《天下郡國利病書　第四冊　蘇上》（臺北：臺灣商務，1966年），頁55。

化生產，可以同時取得加工之利益與販賣的商業利潤，獲利能力因此相當可觀。

　　工與商之間的利益可以做為支持子孫追求科舉功名之資本，如臺南曾振明香鋪後代子孫不只一位有科舉功名，鹿港的施錦玉香鋪的施家後代也有機會就學，香鋪繼承人擁有科舉功名並與文人士紳往來，從事加工製造似乎沒有降低他們的社會地位。日治初期也不乏科舉之人從事工商業的例子，例如投入糖業經營的蘇雲梯為廩生，郭升如為武秀才。[10]曾在臺北經營肥皂工廠的劉隆修，出生於1876年（光緒2），生性能幹，中過秀才的叔父劉廷玉對他頗寄厚望，1894年（光緒20）考秀才未中，1895年後認為功名之途已絕，乃棄文從事商工業。[11]臺灣洗衣服用的肥皂原本由香港輸入，1895年日本領臺當年輸入雜貨肥皂價額約1萬元，主要消費者為有錢階級。隨著關稅提高、價格攀升，1902年3月大稻埕建成街出現名為若松商行的肥皂製造商，在臺灣生產肥皂，劉隆修向若松商行提議共同組織合資會社，但因條件沒有談攏，最後並未合作，不過劉隆修已經學會了製造技術，兄弟合股投資3500元設立石鹼製造所恒昌商行，製造並販賣洗衣用肥皂。[12]讀書人投入工商業經營之例不少，而喪夫的節婦雙手織布或績麻、製鞋養育後代，勤勞工作，也可以獲得社會肯定。

　　殘存的民間史料可以看到臺灣社會肯定習得一技之長以立足社會的價值觀。從中國等地移轉來臺灣的技術，進入臺灣社會之後，必須在本地社會繼續傳承，才能持續數百年。臺灣社會技術傳承方式，如大甲蓆，一般以婦女為主的編織工藝是親屬直接傳授加上練習，屬一邊工作一邊學習的形式；需要較複雜的專業技術的行業，技術學習採取司阜、司仔的傳承模式。傳統的

[10] 鷹取田一郎《臺灣列紳傳》（桃園：華夏書坊，2009年覆刻），頁318，321

[11] 林忠勝編《劉盛烈回憶錄：我與臺大七十年》（臺北：前衛，2005），頁3。肥皂事業失敗後經營啓運組炭礦。

[12] 〈石鹼製造所の開業〉，《臺灣日日新報》，1902年8月7日，2版；〈諸製造所瞥見記（一）石鹼製造所〉《臺灣日日新報》，1902年9月12日，2版。

司阜、司仔的技術傳承模式也與土地一般，採用契約規範雙方的權利義務關係，例如要學打鐵技術的年輕人需要簽習藝契約，從習藝契約可以觀察清代臺灣社會的某些價值觀。

> 立規約字人雲霄街二番户受業門生李龍仙，年十八歲。但思為人在世，身無一藝，終非了局，今即親身投在王府愛翁老師父座前，學習打鐵工藝。面約三年零四個月為滿，其工金八十六元，須當逐月支取，不得一齊要用。若支取工金，先前支少，後即疊次加升。如學習工藝無滿年數，所有支取工金須立時備還，不得短少，而終身不能作此工藝。口恐無憑，親立規約字一紙，送執為炤。1905（明治38）年三月日，保認葉市觀，受業門生李龍頓首百拜。**13**

習藝要從少年時期開始，打鐵習藝契約的開場白「但思為人在世，身無一藝，終非了局」，表現了有一技之長可以在經濟上自立、對勞動肯定的價值觀，擁有一技之長，獲利能力超過農業，有其經濟理性。傳統社會的技術傳承採取師徒制，與店鋪相連的生產現場就是教室，在工作現場學習。也許打鐵工作並不輕鬆，打鐵業的契約中規定習藝期間，司阜也要支付司仔工錢，平均下來一個月約2元，又規定若半途而廢者需還錢，可以感受到當時因工作太辛苦而半途而廢的情況似乎相當嚴重，半途而廢者不但要還錢，還會被逐出這個行業，換言之，如果可以堅持下去，三年四個月的時間應該是可以學會打鐵技術的，也就是所謂的「出師」。

「出師」之後呢？技術傳習採取師徒制並不只是打鐵業，金銀加工業也是如此。臺灣社會自古來喜愛金銀飾品的習慣特別深厚，所以金銀加工在手工藝中最為發達，主要產品有戒指、手環、髮飾用品、鐘錶附屬品、衣料及

---

13 前引臨時臺灣舊慣調查會編《臺灣私法附錄參考書（第三卷上）》，頁120-123。

其附屬品、室內裝飾品等，有些技術相當可觀。**14**金銀加工之手工藝技術也是採取司阜徒弟之方式，所締結習藝契約如下：

> 立藝榜。林乾康之三男，名喚為樞，現年十六歲，托友送到李承源寶號學習首飾技藝，聽從司務教訓工作，不得偷閒、懶惰、挨過日，或有托故、躲避。拐物件係自己追尋願賠，與店主無干。倘若半途而廢，務要將以前伙食算清楚，方許出店改途別業。果能實心願實學，以七年足為限，限滿之日，或在本店、或覓別主，聽從其便。如有開張自作，應隔三鋪以外尋店顧營生理。至於風水不虞，洪福由天。恐口無憑，立藝榜一紙為據。1894（光緒20）年十月吉日立。引進友林翼、藝榜林乾康、從命林為樞。**15**

　　與打鐵習藝契約比較之下，金銀加工技術的習業時間遠比一般的三年四個月更長，需要7年的時間長期養成，而且因為加工原料是貴重金屬，要拜師習藝需要有人介紹，且契約中寫明白私吞時要自負全責。學藝時供吃住，似乎沒有工錢，半途而廢除了將吃住成本折算還清，也會被逐出這個行業；勤奮、持之以恆、實心願學，七年之間應該可以學到金銀加工技術。習藝契約中明白規定學成後有就業自由，也可以在同一條街開店營業，表示同業聚集是被接受的，也是被實踐的。

　　出師之後自立門戶進行生產時，聚集同地的情形還有士林小刀之具體例。清末臺灣開放鐵禁之後，生產鐵器比較自由時，臺灣北部士林開始製造小刀。創始人是郭合，年少時遇到來臺旅遊的廣東鍛冶師，乃跟著學技術，學成以後在士林街製小刀，時間大概是1870年左右。郭合專製小刀，刀身由

---

14 臺灣總督府商品陳列館編《臺灣に於ける家內工業》（臺北：臺灣總督府商品陳列館，年代不詳），頁11-12。調查時年產額達170萬元，因歷史關係以臺南最為興盛。
15 前引臨時臺灣舊慣調查會編《臺灣私法附錄參考書（第三卷上）》，頁120-123。

鐵與鋼組成，原料用得好、製程操作適當的話，小刀的品質便相當好，銷售到臺灣各地，被稱為士林小刀。郭合傳授的徒弟學成後開業自營的，在士林街有四戶、臺北大稻埕有一戶，鍛冶工廠規模都不大，一個月約製造300把。[16]士林小刀的技術來自廣東人的傳授，郭合習得之後再傳授徒弟，徒弟學成後就近在士林、臺北開業，出現了產業群聚的雛形，與近代臺灣出現的產業群聚現象，明顯有共同的社會文化脈絡。

同業在同地開業如何維持社會秩序？臺南線香同業公會芳義和的規章強調同業之間，學徒必須與司阜保持和諧關係，也許是基於日後成為同業時，可能在同一個城市開業相處時的考量，就如布店學徒出師之後可以找機會獨立創業，遇到財務困難時老東家也願意出手相助，同業之間一直維持互助的和諧關係，[17]有共通性。

歸納起來，傳統社會的技術學習乃透過拜師學藝，拜師學藝時透過親友關係中介，學成後的雇傭關係相對自由，也可以自立門戶，同業重視和諧關係，學得一技之長可以堂堂正正立足人世間，以養生送死，讀書人經營加工生產活動也時有所聞，甚至投入技術改良，在在表現臺灣傳統社會對加工生產活動、生產技術的肯定與重視。

三、善用本地資源之智慧巧思

臺灣的木工善用本地的濶葉樹原料，並且有節省原料的習慣，大量使用竹材，竹材生長快、容易加工的特性被充分發揮在家具上，價格也更便宜，提供生活中使用家具的便利性，也展現臺灣社會善用本地資源，降低成本、

---

[16] 村井八郎〈士林産ノ小刀ニ就テ〉，《臺灣總督府中央研究所工業部報告第1回》（臺北：臺灣總督府中央研究所，1926年），頁43-51。

[17] 謝國興《企業發展與臺灣經濟：臺南幫的個案研究》（臺北：中央研究院近代史研究所，1994年），頁66-82。

製造便宜商品的特點。用最低成本製造便宜商品並不代表技術差，臺灣傳說中可以渡海的竹筏已被證明是確實存在的，技術先進，而且筏的材料、結構與設備的變化可以反映臺灣工業的發展，技術與構造則一直刻意保持簡單、客製化、成本低廉等特性。[18]

臺灣木工善用本地潤葉樹之特性進行加工，線香技術進入臺灣後也採用一些本地資源。使用在地原料的特色其實不僅出現在臺灣。因為傳統社會的衣與食的原料大多來自農作物，如每日生活所需的柴米油鹽醬醋茶，除了鹽之外，原料都來自農作物。農作物不僅供應食物，也供應蔽身禦寒的衣物，即纖維及染料作物，直到原料增加了化學纖維、化學染料為止。傳統社會使用當地原料加工生產的原因之一是運輸能力有限、運輸時間漫長，成本太高，農作物保存不易，且資源必須計算種子、工資以及土地等生產成本。在這些條件制約之下，當漢人移民從中國到臺灣開店生產時，如線香、織布業者一般，努力尋找在地原料，社會乃發展出善用本地資源的智慧。

臺灣社會善用在地資源的智慧還表現在物盡其用。物盡其用的第一個例子是荷蘭時代用牡蠣殼燒製石灰，中國漁民在荷蘭人入臺前已經到臺灣各地採取牡蠣，將牡蠣肉取出晒乾後運回中國銷售。荷蘭人到臺灣後善加利用牡蠣殼，用牡蠣殼燒製石灰，用政治權力規定漁民必須將牡蠣殼集中到指定地點。[19]這樣的生產方式形成一個完整的利用體系，生長在河口的牡蠣苗吃海水中各種藻類，吃了海中矽藻後，將矽藻中所含的鈣離子和碳酸鈣離子析出，吐膠作殼就變成一層一層的蚵殼，漁民捕獲後取出牡蠣肉當商品，殼則成為原料。

物盡其用的第二個例子是釀酒的燃料，清代釀酒時，蒸餾所需燃料與甘蔗及稻作文化結合，大多使用稻殼、甘蔗渣等為燃料，為了更方便使用稻

---

[18] 陳政宏〈一脈相承：臺灣筏的技術創新與特性〉，湯熙勇編《中國海洋發展史論文集》第十輯2008年7月，頁527-573。

[19] 韓家寶、鄭維中譯著《荷蘭時代臺灣告令集、婚姻與洗禮登錄簿》（臺北：曹永和文教基金會出版，2005年），頁147-148。

殼，自行設計小道具讓稻殼慢慢自動落下，可以長時間維持一定火力強度，也是讓日本人調查者相當佩服的臺灣小智慧。釀米酒者會將米酒蒸餾後的殘滓用來養豬，做爲副業，豬糞則是肥料，與日本將釀酒殘滓充做肥料的利用方法不同，養豬收入也減輕了米酒成本而可以降低售價。[20]

物盡其用的第三個例子是大菁，臺灣種菁製成染料泥藍的製法傳自中國，很簡單，大多是農家副業，選擇用水方便的河邊或池塘邊，放幾個大木桶就可以製造，用具主要是菁葉的浸水槽及泥藍的貯藏槽。菁葉浸水發酵時要1-2天，浸到葉子軟爛、易碎時取出，莖晒乾後做燃料，葉晒乾後出售當肥料，價格約爲生葉的四分之一。取出莖與葉後的藍水中，加入剛燒好的蚵殼石灰，充分攪拌後藍液氧化靜置約3小時，藍色素與石灰結合沉澱物，即是做爲商品售出之泥藍。因爲認爲乾掉品質會降低，販賣時仍含有水分，乃以2百斤當做1百斤販賣。[21]菁的莖可以當燃料，色素萃取出來後的葉可以做肥料，整株菁都被充分利用。

石灰、釀酒及大菁是說明傳統社會完全利用資源的例子。基本上，傳統農業社會的加工生產方式以及利用方式，很少產生廢棄物，例如竹製家具只有一年壽命，但用到壞掉並不是丟棄，而是可以拿去當煮飯用的燃料；木材家具或生產工具也是如此，苧麻、黃麻等纖維作物，採取纖維後留存之殘莖亦是燃料來源，而燃燒後的灰燼則是肥料，農林資源在農業社會乃是物盡其用，取之自然，最終回歸自然，生生不息。

器具之修理

傳統農業社會善用資源的另一個表現是眾多的修理業。臺灣資源並不完整，如不產鐵砂，必須進口鐵才能打造鐵器，而鐵也是武器的材料，1683

---

[20] 杉本良《專賣制度前の臺灣の酒》（東京：著者發行，1932年6月），頁52-56。臺灣釀酒業在日本統治時期受到相當大的衝擊，將在第五章加以分析。

[21] 松本秀雄、矢次萬六〈臺灣ニ於ケル製藍業ニ就テ〉，《臺灣總督府研究所報告第5回》（臺北：臺灣總督府研究所，1917年），頁135-148；眞島竟吾〈臺灣ニ於ケル主要天然染料ニ關スル調查〉，《臺灣總督府中央研究所工業部報告第1回》（臺北：臺灣總督府中央研究所，1926年），頁59-87。

（康熙22）年臺灣進入清朝版圖後，軍器受到管制，臺灣進口鐵也受到管制，1706（康熙45）年明定准許設立烟戶，烟戶取得執照後可到福建漳州、龍海等地購買鐵鍋、鐵製農具。鐵鍋是煮蔗汁所用的，鐵製農具更是農耕所需，隨著臺灣土地開墾及米、糖經濟的發展，使用量相當大，但政府爲了防治臺灣私造兵器，管制一向嚴格；到了1833年（道光13），改採比較寬鬆的規定，即每年可以採買2.7萬口鐵鍋運回分售，用舊壞掉的舊鐵鍋則留在島內，由全臺鐵店收購後重新鑄成柴刀、鋤頭及鐮刀等農具。第二種是臺灣軍工道廠造船時所進口用剩的鐵材，不必繳回，可以賣給鐵店後，鑄成柴刀、鋤頭及鐮刀等農具。並規定全臺酌定鐵店27戶生產鐵製柴刀、農具，由地方官取結具詳，藩司給照。直到1874年（同治13）日本攻打臺灣後，才重新檢討，翌年弛鐵、竹之禁以廣招徠。[22]清政府管理鐵進入臺灣，同時也限制鐵店的開設，並加以管理。

　　在政府管制鐵之下，臺灣使用的農具與鍋釜大多進口，本地鐵匠的工作主要是用廢鐵鑄造、修理農具，就是俗稱的犁頭行，例如陳逢源之父陳挺在臺南祝三多街經營犁頭行永豐裕，生產、販賣農具。[23]鑄戶及小爐等打鐵的工作場所因有叮叮噹噹的打鐵聲會擾鄰，而習慣上與牛磨、油車等一樣，選在離市街較遠之偏僻處設置，且同業者集中一處。臺灣各地留下的打鐵街之街名，是過去同業聚集所留下的痕跡。[24]清代軍工船廠所在地的臺南水仔尾一帶，因爲有取得軍工船廠餘料之便，也是打鐵店的聚集地，到了1950（民國39）年代尚有打鐵店3家，街頭、街中、街尾各一家，冬天裡仍然裸著上半身叮叮噹噹在打鐵，其成品都是農村所需的鍬刀、鐮刀及其他刃具等；製造柴擦的手工業有兩家，柴擦是南部農村用來削番薯，以製造番薯簽的特殊農具，調查時，安南區及附近鄉鎮農民仍一如過往地到這裡訂製各種農

22　許毓良〈清代臺灣社會用鐵與硝磺考：兼談火器的使用〉，《臺灣文獻》55：4（2004年12月），頁107-117。

23　謝國興《亦儒亦商亦風流：陳逢源（1893－1982）》（臺北：允晨文化，2002年），頁12-14。

24　前引臨時臺灣舊慣調查會編《臺灣私法第三卷上》，頁227。

具。**25**

修理的工作在安平縣雜記裡不少，鐵匠之外還有修理玉器司阜：玉環及一切圓玉，用鐵沙以車之，使光滑。又玉器折斷，用釘以縋之，非用鑽石不能引孔。修理鐘錶司阜：僅能修理，不能製造，亦兼修理商人所用天秤。修理眼鏡司阜：販賣各樣眼鏡及修理舊眼鏡。補鍋司阜：有補鐵、補銅之分。補碗司阜：以銅釘兩邊，縋之使不相離，工價每釘十文、五文不等，亦用鑽石引孔。補碇、補甕司阜：用鐵粉和鹽滷以補之。**26**鐵器、銅器及鍋、碗、陶器、甕等生活用品，破了之後拿去修理再使用，這是過去物質稀少、庶民經濟收入普遍不高、沒有能力購買新品取代時的應對方式。安平縣雜記成書於二十世紀初期，西洋人的鐘錶、眼鏡也已經出現在臺灣社會，工匠們也已經擁有修理技術與能力。

二十世紀之前地下資源的利用，以土、石、鐵礦、銅礦、錫礦為主，臺灣本地只供應土、石，進口各種金屬材料與成品，在技術上採取混合、加熱、熔合、施加外在壓力等方式，改變原材料的性質以符合民生需求。在這個時代裡，加熱需要燃料成本，採用人工打鐵等施加外在壓力的生產力是有限的，而金屬製品更是稀少、珍貴的，乃發展出修理各種器具的技術，再利用，延長資源使用壽命，讓有限資源發揮最大效用，與農林資源加工利用的循環經濟生產模式，共同構成傳統社會加工生產充分利用資源的重要特色。

總之，從十七世紀以來到二十世紀初的漫長歷史過程，臺灣的經濟活動以農業為基礎，在農業基礎之上建立農產加工，自給之外也大量外銷。臺灣社會也生產木工、線香及布、蓆等各種手工業商品，以供應本地市場消費為主，清末出現精緻工藝品外銷之紀錄。

臺灣傳統加工生產活動的主要動力來自市場需求。十七世紀荷蘭統治臺灣時，招徠有農耕及製糖技術的漳泉移民來臺拓墾，國家扮演積極角色。

25 賴建銘〈臺南風物志（7）〉，《臺南文化》5：1（1956年2月），頁52-53。
26 川口長孺等撰《安平縣雜記》（臺北：臺灣銀行經濟研究室，1959年），頁82-89。

荷治時期之後到清代傳統手工業累積過程中，國家政策扮演的角色在大多數時期並不明顯，供應臺灣社會日常生活所需或出口的加工製品，主要乃是因應市場需求而生產，規模大多很小，家族資本足以因應。農業商品經濟、出口貿易，以及農產加工、生活所需、多彩的加工生產活動，共同形塑出商品經濟發達、熟悉市場運作的臺灣漢人社會，並以累積的經濟實力，因應臺灣在十九世紀後期，在帝國主義威脅、殖民統治壓抑下，資本主義化的時代變局。

第六章　近代初期臺灣社會之資本主義化歷程與特色

　　臺灣傳統加工生產活動從十七世紀累積到十九世紀初，累積的經濟實力包括熟悉的出口貿易、熟悉市場，豐富且多彩的加工生產活動，共同形塑出商品經濟發達、熟悉市場運作的臺灣漢人社會。臺灣傳統的加工生產在十九世紀中葉受到了外力衝擊。1858年（咸豐8）臺灣開港，臺灣再度納入國際貿易體系，也直接面對西洋的衝擊，臺灣能否吸收西方工業革命所帶來的改變，將是決定臺灣能否轉型成現代工業化的重要關鍵。

　　西方工業革命又可以分為兩個階段。十九世紀是生產方式轉換的世紀，西方工業革命後，使用機械與動力的生產方式速度快、效率高而提升競爭力，這是第一階段。第二階段的變化來自科學與技術的結合，Douglass C. North指出，十九世紀中葉之後，生產技術愈來愈需要科學上有重大突破，直到二十世紀石油化學及核能的發展屬科學與技術結合的階段。科學與技術的結合出現在十九世紀，二十世紀快速發展，到現在還未停止，對現代工業影響更大。[1]使用機械與動力進行生產，以及生產技術結合科學知識，為現代工業的兩大特色，也是決定臺灣社會能否轉型成工業化社會的兩大課題。

　　臺灣面對西洋衝擊，必須吸收西方工業革命帶來使用機械與動力進行生產，以及生產技術結合科學知識，努力由農業社會轉變為工業社會的初期，由清朝推動，接著處在日本殖民統治之下，到1960年代達成現代工業化，大約百年期間以日本殖民統治時期變化最為明顯。這樣的歷史過程對臺灣現代工業化有什麼影響？這是自本章起將要分析的主要課題。

　　本章先分析臺灣社會與機械文明、近代公司制度，這是近代西方資本主義在十九世紀表現出來的優勢，機械化工廠需要的龐大設備，集結眾人財力更容易支持；要集結眾人財力就需要近代公司制度，兩者相輔相成。西方的機械化工廠生產對臺灣工業產生影響始自開港之後，臺灣社會採取什麼樣的方式因應？這是本章分析的主要課題。出現在十九世紀，二十世紀快速發展

---

[1]　Douglass C. North. Structure and Change in Economic History, New York：W.W.Norton, c1981, pp. 158-170. 第三波經濟革命為電腦所帶來的資訊革命。

的科學與技術結合之生產技術，在二十世紀由日本引進臺灣，如何引進？對臺灣社會有何影響？將在次章分析。

一、產業政策鼓勵機械化

晚清臺灣開港之後，洋商來臺尋求貿易機會，茶與樟腦等出口導向產業發達，淡水港出口地位重要性提升，經濟重心北移，臺灣政治重心亦北移，這是晚清臺灣經濟的主要變化。[2]

國家也必須對洋人東來做出回應，即自強運動。中國自1860年代清廷官吏及社會有志之士，為了挽救清末危機，採取以夷制夷，展開了引進西方物質文明的自強運動。臺灣則是於1870年代中葉因日本侵臺，在沈葆楨主持之下才積極展開。1876年（光緒2）船政大臣沈葆楨聘來了外籍工程師並購買新式機器，開採雞籠八斗子煤礦，丁日昌任內成功靠中國技術之力架設了臺灣第一條通訊電纜，以及劉銘傳在臺灣任職期間積極建設鐵路、設立機器局、設立西學堂等等，將西方的機械與動力引進臺灣，並培育本土人才。邵友濂繼任之後因經濟困窘、財政不足而中止了一些事業，但仍繼續將鐵路修建到新竹，採用國人駕駛火車、擴大機器局的規模等，自強新政雖有縮減，但並沒有中斷。因為臺灣社會商品經濟發達，貿易也達到平衡，民富的累積與商人通達國際情勢，形成清末臺灣自強運動起步晚、成果反而較多的特色。[3]清末臺灣出口增加，臺灣商人與洋商直接接觸，政府推動自強運動較少遇到反對力量，臺灣開始出現機械與動力，往機械文明的時代邁進。

---

[2] 林滿紅《茶、糖、樟腦業與臺灣之社會經濟變遷，1860－1895》（臺北：聯經出版公司，1997年9月）。

[3] 戴國煇《臺灣史探微─現實與史實的相互往還》（臺北：南天書局，1999年11月），頁28-56；許雪姬〈邵友濂與臺灣的自強新政〉，收於《清季自強運動研討會論文集》（臺北：中央研究院近代史研究所，1988年6月），頁427-458。

　　清朝在臺灣推動自強運動沒有持續很久，官營煤礦與鐵路雖然效能不彰，但有開創風氣的帶頭作用。1895年甲午戰爭失敗割讓臺灣，乃進入日本殖民統治時期。日治初期，日本民間資本累積不足以經營臺灣，必須依賴政權主導，但是國家財政力量也不充裕，因此在臺灣實施鴉片、鹽與樟腦之專賣，提出事業公債計畫，進行土地改革，整理貨幣與金融，建設交通。同時用政治力量扶植日本資本，如運用命令航路補助政策協助日本資本排除外國資本，獨占海運業，或是實施糖業獎勵等殖產興業政策，發展臺灣經濟。糖業獎勵政策在日俄戰爭之前，因日本官民資本不足，並沒有限制臺灣人投資糖業；臺灣地主、商人配合政策，投資設立改良糖廓，接受政府補助，開始使用鐵製的壓榨機與石油發動機進行生產，臺灣人資本擁有優勢。[4]臺灣地主、商人有機會參與糖業獎勵政策，代表總督府政策的開放性，但只是暫時的。1905年臺灣財政獨立，日俄戰爭結束之後的1906-1909年之間，日本資本投資經營臺灣近代製糖工廠者快速增加，以及1911-1912的颱風摧毀原料打擊臺灣糖業時，總督府編列預算補助近代製糖工廠收購在地人投資的改良糖廓，確立日本資本支配臺灣糖業的結構。[5]日本資本在金融業也具有壓倒性勢力。以臺灣蔗糖等農產加工品交換日本重工業品、化學肥料及生活所需工業用品的結構漸漸形成，會社的職員、工程師也由日本人獨占。總之，總督府治臺初期是以政治力量直接進行臺灣的資本主義化，或間接扶助日本資本進行臺灣的資本主義化，臺灣人資本在1905年財政獨立後受到政治及日本資本的雙重壓迫，只有在中小企業經營以及會社的技術勞工方面較具競爭力。[6]臺灣總督府以政治力量協助日本資本家進行臺灣資本主義化過程中，臺灣社會是被壓迫的，但是臺灣社會仍然在中小企業擁有競爭力。

　　臺灣的中小企業擁有競爭力的政治原因，有兩點可以列入考慮。首

---

[4]　黃紹恒〈從對糖業之投資看日俄戰爭前後臺灣人資本的動向〉，《臺灣社會研究季刊》23（1996年），頁83-146。

[5]　涂照彥《日本帝國主義下的臺灣》（東京都，東京大學出版會，1975年6月），頁60-73。

[6]　矢內原忠雄《帝國主義下的臺灣》（東京都：岩波書店，1988年6月），頁15-117。

先，1905年臺灣財政獨立之前，日本的國家資本、民間資本經營臺灣能力不足的時期，臺灣總督府除了以國家資本從事基礎建設之外，必須與臺灣社會合作，勸誘臺灣有力紳商投入產業。例如總督府利用大租權補償金勸誘組織臺灣製麻株式會社等等，以及活用共進會及品評會等，激發臺灣紳商經營事業的興趣。[7]日俄戰爭是臺灣總督府經濟政策的重要轉折點，日俄戰爭之前，日本國內政界仍然保持日本可能被殖民地化的危機意識，政治人物具有勤勉且務實的性格，日俄戰爭之後這種緊張感緩和下來。[8]伴隨日本國內的變化，加上臺灣財政在1905年獨立之後危機感減輕，日本在臺灣的經濟政策調整的更具日本中心色彩，但是因爲臺灣總督府的產業獎勵政策在1905年之前曾經惠及臺灣社會，而且總督府獎勵資本主義式的機械化生產又與清末相似，臺灣社會接受意願高，進而有了接觸並學習使用產業機械的機會。

其次，1905年之前，臺灣總督府曾經採取財政補助，鼓勵臺灣社會領導階層到日本觀覽政策，影響可能更爲深遠。

1895-1903年間臺灣總督府招待、鼓勵臺灣紳商赴日觀覽，以1897年爲分界，1897年之前以酬庸性質爲主，招待紳商到日本觀覽，回臺後轉述日本文明進步的情形，主要著眼點在殖民統治。然而臺灣紳商的行爲表現讓總督府認識到這樣的政策有助於激發殖產興業的興趣，乃以殖產興業爲目標，1897年派遣臺灣人到九州參觀水產博覽會，1899年以公費支持臺灣士紳到九州參加共進會，1903年鼓勵臺灣紳商到日本參觀帶有強烈獎勵產業色彩的內國勸業博覽會，臺灣紳商赴日觀覽人數達到頂點。[9]到日本旅行的觀覽者，透過在日本的展示空間裡增廣耳目見聞，回臺後總督府安排發表場域，透過訊息傳播讓臺灣社會有更多機會認識到近代教育、合股集資創設大型工廠等

[7] やまだあつし〈臺灣總督府の產業政策と在地有力者〉，《東アジア資本主義史論Ⅱ》（京都，ミネルブア書房，2008年4月），頁118-125。

[8] 鶴見俊輔《戰時期日本の精神史》（東京：岩波書店，1982年），頁9-13。

[9] 高淑媛著、闊立譯〈日本植民初期における臺灣人の資本主義体驗〉，《經濟史研究》15（2012年1月），頁109-130。

現代性制度，強化了總督府殖產興業政策的合理性。[10]這段時期臺灣正處於受到西方衝擊，走向現代化初期，日本開放經歷產業革命的社會讓臺灣人觀覽，可以較有系統地帶回資本主義的新觀念，認識機械工業文明以及相關的知識。工業生產必須由眾多人共同投入，因而啟發大眾觀念，讓臺灣社會對時代的變化有較清楚的認識，對工業生產是重要的。

　　總之，清末臺灣社會已經有長期累積的地主、商人資本，清末至日治初期國家致力發展產業經濟，需要與社會合作，採取較為公平的產業獎勵政策，也鼓勵臺灣士紳到日本觀覽。日治初期，紳商擁有清末自強運動的經驗，響應總督府政策投資改良糖廍，使用鐵製壓榨機與石油發動機等機械化方式生產，採用類似株式會社的近代公司制度，採取資本主義的工業生產方式，可能強化紳商們的認識。生產機械化與近代公司制度是西方國家現代工業化的第一階段，臺灣社會在製糖業之外是否採用？乃是下文檢討之主要課題。

二、臺灣社會與機械化生產

　　二十世紀初期臺灣的地主、商人參與設立改良糖廍，使用鐵製的壓榨機與石油發動機，並不是臺灣社會與產業機械接觸的最早時間。從歷史脈絡來看，臺灣社會在時代變化的壓力下，吸收近代西方的機械文明，是在自強運動下，機械由國家主導引進臺灣時，臺灣社會商品經濟發達，知識與民富累積讓民間社會比較有能力響應國家的行動，因而引進西式機械從事生產，例如煤產地基隆出現一家發昌煤廠，引進機器製造煤磚。基隆開採的煤礦分成三等：煤塊大至直徑四五寸者曰角煤，為輪船用，每擔100斤的價格是銀1.4

---

[10] 呂紹理《展示臺灣：權力、空間與殖民統治的形象表述》（臺北：麥田出版，2005年），頁136-151。

角以上；直徑二三寸至一寸半者曰中煤，每擔100斤值銀約1.2角；其下碎屑
者曰煤粉，每擔100斤只值銀約0.3角，相當便宜。[11]煤粉因是粉末狀，燃燒
時使用不便，因而價格非常便宜，發昌煤廠採用洋人機器，巧妙地將煤粉用
機器壓製成煤磚，其價格與煤塊約略相等。[12]發昌煤廠引進機器將原本不易
使用、價格便宜的煤粉改造成煤磚，價值與價格都大幅提升，產業機械發揮
了它的能力。

　　臺灣社會與產業機械接觸的第二個管道是外商在清末引進機械化的生產
方式，主角是美國旗昌洋行。

　　旗昌洋行（Russell & Co.）在鴉片戰爭後的1846（道光26）年進駐上
海，經營貿易，並設有輪船公司經營航運，1870年代之後對工業投資產生興
趣，曾到臺灣投資。1877年（光緒3）旗昌洋行在臺南建立了一座使用水力
壓榨機壓榨樟腦的工廠，因壓製過的樟腦蒸發較慢，可以降低運輸成本，遂
在南部蔗糖中心產地建立一座新式榨糖工廠。1886年（光緒12），旗昌洋行
已經將外國機器帶往臺灣製造蔗糖，並有抽水機可抽水灌溉。1888年（光緒
14）旗昌洋行在大稻埕設置烘茶機，是中國境內唯一的烘茶機器工廠，一切
烘製與包裝的過程都操作得非常好。[13]美國旗昌洋行從1877年起，先後引進
機械，加工製造茶、糖、樟腦等外銷商品，如後述，烘茶機器成為臺灣改良
機器的對象之一，對臺灣社會的機械化生產有間接影響。

　　在洋商影響下，臺灣社會也採取行動，例如沈鴻傑從德國引進新式機
器在臺南新營設糖廠。沈鴻傑為泉州安溪人，1866年（同治5）寄籍臺南府
城，因素諳英語，與英人合資建立商行，又與德國人一起經營進出口貿易，
鑑於臺灣產糖多，但製法未善，乃購買德國機器，擇地新營試辦。[14]沈鴻傑
與洋商有密切的商業往來，認識並使用進口機械改善臺灣糖業生產。

---

[11] 陳培桂纂修《淡水廳志》（臺北：臺灣銀行經濟研究室，1963年），頁111。
[12] 孫毓棠編《中國近代工業史資料（第一輯）》（臺北：文海，1975年），頁1016。
[13] 前引孫毓棠編《中國近代工業史資料（第一輯）》，頁85，99-100，238-241。
[14] 連橫《臺灣通史》（臺北：臺灣銀行經濟研究室，1962年），頁1012。

　　清末開港之後，臺灣因地理位置關係而與外國接觸日漸頻繁，1870年代中葉在日本軍事行動威脅之下，由國家主導積極展開自強運動，外資也到臺灣設立機械化工廠，兩者共同把機械化生產方式帶進臺灣，這是臺灣社會與產業機械接觸的開端，雖然例子不多，但商人確實很快跟進，採用西方機械從事生產。這樣的歷史經驗，可能讓一些比較具有時代敏感度的臺灣地主、商人願意配合日本統治者的糖業獎勵政策，接受政府補助，開始使用鐵製的壓榨機與石油發動機。

　　機械與動力進入社會之後很快被充分利用，例如鳳山陳晉臣在1903年經營振祥製糖會社，開始用石油發動之蒸汽機，但因為蔗糖加工始自12月，終於翌年5月，有半年休閒期，石油發動機在休閒期仍需定期保養，為了充分利用，乃思考在製糖之間暇時兼營其他產業，由於鳳山的另一大宗物資為稻米，乃選擇以同一動力兼營碾米業，並因為能充分利用設備而廣受鄉民稱讚。[15]當動力由牛隻改成蒸汽機後，面臨的新問題為工廠休閒期機器的保養問題，因而當時的經營者乃將動力用在其他產業，充分利用以節省成本。原本由農家負責的碾米工作，1910年代加工碾製逐漸脫離農民掌握，而改由臺灣人經營之小規模碾米工廠處理，稻米商品化的擴展是改變的原因之一。[16]碾米業由農家自產轉變為使用動力的專業化生產年代，也是改良糖廍大量減少的時期，改良糖廍的石油發動機可以轉化為碾米動力，兩者間似乎有某種關連。

機械製造改良能力

　　機械進入生產體系後，機械的市場需求隨之出現。機械是近代工業之母，製造、修理機械的能力在社會扎根是轉型為工業社會的基礎條件，這種

---

[15] 坂本軍二〈鳳山廳下に於ける石油發働器應用の製糖業副業としての籾摺兼精米業〉，《臺灣農友會報》9（1907年3月），頁33-35。

[16] 參見堀內義隆〈日本植民地期臺灣の米穀產業と工業化〉，《社會經濟史學》67：1（2001年5月），頁29，44-45；涂照彥《日本帝國主義下の臺灣》（東京都，東京大學出版會，1975年6月），頁208-209。

能力需要學習。清末，當政府、外國洋行引進機械在臺灣採煤、製糖、壓樟腦、製茶的時代，社會已經有少數人開始注意機械、研究機械。仔細檢索史料可以發現一些個案，例如李祿星，少從父學鑄工，精心研究，能製各種機械；1905年與辜顯榮共創船澳公司。[17]這裡所指的機械具體內容並不明確，不過從時間點來看，臺灣社會注意到機械並願意投入心力研究，到1905年已經擁有某些製造能力，這一點是確定的。

　　取得日本的特許、新案登錄等智慧財產權應該是評估臺灣社會機械製造、改良能力的有效指標。特許是日本的用語，臺灣翻譯成專利，是英國在1624年頒布後持續發展到今天的一套有系統制度，保護發明家的智慧財產權，提高創新研究者個人投資報酬率，鼓勵投入技術研究。[18]日本1885年發布「專賣特許條令」引進了特許制度，保護發明家的智慧財產權以來，申請件數漸漸增加。1899年7月起在臺灣實施日本的特許法、新案登錄、意匠法、商標法，日本的智慧財產權保護制度也延伸到臺灣。[19]臺灣的特許、實用新案等的申請完全採用日本的法令，由發明人向日本農商務省特許局申請，到了1912年（大正元），臺灣人取得了兩件專利：臺南的番薯粉製造機械以及大稻埕某位不願具名者的烘茶機器。[20]

　　1909年大稻埕有一位本島茶業者，看到大稻埕一帶使用的製茶機器需要過多的步驟以及漫長的製造時間，多年以來一直研究改良製茶機器，多年努力的結果，終於發明製茶用的乾燥機器，向日本農商務省申請特許。新的烘茶機器，用亞鉛筒取代竹筒，茶葉烘乾時間可以節省一半，用同樣焙爐及同量的燃料，可以增加3倍烘茶量。[21]把烘茶機器改良成更節省時間也節省能

---

[17] 岩崎潔治《臺灣實業家名鑑》（臺北：臺灣雜誌社，1912年），頁152。

[18] Douglass C. North, Structure and Change in Economic History, New York: W.W. Norton, c1981, pp162-166.

[19] 帝國發明家傳記刊行會編《帝國發明家傳》（東京：日本圖書センター，1991年2月），附錄頁6-20；〈官報兩紀〉，《臺灣日日新報》1899年7月5日，3版。特許法、新案登錄、意匠法與現在的用語對應的話，是專利法之發明，新型及新式樣三種。這是現代臺灣工業史中值得投入研究的重要議題。

[20] 〈本島之發明品〉，《臺灣日日新報》1912年12月6日，6版。

[21] 〈製茶機械發明〉，《臺灣日日新報》1909年4月10日，3版；〈製茶機械發明〉，《臺灣日日新報》1909年8月15日，3版。

源的機器，從1888年旗昌洋行在大稻埕設置烘茶機器算起約20年，臺灣的茶業者開始有能力改良烘茶機器，持續應用清代臺灣已經出現的節省資源之原則進行改良。

臺南的番薯粉製造機械發明者是臺南府城的儒者邱及梯之子邱伴池。據說邱伴池自幼即富創造之才，1905年開始研究，多年後才取得成果，約在1912年取得日本政府之專利。[22]番薯粉製造機械在嘉南平原的需求很大，因為甘蔗及番薯是兩大旱田作物，農民們依市場需求狀況調整產量，砂糖出口情況好時種甘蔗，如果不好，就種番薯。番薯的用途很多，可煮食做為主糧，也可釀酒，還可以加工製成容易保存及運輸之番薯簽、番薯粉等。番薯粉製造機械可以滿足當地農民加工之需求。

產業機械的改良方向基本上有兩種。一是改良外來機械，讓它適合本地社會風土，能力才可以發揮；另一個方向是改良已經有基礎的重要產業之加工設備，把機械原理運用在傳統產業，讓本地社會長期以來條件相對有利之產業，可以藉由生產技術的改良，繼續維持競爭力。番薯粉製造機械以及烘茶機器的專利屬於後者，代表這個社會已經有能力製造、改良產業機械，並且開始進入智慧財產權的世界。

邱伴池等改良機械的時間在1912年之前，當時臺灣還沒有機械相關的專業教育，他們應該也沒有機會到國外留學，為什麼有改良產業機械的能力？曾經改良碾米器械，並向政府申請新案登錄的郭和銅之經歷透露訊息。郭和銅從小就對工業有興趣，曾經在鐵道部、專賣局以及大阪鐵工廠、松林鐵工廠工作，負責鑄造機械12年，花了數年時間研究，1911年（明治44）發明一種用人力旋轉的機器土礱，申請新案登錄，以防同業者仿造，1912年辭職創業，用累積的少許資本設置和銅鐵工所製造機器土礱。[23]如傳統師徒制一

---

[22] 〈臺人發明者嚆矢〉，《臺灣日日新報》1912年11月26日，6版。

[23] 〈新案登錄〉，《臺灣日日新報》1911年12月6日，5版；〈機器土礱之改良〉，《臺灣日日新報》1912年7月28日，5版。

般，從工作現場累積相關知識是臺灣社會早期吸收機械相關知識的管道。郭和銅並不是單一特例，張井、游連錦也有類似經歷。1878年（光緒4）出生之張井，家裡世世代代從事營建業，1895年進入鐵道部，10年後轉到基隆大阪鐵工廠工作，1908年（明治41）與周石頭共同在基隆獅球嶺設立石井鐵工廠。游連錦是1876年生，少年時期即有志鐵工業而到上海工作，1897年進入臺灣總督府鐵道部，1904年（明治37）辭職轉任基隆築港工事部，1917年（大正6）已累積許多經驗，加入1916年（大正5）由劉阿禎所創辦的雲源公司鐵工所。[24]當火車進入臺灣社會，為了維持正常運轉，必須保養以及修理，鐵路局的保養與修理的技術工作提供了一個在現場接觸機械，累積經驗與技術的機會；另一個重要的累積場域是日本人經營的鐵工廠。

　　為什麼現場學習有這種效果？這是機械工業的特性，從張國安的實際經驗可以有更深入的認識。張國安約在1942年從臺北工業學校機械科畢業，畢業後的第一個工作是在農機公司當技術員，曾與同事一起設計臺農一號脫穀機，兼任材料室與動力室的管理工作。與工廠裡老技術員合作的經驗，發現不曾受過專業教育的老技術人員相當敬業，對自己的技術也有自信，例如機器要換齒輪時，剛畢業的學生是套用學校教的公式來計算齒輪規格，沒讀過書的老師傅經驗豐富，用自己的方法算的更快更準；又如材料的比重，年輕的技術員只能按照公式算比重，老師傅只要看一眼就知道了。老師傅運用的方法不見得有周密的學理根據，但都非常實用。[25]豐富經驗可以累積實用技術的特性持續到1960年代，在1960年代電腦引發生產自動化之變革前，產業機械每一個零件都可以在工作現場直接觀察、體驗，在工作現場長期累積的經驗，即使沒有學理基礎，也能達到正確且實用的水準。

　　臺灣社會認識機械的優越，進而採用機械化生產的例子，1910年代也陸陸續續出現，例如製革業，清代臺灣社會已有牛皮加工業，可製皮箱，日本

[24] 內藤素生《南國之人士》（臺北：臺灣人物社，1922年），頁154，162。
[25] 張國安《歷練：張國安自傳》（臺北：天下出版，1943年），頁4-15。

領臺後的1901年（明治34），林清秀在日本人協助下到日本取經，約10年後回到臺灣，在大稻埕設立臺灣製革會社，用較近代化的生產方式製革，並由相思樹皮提煉單寧，引進了皮鞋、皮包的製造。[26]臺中的羅安，1882年（光緒8）出生於臺中潭子，少年時期曾讀過漢學。羅安與弟弟羅汴都具有機械方面的天分，1916年設立羅安機器場，有製米粉、製大麵、碾米、精米、磨麥粉、煮麥芽等種種器械，安置工巧，都是兄弟兩人安裝，因羅安能設計、羅汴能製造。[27]這些例子都是1910年代臺灣社會已經有能力也使用、製造產業機械的佐證。

　　臺灣社會的機械製造修理能力也因市場需求而成長，1916年時臺灣機械的自給率達40%，1918年（大正7）由臺灣人經營的機械工廠，占全臺機械工廠的73%。[28]1915年（大正4）臺、日資工廠使用動力的比率已有48.53%，1939年（大正8）更提高到78%，大多數工廠使用動力牽動機械進行生產，工業機械化程度提高。[29]到了1930年代有更多產業改採機械化生產方式，如醬油業從以黑豆原料發酵、自給式的純手工釀造，轉而採用日本人帶進來的日本式材料（黃豆、小麥加上鹽）、工業化生產，純手工釀造的黑豆醬油變成細流默默在社會存續。[30]清末已開始外銷的藺草，日治時期繼續外銷，1930年代日本資本家將機械化生產方式帶進了藺草產業。[31]日治時期

---

[26] 臺灣總督府殖產局商工課《熱帶產業調查書　工業ニ關スル事項》（臺北：臺灣總督府，1935年8月），頁474-475；〈製革原料難〉，《臺灣日日新報》，1916年10月20日，2版。

[27] 張麗俊著，許雪姬、洪秋芬解讀《水竹居主人日記（四）》（臺北：中央研究院近代史研究所，2001年8月），頁352；臺灣新民報社編《臺灣人士鑑》（臺北：臺灣新民報社，1937年），頁390。1925年由羅安、羅汴共同設立經營的共進製紙所，從日本輸入水渦輪自行發電轉動磨漿及抄紙機械，是竹紙機械化的最早成功例證。

[28] 堀內義隆〈日本植民地期臺湾における機械市場の形成と機械工業の発展〉，《現代臺灣研究》35（2009年3月），頁35-56。

[29] 葉淑貞、劉素芬〈工業的發展〉，臺灣省文獻委員會《臺灣近代史經濟篇》（南投：臺灣省文獻委員會，1995年6月），頁204。

[30] 江辛美〈臺灣日治時期醬油產業的變遷〉，《臺灣博物》28：3（2009年9月），頁52-63。

[31] 洪麗雯〈藝術與產業的交會：清末臺灣藺草之運銷〉，《臺灣學研究》4（2007年12月），頁61-76；〈日治時期臺灣藺草紙會社的出現及發展〉，《臺灣文獻》58：4（2007年12月），頁269-312。

臺灣花生榨油技術也出現了變化。[32]1910年代臺灣社會已經有能力使用機械與動力，產業機械40%的自給能力，有助於降低機械使用成本，維持機械運轉的順暢，這是支持臺灣生產機械化的基本條件。

三、近代公司制度的運作具體例

　　支持生產機械化的制度因素是近代公司的制度。郭和銅創業模式採用個人經營，並沒有採用近代公司組織，而且臺灣機械工廠採用中小規模的經營模式一直存續到現在，這樣的發展模式與西方工業革命，還有日本的產業革命後出現生產機械化與近代公司制度同時併進的情況並不一致。臺灣社會採用機械的歷程似乎比近代公司制度順利，也許是因為制度由國家主導，受到統治政策的影響更深。

　　清末政策重點放在船堅砲利，制度的引進出現在日本統治時期，歷史是曲折的。日本人有十九世紀富國強兵的歷史經驗，相當清楚近代公司制度乃殖產興業的有效手段。[33]可是臺灣總督府在進行資本主義化的基礎建設時，1898年以律令第8號規定在臺灣的地理空間裡，日本人及外國人適用日本商法，臺灣本地人及清朝臣民不適用商法，把臺灣社會置於近代公司制度之外。另一方面，又因為殖產興業政策需要，1902年到1904年之間，允許臺灣地主、商人投資設立改良糖廍時採取株式會社組織，這是不合法的，但是總督府為了發展經濟，採取權宜之計，允許不適用商法的臺灣人使用日本商法，做為產業政策上的一種獎勵手段。[34]

---

[32] 林哲安〈日治時期臺灣花生榨油技術的發展與運用〉，《臺灣史學雜誌》13（2012年12月），頁60-95。

[33] 高村直助《會社の誕生》（東京都：吉川弘文館，1996年），頁6-12。

[34] 高淑媛〈日治前期臺灣總督府之企業管理政策（1895－1923）〉，《臺灣史研究》12：1（2005年6月），頁43-71。

　　日治初期日本舉國迫切推動殖產興業的時代氣氛下，1901年管理大甲、苑裡一帶的苗栗辦務署長家永泰吉郎曾經邀同當地名紳，提出集腋巨資創設草蓆會社的構想，並未得到支持。[35]大甲、苑裡在清代已經是大甲蓆主要產地，日本領臺後大甲帽開始外銷日本。大甲帽的起源是清末臺灣開港之後，開啓了臺灣社會與西方文化接觸的機會，出現了編織西式帽子的紀錄。第一位用大甲藺編成西式帽子的女子，是苑裡女子洪鴦鴦。洪鴦鴦，1854年生於苑裡。苑裡是清末編織大甲蓆最盛行的地方，洪鴦鴦與當地其他女孩一樣從小就開始學編織草蓆，可以編出許多花樣，編蓆技術進步。1886年左右，一位西方人來到苑裡，透過商人易科來拜訪織蓆女工們，拿著紙編的中折帽樣本，尋找可以用三角藺編中折帽的人。洪氏乃決定試看看，花了約三個月的時間研究，終於編出中折帽，之後一再地改進，終於成爲大甲帽。[36]洪鴦鴦在1886年左右開始研究，並用大甲藺成功編出中折帽，是臺灣歷史上有明確記錄的，由本地原料所生產的第一頂西式帽子，基本上是建立在清代臺灣編織大甲蓆的技術能力之上。

　　仿西制的大甲帽並不是臺灣生活文化中的必備品，除了洪鴦鴦等之親友戴用之外，大甲帽初期的主要顧客是西化的日本人。日本領臺之後設立地方行政機關，日本人來到大甲、苑裡，苑裡辦務署長淺井元齡找來洪鴦鴦製造帽子，1899年帽子出現在大甲街上的商店裡，稱爲「大甲莛的帽子」，一頂一元左右，是日本人回鄉時樂於購買的臺灣特產伴手禮。[37]淺井署長及其

---

[35] 〈草席會社〉，《臺灣日日新報》，1901年4月30日，3版。

[36] 帝國發明家傳記刊行會編《帝國發明家傳下卷》（東京：日本圖書センター，1991年），頁251-256。社團法人發明協會創始於1904年5月5日，爲日本宣導與推廣專利等智慧財產權的民間組織。〈製帽界の功勞者洪氏鴦さんの苦心のかずかず〉，《臺灣日日新報》，1932年1月25日，3版。大甲帽的成功，成爲洪氏用三角藺編織各種東西的動機，除了帽子之外還編成手提包、捲煙袋等十幾種，且將其發明的編織方法公開，對地方產業有許多直接、間接助益，也得到地方官及新聞界的認同與重視，如1925年日本帝國發明協會給予表彰，1929年臺灣總督府也表揚其為產業篤行者。

[37] 臺中州勸業課編《臺灣に於ける帽子》（臺中：臺中州勸業課，1933年3月），頁84；〈大甲莛の帽子〉，《臺灣日日新報》，1899年5月12日，2版。

繼任者積極發展地方產業，雖然總督府1898年以律令八號限制臺灣人使用日本商法成立會社，但為了振興地方產業，仍然把制度做為手段，採取獎勵行動，可是社會反應並不如預期，直到1903年才配合總督府的政策出現改變。1903年4月大甲街副街長朱麗及吳朝宗等集資十萬日元創立大甲帽蓆合資會社，生產並出口大甲帽，採用資本主義的會社組織，這是臺灣總督府獎勵措施的產物之一。[38]朱麗曾經在苗栗的國語傳習所就讀，會日語也接觸了新知識，能認同近代新知識，1900年到日本京都等地考察日本產業，對新的時代有較深的認識，回臺後聚地方少年講習新學。[39]朱麗有日本經驗，知道大甲帽在日本市場大有可為，可能促使他響應總督府政策，出面倡導組織株式會社。

　　集結較多資本採用近代公司制度只是跨出走向資本主義制度的第一步。會社成立後的課題是如何經營，包括維持產品品質以及銷售。大甲帽蓆合資會社真正了解並正視品質的重要性，以及採用與日本直接交易的銷售方式，則與吳朝宗1903年的大阪博覽會之體驗相關。總督府獎勵士紳赴日觀覽大阪博覽會，吳朝宗為其中之一，吳朝宗到大阪參觀博覽會時不忘做生意，帶了兩千多頂的帽子到大阪販賣。吳朝宗攜帶的大甲帽有粗品也有精品，在大阪販賣時粗品銷售不易且獲利無幾，反之，精品意外地以相當優惠的價格出售，小賺了一筆。這樣的經驗讓他認識到必須講求品質，回臺後乃與同業商量，不惜巨資，聘用機巧織手改良技術。[40]朱麗乃親自赴日本開拓帽蓆市場，並由李進興擔任商務主任常駐大阪負責銷售。[41]

　　苑裡及大甲街人士配合時代脈動、吸收新知的積極作為，強化臺灣製帽

[38] 〈商事會社設立認可各廳報告ノ件〉，《臺灣總督府公文類纂》明治37年15年保存第29卷（4816-7）。

[39] 鷹取田一郎《臺灣列紳傳》（臺北：臺灣總督府，1916年），頁190；〈東山盛讌〉，《臺灣日日新報》，1900年5月31日，3版。

[40] 〈草帽試驗〉，《臺灣日日新報》，1903年6月11日，4版；〈草帽改良〉，1903年6月20日，4版。吳朝宗還認識到日本喜歡顏色潔白的帽子，也曾努力洗滌大甲蘭看能否讓顏色變白。

[41] 朱江淮口述；朱瑞墉整理《朱麗傳：大甲地方經濟建設功勞者》（臺北：朱江淮文教基金會出版，2004年），頁77-82。

業的競爭力。1907年（明治40）總督府調查時，大甲帽年產約75萬頂，總價約21萬，產品幾乎都是出口到日本的東京、京都、大阪等等都市，再加工加上裡襯等裝飾後售出。價格視品質而定，大甲帽的等級從粗到精分為1到8等及特等品，最便宜的1等品100個賣12元，特等品100個可以賣到200元以上，大多採取家庭手工的形式生產，編製的帽子由商人收購，當地商人超過100名，有專業商人，也有兼差的商人，亦有農人兼差收購帽子，不一而足。經手帽子數量超過一萬頂者，有大甲帽蓆會社及23名自營商，21名是臺灣商人，大甲帽蓆會社經手數量最多，達20萬頂，其他商人經手數量在5萬到1萬頂之間；日本商人只有兩位，木村忠次郎經手3萬頂、米村嘉平經手2萬頂。[42] 1907年臺灣帽商已經掌握了製帽產業的主導權，且一直維持到日本結束殖民統治為止。

　　臺灣帽商掌握製帽業主導權，形塑的產業特色與沖繩製帽業比較更為清楚。大甲帽、林投帽還有日本的眞田稈帽原料不一，外型類似，被歸類為仿巴拿馬帽，是日本二十世紀初期的重要外銷品，臺灣是產地之一，日本及沖繩也生產。日本國內的生產方式是採取半機械化、大規模工廠組織之形式，同樣受日本統治的沖繩，製帽業發展模式與臺灣不一樣。第一，沖繩的製帽業1901年左右是由日本商人直接經營設在首里城（今日之那霸）一帶的大規模工廠，到1916年左右生產基地開始分散到農村的家庭，由固定的集帽人分配原料與蒐集帽子後交給固定的日本商人，生產以及銷售的主導權一直由日本商人掌握。臺灣則因為大甲蓆生產的歷史因素，製帽業也和大甲蓆生產一樣是分散在農村及市街的商人家庭裡，生產以及銷售的主導權一直由臺灣帽商掌握，而且集帽人以及帽商之間的關係是不固定的，與沖繩相對固定的產銷體系成為對照。第二，因為沖繩的製帽業產銷關係固定，同業組合的約束力較大，生產帽子以高級品為主，數量穩定，且自1924年（大正13）起政府廢止檢查制度，改由同業組合取代政府進行檢查，自主維持品質。相對的，

---

[42] 臺灣總督府民政部殖產局《大甲藺及同製作品調查書》（臺北：臺灣總督府，1908年5月），頁46-70。

臺灣的帽子以量取勝，以生產低價品為主流，總督府的檢查制度一直維持到1940年代，但是維持品質的效果長期不彰。[43]

　　臺灣商人掌握製帽業主導權，但是並沒有發展出大規模生產的工廠模式，與日本商人掌握沖繩製帽業，採用大規模工廠的模式成為對比。從這個例子我們看到了生產組織的延續性，臺灣選擇維持家庭手工生產的因素很多，清代已經形成藺草加工生產模式之歷史因素是其中之一，也有經濟因素。臺灣社會很早就認識到現代機械化大規模生產需要滿足有廣大市場需求以及分工的社會，採取好的技術，大量生產品質良好貨物。[44]製帽業雖然有廣大市場，但是技術簡單，臺灣婦女以副業方式參與，工資及設備成本低，沒有具備分工優勢，在這樣的條件之下採用機械化是否可以節省人力成本而具有競爭優勢？似乎是可疑的。

　　採用機械化未必可以節省人力成本的類似情形，出現在1930年代鳳梨罐頭產業。鳳梨罐頭業是日本領臺後出現在臺灣的食品加工產業，這在世界上有兩種生產方式：新加坡發展出來的手工以及夏威夷發展出來的大規模機械化工廠。臺灣引進生產技術初期時從新加坡取經，1920年代鳳梨罐頭產業拓展至日本市場，需求急速擴大時，總督府的獎勵政策以夏威夷之大規模機械化工廠為藍本，鼓勵農民種植夏威夷品種鳳梨，鼓勵加工業者組設株式會社，採用夏威夷的機械，然市場需求投入的大多數臺灣人經營者偏好小型的、使用多數女工的手工型工廠，原因是臺灣的鳳梨原料不適合夏威夷的機械，總督府推行種植夏威夷品種鳳梨則無法立即適應臺灣農業的條件，成本太高，因而多數業者使用的原料仍然需要女工巧手削鳳梨，因此從夏威夷進口的機械無法取得優勢。[45]1922年之後，臺灣總督府在臺灣實施近代公司制

[43]　四方田雅史〈模造パナマ帽をめぐる産地間競争—戰前期臺湾・沖縄の産地形態の比較を通じて—〉，《社會經濟史學》69：2（2003年），頁169-188。

[44]　王逸文〈生產組織たる企業の概念〉，《臺灣》3：7（1922年10月），頁32-35。

[45]　高淑媛《經濟政策與產業發展—以日治時期臺灣鳳梨罐頭業為例》（臺北：稻鄉出版社，2007年6月），頁7-98。

度，臺灣人可以自由採用資本主義化的大規模工廠，但因大規模機械化工廠未必能夠降低成本提高競爭力，並未被普遍採用。

　　臺灣人採用產業機械並採用株式會社、擴大經營規模的例子，出現在1910年代的釀酒業。釀酒業在荷蘭時代已經在臺灣出現，清代繼續發展，基本上是在市場機制下社會自主發展而來的產業。日本領有臺灣之後因為關稅變化，進口酒成本增加，臺灣本地生產的酒消費量增加，政治上則受到徵收酒稅之政策影響而展開合併，產生激烈變化。民間因應這些變化，在1910年代出現生產機械化的動向，屬臺灣社會自主採用產業機械擴大生產規模的例證，可舉宜蘭製酒公司為例說明。

　　宜蘭製酒公司的製品有紅酒、高粱、火酒；其中最有名的製品為甘泉老紅酒，是以1898年林青雲個人經營釀酒事業的時代命名的。林青雲出生於1873年12月，父親林廷照曾入書房專攻漢學，在日本領臺後領有紳章，並投身商界，經營藥店及釀酒業。據林青雲回憶，林家祖先約在1800年左右從福建學到釀製紅酒的技術，但僅釀造自用，並未販賣。1898年日本領臺不久，林青雲繼承祖傳釀造技術，正式將紅酒推出市場，並命名為甘泉老紅酒。宜蘭四季氣候溫和，並擁有良好水源等適於釀酒的自然條件，加上林青雲熱心研究改良製造技術提升品質，奠定了甘泉老紅酒的地位。當時的宜蘭三面環山、一面靠海，交通不方便，沒有什麼休閒娛樂，喝酒是最大的慰藉，到處都有酒店。1907年左右用1.5斗的小矼挑到臺北販賣，開拓市場。1907年總督府開徵酒稅後，為了取締方便，半強制地鼓勵小釀酒廠合併，林青雲乃邀集宜蘭附近38名同業共同組織宜蘭製酒公司，並於1909年9月正式成立，資本額4萬，之後蘭陽平原各地釀酒者也紛紛跟進，羅東、頭圍、利澤簡、三星等地業者亦合資組成製酒公司。林青雲出任宜蘭製酒公司社長負責經營，並親自釀酒進行研究，苦心鑽研製法改良品質，1914年（大正3）5月親自赴日本奈良等地實地視察後，引進新式蒸餾機，產量大為提高，也因率先採用新式機械設備，成為同業參訪對象，每年來工廠參觀者數千人，甘泉老紅酒的品質亦得到各界肯定，1916年在總督府舉辦的共進會上得到金牌獎，1917

年3月登錄甘泉老紅酒商標（第84511號），售價比其他紅酒一石貴10元左
右。**46**

製酒業的例子可以看到國家政策與市場需求是影響工業經營的兩大力
量。市場需求量增加時，不必政策獎勵，業者即主動到日本取經，採用近代
公司組織引進新式機械，轉向資本主義的生產方式。新式機械吸引眾多同業
參訪，代表業者們對機械化生產是有高度興趣的。

四、國家、市場及社會

1858年臺灣開港之後再度與世界市場接軌，也必須面臨西方歷經工業革
命洗禮後建構的機械化工廠、近代公司制度等衝擊。衝擊包含技術面及制度
面，需要國家與社會共同因應，但因臺灣在近代化啟動不久的1895年進入殖
民統治體制，因而在引進產業機械及制度的建立方面表現很不一致。最主要
的差異，來自政策是否協助民眾因應？以及沒有政策協助時，民眾能否依賴
臺灣社會長期累積的經濟實力與知識，採取因應措施。

首先，在引進產業機械、動力的這一點上，清末及日治初期的政策一致
地採取鼓勵民眾的立場。清末以來，統治者在國際局勢的變動壓力下，相當
重視產業發展。清季臺灣自強運動重視機械化生產的政策，1895年之後日本
統治者繼續推動，不受政治變動的影響而具有延續性，雖然如此，殖民統治
者採取公平獎勵政策的時間也不是太長，如日本一般必須以最短時日快速達

---

46 宜蘭製酒公司在第一次世界大戰期間陸續擴充。第一次世界大戰結束，日本1920年陷入不景氣，臺灣
亦受波及，宜蘭製酒的業績未受影響，同時因為宜蘭線鐵路即將完工，林青雲等期待鐵路完工通車之
後，甘泉老紅酒可以運銷全臺，甚至外銷到華南、南洋，乃擴張規模，集合眾力，1920年4月變更組織
設立宜蘭製酒株式會社，資本額增加為260萬。沒有料到總督府決定實施酒專賣，宜蘭製酒的工廠被徵
收為專賣局的宜蘭工廠。高淑媛〈政策與產業—以宜蘭製酒公司在日本統治期之發展為例〉，《宜蘭
文獻》季刊77/78合刊（2007年12月），頁94-123。

成工業化的近代國家，財政獎勵是促進工業成長時加速發展腳步的有效政策工具。臺灣總督府在海運業及製糖業投入大量財政，獎勵產業發展，但以日本資本爲主，採取民族差別待遇。只有在1905年臺灣財政獨立之前，日本的國家資本、民間資本不足的時期，總督府期待臺灣社會協助發展產業經濟，採取了一些比較公平的措施，也提供機會協助臺灣社會建構了一些新觀念。

與機械化生產相輔相成的近代公司制度，屬制度面的問題，需要由國家制定規則加以管理，主要是由日本殖民統治者建立的，但是因爲處在特殊的政治情境之下，日本引進的制度是有選擇性的，在臺灣近代化初期並未建立一套完整的經濟制度，因而民間的因應措施乃呈現多樣化。不僅如此，自行調整採取機械化生產並改組爲株式會社組織，因應行動最成功的釀酒業，在1922年實施酒專賣受到嚴重打擊之下，雖然1922年臺灣總督府也在臺灣實施近代公司制度，然而臺灣人所經營的產業已不包含糖、樟腦及釀酒等產業，多數仍採取個人、家族經營模式。

換言之，從機械化工廠、近代公司制度等對臺灣工業資本主義化極爲重要的工具與制度等引進臺灣的初期歷史來看，總督府的目標是快速發展臺灣產業，而不是建構良好制度、健全地發展臺灣產業，因而當日本的經濟條件改變，日本資本主義日漸成熟，可以協助總督府發展臺灣產業時，產業政策乃出現轉變，以扶植日本資本獨占產業爲主要目標。

總督府早期政策核心放在獎勵製糖業，製糖業成長迅速，1920年代爲了彌補日本國內糧食不足，積極發展蓬萊米，採取米、糖並重政策。製糖業在總督府政策獎勵下順利地機械化、大型企業化，樟腦由總督府專賣後也採用機械化的大型工廠；碾米業以及製茶業，機械化、大型企業化的現象不明顯，沒有表現出生產機械化的優勢。米糖產業具有濃厚的農業性質，日治前期一般乃是以工業日本、農業臺灣爲特色，工業革命代表性的產業，如紡織、鋼鐵等產業並沒有被引進臺灣；臺灣工業以農產加工爲主，延續清代已經有的累積，直到1930年代軍需工業化的時代才看到一些變化，以日本資本爲主，將於下一章進行分析。

　　沒有被政府重視的傳統加工產業,也很少日本資本家介入,而是臺灣社會以長期累積的技術與資本,自主性積極吸收現代性觀念因應時代變化。臺灣社會在19、20紀之際就表現出對於機械化工廠的象徵:機械,擁有相當高的興趣,而鐵路與火車、日本人來臺設立的造船廠、機械修理工廠提供臺灣人在現場工作並學習機械生產經驗的場所。西方的機械化工廠生產對臺灣工業產生影響始自開港之後,接觸產業機械約40年後的1910年代,臺灣社會已經出現配合當時重要產改良機械並取得了日本專利的例子。釀酒產業自主地採用近代公司制度與日本機械,擴大規模並進行生產技術改良,證明臺灣社會對資本主義生產方式是可以掌握的。製帽業則採用近代公司制度,但並沒有採取機械化工廠的生產制度,而是運用原有的家庭手工生產方式,將傳統的家戶式的生產方式與資本主義世界貿易的大量商品需求結合起來,出口量波動之利益與風險由眾多生產者共同分擔,生產規模調整具有彈性,形成近代工廠制度之外另一種與資本主義連結的方式,乃是奠基在清代臺灣社會累積之生產經驗所做的選擇,並且與第二次大戰後臺灣的客廳即工廠、外銷主力以中小企業為主有許多共通點,也是臺灣工業化的最主要特徵。

　　總之,臺灣與資本主義接觸早期的發展過程中,國家政策的主導性相對較弱,社會有累積的資本也有生產技術,依市場需求自主選擇空間相當大。依據產業特性及市場需求自主選擇所出現的多元性,是臺灣社會與資本主義接觸早期呈現的樣貌。

第七章　日治時期的技術研究與軍需工業化

　　日本統治臺灣超過半世紀，經濟政策分為前後兩期。前期以農業臺灣、工業日本為主，日本市場需要的農產加工品米穀、蔗糖成為政策重點，以臺灣原有的製糖業為基礎，引進機械製糖，提升生產效率與品質，或進行品種改良。1930年代因應日本之變化，展開臺灣軍需工業化，以日本本國需要及臺灣經濟條件為思考點，制定經濟政策，並引進具有現代性的重工業以及化學工業（兩者簡稱重化工業）。

　　重化工業基本上採用大規模工廠，1930年代臺灣軍需工業化有不少研究者重視，如工業鹽，以工業鹽為原料之鹼氯工業，以燒鹼為原料之鍊鋁業的一系列研究，以陳慈玉為主，已有清楚分析。[1]洪紹洋與陳政宏討論日治時期最大機械工廠臺灣鐵工所，戰後被接收改組為公營的臺灣機械股份有限公司之資本與技術，將近百年的歷史，[2]臺灣造船業從日治到戰後的歷史，[3]臺灣拓殖株式會社投資臺拓嘉義化學工廠之丁醇產業，到戰後被接收，1959年

---

[1]　參見陳慈玉〈日據時期臺灣鹽業的發展—臺灣經濟現代化與技術移轉之個案研究〉，載中研院近史所編《中國現代化論文集》（臺北，中研院近史所，1991年3月），頁579-605；陳慈玉〈一九四〇年代的臺灣軍需工業〉，《中華軍事史學會會刊》9（2004年4月），頁145-189；〈斷裂與連續：戰時到戰後初期臺灣重要軍需工業的變遷〉，《兩岸發展史研究》7（2009年6月），頁155-199；〈自軍需至民需—近代臺灣的鹼氯工業〉，《兩岸發展史研究》創刊號（2006年8月），頁1-19；〈近代臺灣的鹽業與鹼業：技術移轉與產業轉型的一個案〉，《新亞學報》24（2006年1月），頁241-290；〈近代臺湾の塩業とソーダ業—技術革新と產業転換の一例として〉，《社会システム研究》12（2006年3月），頁139-172；陳慈玉〈連續與斷裂：戰後初期的臺灣工礦業，1945－1947〉，收入楊振隆編，《大國霸權 or 小國人權：二二八事件61週年國際學術研討會學術論文集‧上冊》（臺北：二二八事件紀念基金會，2009年），頁65-124。

[2]　洪紹洋〈日治時期臺灣機械業發展之初探：以臺灣鐵工所為例〉，收於國立中央圖書館臺灣分館編，《朱榮明學術研討會：殖民與近代化論文集》（臺北：國立中央圖書館臺灣分館，2009年），頁271-296；〈戰後臺灣機械公司的接收與早期發展（1945－1953）〉，《臺灣史研究》17：3（2010年9月），頁151-182；陳政宏《鏗鏘已遠：臺機公司獨特的一百年》（臺北市：行政院文化建設委員會，2007年）；堀內義隆〈日本植民地期臺湾における機械市場の形成と機械工業の發展〉，《現代臺湾研究》35（2009年3月），頁35-56。

[3]　洪紹洋《近代臺灣造船業的技術轉移與學習》（臺北：遠流，2011年）；洪紹洋〈戰後臺灣造船公司的接收與經營（1945－1950）〉，《臺灣史研究》14：3（2007年9月），頁139-170；洪紹洋〈戰後臺灣造船公司的技術學習與養成〉，《海洋文化學刊》4（2008年），頁153-194；許毓良〈光復初期臺灣造船業（1945－1955）：以臺船公司為例的討論〉，《臺灣文獻》57：2（2006年6月），頁191-234。

（民國48）停產等，[4]已有不少個案研究。

筆者以化學工業為例進行分析，注意到技術研究的重要性。[5]經濟革命的第一階段是工業革命，也就是機械化生產，這是生產技術的重大變革。現代經濟的生產活動也漸漸將科學與技術結合起來，改變了原料的性質，大幅提升了物質的價值，是經濟革命的第二階段，出現在十九世紀。[6]科學與技術結合之生產變革，也由日本引進臺灣，1909年總督府設立研究所進行技術研究，並用財政補助產業界進行相關研究，主要應用在製糖業以及樟腦業之副產品利用，因技術研究而產生的重要產業有酒精、代用燃料無水酒精與丁醇、蔗渣紙漿及芳油產業等四種化學工業，到了1930年代展現成果。應用科學理論，學理知識擁有化腐朽為神奇的力量，轉變物資的性能與用途，大幅提高商品價值，創造出新產業，乃是現代工業的重要特徵。日本殖民統治者為何把帶有科學與技術結合的現代性技術引進臺灣？研究成果與1930年代臺灣軍需工業化、臺灣社會之關係為何？歷史經驗對臺灣工業有什麼影響？是本章檢討的主要課題。

臺灣軍需工業化由日本政府、國家資本主導，不符合本書從臺灣人視角進行討論的立場，但因臺灣軍需工業曾占臺灣工業資本形成的絕大多數，生產技術具有現代化色彩，也是規定1945年（民國34）之後臺灣工業走向的重要因素之一，因此仍然需要進行檢討，以呈現臺灣工業化歷史之完整性。

---

[4] 褚塡正〈戰時「臺灣拓殖株式會社」之研究—試析嘉義化學工廠（1939－1945）（上）〉，《臺北文獻直字》141（2002年9月），頁87-118；〈戰時「臺灣拓殖株式會社」之研究—試析嘉義化學工廠（1939－1945）（下）〉，《臺北文獻直字》142（2002年12月），頁87-121；褚塡正〈戰後臺灣石化工業之濫觴：中油公司嘉義溶劑廠研究（1946－1972）〉，《臺北文獻》163（2008.3），頁175-214。。

[5] 高淑媛《臺灣近代化學工業史（1860－1950）：技術與經驗的社會累積》（臺北：臺灣化學工程學會，2012年10月）。

[6] Douglass C. North. Structure and Change in Economic History, New York: W.W.Norton, c1981,pp158-170.第三波經濟革命為電腦所帶來的資訊革命。

一、製糖業副產品之利用研究

（一）臺灣糖蜜酒精工業獨占日本市場

　　日治時期臺灣的技術研究最早出現在製糖業，與臺灣總督府的糖業政策直接相關。糖業政策引進美國的機械化近代製糖工廠，製品是分蜜糖，即砂糖。分蜜糖必須將糖蜜分離出來，因而產生大量副產品廢糖蜜，處理困難，必須想辦法利用。臺南清代生產白糖的過程中，產生含有糖蜜的糖水被發酵製成糖水酒，引起開藥行的日本人注意，乃找來有應用化學知識背景的工程師，研究糖蜜發酵成酒精的技術。糖蜜酒精可以合成糖蜜酒飲用，也可以供應工業界使用或醫療消毒用，後者是日本人的主要研究方向。歷經數年努力成功之後，透過臺灣總督，介紹給臺灣製糖株式會社，由製糖會社設立酒精工廠，進口德國機器，產品於1908年正式問世，稱為工業酒精，出口日本供應工業界使用。早期品質不盡理想，製糖會社改良的方法是進口德國的新機器，花了很多苦心適應亞熱帶的氣候，如發酵室仿照啤酒的設置了亞硫酸瓦斯冷凍器，工廠用鐵筋磚造，有兩重甚至三重屋頂隔離室外的熱空氣。糖蜜發酵製成酒精的技術關鍵之一是酵母菌，一開始使用輸入的酵母菌，之後繼續研究，蒐集臺灣島內的酵母資料分離培養出適合的酵母菌等。這是早期酒精工業的發展方式，結合外國設備、技術，並以臺灣的自然環境條件進行調整，從事研究建立臺灣的糖蜜酒精工業。糖蜜酒精工業建立後受到總督府糖業政策的保護與影響，糖蜜酒精是解決製糖會社糖蜜難題的解藥，因而總督府以免稅強化臺灣酒精在日本市場的競爭力，1912年臺灣產量超過日本，1915年之後更獨占了日本國內工業酒精市場，迫使日本酒精業者轉而研製合成燒酒。臺灣總督府擔心工業酒精免稅而造成糖蜜酒逃漏稅，乃自1909年針對酒精工廠設廠採用許可制度。1922年（大正11）酒專賣時，飲料用的糖蜜酒納入專賣，而工業酒精並未列入專賣，乃發布臺灣酒精令進行管理，並將設立酒精工廠的許可權移交專賣局，專賣局則以生產糖蜜原料做為設廠條件，當時只有近代製糖廠在製造過程中生產糖蜜，因而乃在政策規定下，形

塑了酒精工業為製糖業副業的產業結構。這樣的產業結構相當穩定，市場與技術、經營者都是日本人，一直維持到戰後製糖工廠被接收改組成為國營事業。[7]

　　臺灣糖蜜酒精工業建立之後，發酵菌成為主要技術改良研究重點，由臺灣總督府中央研究所的中澤亮治博士率領團隊進行研究。中澤從臺灣產糖蜜、糖蜜發酵液、白麴及米酒膠中分離出數百種酵母，檢驗在糖蜜裡的發酵能力，並進行中間工業試驗，選出優良酵母，並與其他熱帶地區使用的酵母比較。經過長期的努力，確認了研究所標本396號酵母是最優秀的酵母，1930年（昭和5）臺灣製糖會社的眾多酒精工廠都使用研究所標本396號酵母。[8]這是日治時期糖蜜酒精工業最大的技術突破。

（二）糖蜜與代用燃料

　　戰前日本工業酒精幾乎都由臺灣供應，戰後日本改而向臺灣進口糖蜜生產工業酒精，戰前戰後的重大轉變始自1930年代，主要影響因素是日本的代用燃料政策。

　　1931年（昭和6）九一八事變前後，國際情勢緊張，日本備戰氣氛日漸濃厚。日本石油資源缺乏，平時石油能源依賴輸入，然而日本主要石油供應國——美國、英國，也是日本的假想敵，可以料想戰爭一旦發生，取得石油是困難的，而飛機、戰車、汽船、卡車等沒有油料只得停擺。對日本而言，確保戰爭時的燃料只有兩個方法，第一個方法是強化石油探勘與生產，第二個方法是發展代用燃料。1933年（昭和8）日本召開「燃料協議會」討論，制定具體的燃料政策，將無水酒精列入振興方策實施要綱之中，積極增產無水酒精做為汽油之輔助品，無水酒精成為日本代用燃料而受到重視。

---

[7]　前引高淑媛《臺灣近代化學工業史（1860－1950）：技術與經驗的社會累積》，頁95-116。
[8]　中澤亮治、武田義人、陳泗滓〈優良酵母の檢索〉，《日本農藝化學會誌》73（1930年10月），頁884。

　　日本提出汽油與無水酒精混用構想主要吸收德、法等國之經驗，臺灣經驗也有影響。因爲1920年代臺灣砂糖產量增加，糖蜜製造成酒精的產量隨之增加，超過日本市場消費能力，出現生產過剩。總督府協助製糖會社解決酒精生產過剩的方法之一是進行研究，開拓酒精做爲汽車燃料的新用途。糖業聯合會提供研究經費一萬元，總督府中央研究所技師萩原昌二全力投入研究，1927年（昭和2）取得「內燃機關用液體燃料添加劑的製造方法」之專利，利用苗栗產石油，在攝氏280度以下分餾出比重0.866以下的石油與酒精混合，生產變性酒精做爲燃料。[9]1928年在屏東飛機場試用變性酒精試飛，並使用福特汽車加變性酒精從臺北開到陽明山，與汽油的效率進行比較。[10]1929年（昭和4）4月總督府修訂「臺灣酒精令」認可燃料用變性酒精的製造，並免除其稅以降低成本。[11]但變性酒精生產技術仍有困難，價格也沒有競爭力，需要研究之處仍多。[12]雖然變性酒精仍在實驗階段，但是臺灣經驗讓日本軍方對燃料酒精有所認識，應該是日本採用無水酒精的原因之一。1936年（昭和11）7月日本再度召開燃料協議會，並具體提出汽油與無水酒精混用的政策，無水酒精進入計畫生產階段。[13]

　　無水酒精與工業酒精不同之處是含水量的多寡，工業酒精含水量約

[9]　此一方法最大的缺點是低溫時不易點火，因而僅爲臺灣採用；同時成本也不算低，1石增加55錢的成本（臺灣1930年左右1石酒精的成本爲16.25元）。萩原昌二〈燃料添加劑に就て（下）〉，《臺灣日日新報》，1927年12月6日，3版；燃料研究所編《燃料研究所彙報》（埼玉，燃料研究所，1931年7月），頁59-66。

[10]　臺灣日日新報社編《產業臺灣の一轉機》，〈臺北，臺灣日日新報社，1930年），頁97。

[11]　〈本期酒精大增產　爲變性酒精代石油用〉，《臺灣日日新報》夕刊，1928年7月6日，4版；〈酒精令改正で當業者大喜び〉，《臺灣日日新報》，1929年3月20日，2版；〈工業及燃料方面に酒精の用途新開拓〉，《臺灣日日新報》，1929年1月26日，3版。

[12]　臺灣總督府《臺灣總督府臨時產業調查會會議錄》（臺北，臺灣總督府，1930年11月），頁2-5；12-14；臺灣總督府《臨時產業調查會答申書臺灣產業計畫說明書》（臺北，臺灣總督府，1930年11月），頁72-73。

[13]　通商產業省化學工業局アルコール事業部編《アルコール專賣事業三十年史》。東京，發酵協會，1969年11月），頁14-20；〈我國燃料政策の經過並現況〉，和田文庫藏《燃料問題資料》，收藏於通產省圖書館；〈無水酒精の製造と糖業政策の轉換〉，《工業日本》6：8（1938年8月），頁17。

5%，無水酒精含水量必須接近零，因而酒精蒸餾時要添加脫水劑除去水分，需要技術研究。總督府中央研究所及專賣局、製糖會社的工程師共同組織「臺灣釀造研究會」，自1933年秋開始著手蒐集、翻譯海外製造無水酒精的文獻，也開始檢討蒸餾技術等，1934年（昭和9）臺灣總督府糖業試驗所編列預算開始進行無水酒精製造試驗，1937年（昭和12）戰爭發生後，製糖業者緊急進口脫水設備投入生產，產品全部出口到日本。但是臺灣一地的產量無法滿足日本需求，日本專賣局在日本設廠生產無水酒精。戰爭結束後便宜的石油再度大量進口，不需要無水酒精，日本的無水酒精工廠乃改而生產工業酒精，取代了戰前的臺灣酒精。[14]

以糖蜜及番薯爲原料之丁醇，是另一項與日本燃料國策密切相關的產品。丁醇是合成高級汽油的原料，也是溶劑，且可以合成橡膠等，用途相當多。丁醇以合成高級汽油爲目標，1942年（昭和17）3月起被列入液體燃料計畫中開始擴充生產，主要的生產地即是臺灣。因爲臺灣自1929年就開始正式研究以發酵法生產丁醇的技術，當時是爲了供應日本工業界有機溶劑，由總督府中央研究所工業部技師中澤亮治、牟田邦基投入技術研究，1937年已經完成用糖蜜、番薯發酵製造丁醇的技術，並由臺灣拓殖株式會社投資設廠，1938年（昭和13）開始生產，海軍也視之爲重要軍需而加以援助，1941年（昭和16）生產能力達2,500噸，是日本帝國裡規模最大的一個丁醇工廠，產品繳納海軍。[15]1941年日本無法進口丁醇，必須緊急增產，1942年拓務省設立丁醇應急增產對策委員會，軍方將主要生產計畫移到臺灣。戰爭中臺灣製造丁醇技術有突破的是大日本製糖，約在1942年找到一種新的菌

[14] 前引高淑媛《臺灣近代化學工業史（1860－1950）：技術與經驗的社會累積》，頁117-135。
[15] 〈拓務大臣請議臺灣總督府工業研究所官制中改正ノ件〉，日本國立公文書館，1941年6月；褚塡正〈戰時「臺灣拓殖株式會社」之研究─試析嘉義化學工廠（1939－1945）（上）〉，《臺北文獻直字》141（2002年9月），頁87-118；〈戰時「臺灣拓殖株式會社」之研究─試析嘉義化學工廠（1939－1945）（下）〉，《臺北文獻直字》142（2002年12月），頁87-121。日本本土已設廠中規模最大的爲日本窒素，採用合成法，生產能力僅360噸。

可以用同量糖蜜原料生產更多丁醇，也得到了專利，先在虎尾酒精工廠實驗生產證明可行，在軍部要求下集中力量生產，在戰火中物資極度缺乏時仍然於1945年著手建設苗栗以及龍岩兩家丁醇工廠，工廠當未完成戰爭已告結束。[16]

（三）蔗渣製紙的技術研究

　　甘蔗糖業的另一項重要副產品為蔗渣。蔗渣是傳統糖廍的燃料，也是近代製糖工廠內部設立之火力發電設備用燃料，屬於貴重資源。蔗渣含有大量纖維，近代大規模製糖工廠將蔗渣原料大量集中，並且年年生產，構成蔗渣做為纖維工業原料的有利條件，第一次世界大戰期間日本進口紙漿困難，國內供給短缺時，經營製糖業的鈴木梅四郎投入研究，採用燒鹼法將蔗渣製成紙漿。但是要完成世界上第一個蔗渣紙漿工廠並不容易，臺灣總督府連續數年補助燒鹼法之製造研究與實驗費用，仍然無法達成商品化目標。

　　日本學術界也注意到了臺灣蔗渣製紙的有利性。日本九州帝國大學教授丸澤常哉發表亞硫酸法蒸煮劑的本質及作用等研究成果，提出蒸煮禾本科纖維原料使用重亞硫酸鹽法的可能性，並由參與研究的萩原鐵藏將理論實際應用在蔗渣製紙，1931年萩原鐵藏在日本取得「用重亞硫酸的混合液在密閉罐內蒸煮析出纖維之製造法」的專利。[17]萩原鐵藏與大阪特種紙料工業所到臺灣實地試驗後，1932年（昭和7）總督府補助1.23萬元進行亞硫酸鎂法蒸煮實驗，證實技術可行。[18]

　　正式將萩原鐵藏之亞硫酸鎂法專利用在工業生產，讓蔗渣製紙商品化者是日本國內的製紙技術者大川平三郎所率領的團隊。他們投資100萬，1933

[16]　山口藍〈甘蔗の副產事業〉，大日本製糖株式會社《同心》昭和17年2月號抽印本，頁4-5；社団法人糖業協會編《近代日本糖業史（下卷）》（東京，勁草書房，1997年4月），頁402-408。
[17]　昭和6年特許出願公告第1081號，〈バガス〉紙料製造法。特許局，《特許公報》627號（1931年3月25日），頁83。
[18]　臺灣總督府《臺灣總督府事務成績提要》（昭和7年版）（臺北，成文出版社，1985年3月覆刻版），頁505；加藤晴治《バガス纖維及其利用》（東京：碩學書房，1950年5月），頁207，222。

年7月在羅東設立臺灣紙業株式會社，購買萩原鐵藏亞硫酸鎂法的專利，技師長大川理作不但用蔗渣製造紙漿，同時也嘗試利用附近山區的芒草爲原料，用亞硫酸鎂法成功製造出品質優良的紙。芒草的纖維具有柔軟性，與蔗渣之硬質纖維正好可以互補，因而臺灣紙業乃以蔗渣、芒草爲原料，印刷用紙使用7成芒草、3成蔗渣紙漿，命名爲「蘭陽印刷紙」，由大同洋紙、中井洋紙、富士洋紙等三家商店代理，銷售到日本市場。[19]1934年臺灣總督府贈予6萬元的機械設備補助金。[20]蔗渣製紙事業在產業界及學術界投注多年心力、資本，總督府長期的財政補助，歷經約17年的研究，終於在擁有豐富經驗製紙技術人大川平三郎領軍下成功地商品化。

蔗渣紙漿技術研究成功之後，擁有蔗渣原料優勢的製糖資本相繼投入設立大規模現代化製紙工廠，製紙業產值在短期內大幅提高，1942年的產值已經接近2,000萬，爲臺灣最重要的化學工業之一。1945年終戰時，臺灣擁有生產紙張的臺灣興業，生產紙漿的臺灣紙漿、鹽水港紙漿，以及生產牛皮紙的東亞製紙，這4家在當時屬於大型工廠，除了臺灣興業之外都是由製糖資本投資的。此外還有臺北士林生產黃板紙的臺灣製紙以及19家生產日本紙的小型工廠，大致可以維持島內市場供給均衡。[21]

製糖業因技術研究，由糖蜜及蔗渣等副產品衍生工業酒精、代用燃料、紙漿等重要產業，被總稱爲製糖化學工業，發展歷程可以歸納出幾個重點：第一，主要是購買外國設備、引進外國技術並加以改良；第二，無法引進外國技術之產品，則由總督府的研究機構及日本學術界負責技術研究，成功後再移轉給業者，臺灣近代製糖業者是主要投資者；第三，產品以出口供應日本爲主，因而製糖化學可以說是日本產、官、學界共同合作完成的產

[19] 由於羅東山區的芒草長的又高又大，因而會社稱之爲「鬼萱」。臺灣紙業株式會社《臺灣紙業株式會社略史》（宜蘭：臺灣紙業株式會社，1935年8月）。
[20] 臺灣總督府《臺灣總督府事務成績提要》（昭和9年版）（臺北，成文出版社，1985年3月覆刻版），頁486。
[21] 前引高淑媛《臺灣近代化學工業史（1860－1950）：技術與經驗的社會累積》，頁137-154。

業，總督府提供財政補助，技術研究成功後主要由日本資本家或總督府投資設立大規模工廠，資本、技術都由日本人主導，透過技術研究，將原本生產過程中產生的沒有價值或價值很低的副產品，打造成可以販賣的商品，具體呈現化腐朽爲神奇的力量。

二、專賣局與芳油產業研究

　　日治時期最能表現臺灣生產技術研究成果的原創性商品是芳油，與樟腦產業有關。

　　清末的樟腦生產到了日本時代，技術變化並不算大，突破性的發展出現在樟腦副產品樟腦油的利用。樟腦是臺灣與日本的特產，樟腦生產過程出現的樟腦油，清代時被視爲沒有用途的廢棄物而丟棄在山野，到了日治時期由臺灣總督府與日本產業界共同研究加以利用。首先運用日本樟腦業已經發展出來的再製技術，將樟腦油製成樟腦出口，接著日本學術界發現樟腦油含有樟油精，樟油精是化學合成香料的重要成分，總督府委託日本東京帝國大學投入研究，發展出白油、赤油等副產品外銷，日本產業界再以白油、赤油等副產品爲原料發展合成香料產業，到了1930年代已經可以製造超過20種的合成香料，供應醫藥、香水、香皂及食品等產業使用，不但用途很廣，而且單價相當高，也讓樟腦業出現了更大的發展空間。但是這些研究是在日本發展的，加工製造也在日本，臺灣只是扮演提供原料的角色。臺灣總督府專賣局還有一種商品叫芳油。芳油含有沉香醇，是臺灣的特殊資源，成爲總督府技術研究的主要對象，是本文的分析重點。[22]

　　芳油從芳樟樹提煉。芳樟原來的名稱叫臭樟，是樟樹的一種。清代臺灣

---

[22] 高淑媛〈日治時期臺灣總督府的芳油研究與資源利用〉，《第八屆臺灣總督府檔案學術研討會》（南投：國史館臺灣文獻館，2015年5月），頁595-613。本節摘錄重點。

社會稱為「臭樟」的樟樹，無法結腦，腦丁們傳言如果可以結腦的本樟裡混有臭樟，製腦時會融出很多腦油而減少產量。腦丁們為了確保產量，必須避免砍到臭樟，但是因為兩種樹的外表相似，無法用肉眼輕易辨識，腦丁們乃從經驗中學會了摘樹葉揉一揉、聞一聞，用香味分辨的方法，遇到臭樟就不砍，臭樟就是這樣被保留下來。[23]

　　日治時期實施樟腦專賣後立即調查樟樹資源，發現臭樟蘊藏量仍然相當豐富，專賣局長祝辰已的知識背景，讓他重視臭樟的可能價值，1901年聘請東京帝國大學藥學系出身的永井一雄進行研究。永井一雄一聞到臭樟所製精油的味道就發現與樟腦油味道不一樣，帶有一股佳快的香氣，與昂貴的佛手柑油、薰衣草油這些精油特有的香氣類似。1907年，專賣局依據永井一雄的研究結果，在南門工廠試製臭油，1909年1月製出試製品，送給德國、英國及法國的香料業者們鑑定，調查歐洲香料商對臭油的接受度、市場需要量，1912年開始正式生產，成為總督府專賣局樟腦相關產品之一。這種新商品含有大量沉香醇（linalool），是香皂與香水原料，因而專賣局在1915年7月以總督府訓令第105號將臭樟改名為芳樟，臭油隨之改名成芳油。[24]臭樟一直聳立在臺灣這塊土地上，它的價值在日本時代被發現，主要是因為分析與合成等化學知識與技術的進步，這項新商品從注意到可能價值、投入研究到正式生產、推出商品，前後合計約12年。

　　臺灣專賣局開始生產芳油的時間點，剛好是日本合成香料產業萌芽的時代。1914年第一次世界大戰發生後，日本國內進口香料困難，香皂、化妝品業者取得香料原料有困難，價格高漲，誘使業者投入合成香料之生產，臺灣產芳油剛好可以提供原料，乃是日本合成香料產業的重要競爭力來源。1930年代臺灣專賣局的芳油品質與產量都大幅增長，是歷經長期專業研究累積後所成就的事業，技術研究的動力主要來自合成樟腦的競爭壓力，以及合成香

---

[23] 永井一雄《臺灣產芳香揮發油『臭油』之研究》（臺北：臺灣總督府專賣局，1912年3月），頁1-2。
[24] 松下芳三郎《臺灣樟腦專賣志》（臺北：臺灣總督府史料編纂委員會，1924年），頁657。

料之市場需求。

　　依據永井一雄的研究報告，芳樟油中除了芳油之外，也含有約35%的樟腦成分，而且芳油與樟腦的沸點很接近，用蒸餾法難以完全分離，芳油中含有少量樟腦成分，會散發出樟腦味道，降低了芳油品質，因而如何將芳油與樟腦成分完全分離，是技術研究重點。第一次世界大戰期間，因為樟腦需求增加，專賣局曾將生產重點放在樟腦，先用硫酸把芳油變性為白油，然後用蒸餾法取出樟腦，芳油大部分被犧牲掉了。1922年芳油工廠建設完成，1923年（大正12）改變製法，先用直火加熱將芳油取出後，再用硫酸變性取出樟腦。這種方法雖然可以生產較多芳油，但是製程繁複，不但製程中損失量龐大，生產成本也很高，專賣局領悟到以這種程度的生產技術，芳油並沒有國際競爭力。另一方面，國際上沉香醇（linalool）價格上漲，加上日本的合成香料產業漸漸發達，芳油價值提升，都是專賣局積極改良芳油生產技術的動力。[25]

　　另一個更大的研究動力來自合成樟腦的壓力。天然樟腦產地侷限於東亞，臺灣為最主要產地，具有壟斷性質，因而西歐工業化國家很早就投入合成樟腦的研究。第一次世界大戰時海上航運困難以及戰爭時的火藥需求，強化研究動能，乃由德國研發成功。戰時取得的成果在戰後繼續發酵，第一次世界大戰結束後，合成樟腦開始供應世界市場。德國的合成樟腦產品正式上市，讓1920年代臺灣總督府的樟腦事業面臨困境，最大需要地美國市場的天然樟腦價格一跌再跌，專賣局販售的樟腦數量在1923年為586萬斤，之後年年減少，乃不得不於1926年（昭和元）7月及1927年1月兩度降低售價，仍無法維持販賣量，1927年銷售量減少為324萬斤。專賣局獨占世界天然樟腦市場的優勢消失了，轉變成為必須與合成樟腦競爭，加上1920年代世界陷入慢

---

[25] 星野不二男〈官營樟腦工廠四十年史〉，《久須乃木》10（1939年8月），頁120-126。星野不二男繼池田鐵作之後出任南門工廠長。

性的經濟不景氣，也降低了出口量。[26]樟腦專賣事業因為合成樟腦的挑戰而陷入前所未有的困境。

　　臺灣專賣局把天然樟腦的未來希望放在合成香料產業，首要之務就是改良芳油品質。臺灣總督府中央研究所的加福均三博士與市川信敏、加藤亮共同研究，1925年（大正14）10月取得從芳油中除去樟腦成分的專利，加入一種特別的藥品，讓樟腦沉澱後與芳油分離。[27]同時加福均三與專賣局南門工廠的北村喜三郎共同設計全新的連續性真空蒸餾裝置，1925年開始改建工廠，到了1930年完成。1931年實際操作時出現各種障礙，無法取得預期成績，這是因為連續性真空蒸餾裝置的操作溫度高，原料是酸性的，設備容易腐蝕，而且對於精密度要求也很高的緣故。專賣局下決心再度改造設備，找日本機械專家重新設計機械，解決蒸餾過程中出現的各種難題，1933年南門工廠的新蒸餾塔終於順利運轉，製出品質極佳的左旋13度芳油。這套連續性真空蒸餾裝置，不但是當時世界中精油工業規模最大的，而且屬科學化的一貫作業，可以同時蒸餾芳樟油及本樟油，產出芳油、再製樟腦、赤油、白油等等各種產品，品質以及產量同時提高。[28]中央研究所是臺灣總督府直屬的研究機構，專賣局也是直屬於總督府，研究所與專賣局之間共同努力，人才互相支援，臺灣的芳油生產技術有了大幅提升，生產成本降低，芳油品質也提升了，強化了樟腦業的國際競爭力。

　　從芳樟採取芳油的技術，乃是利用既有的樟腦生產技術，但以蒸餾分離芳油與樟腦的分餾技術，不管是在德國、日本，原理都是一樣的，是用不同物質的沸點特性，如同釀酒時最後的蒸餾過程，如果沸點不同就不是太困

---

[26] 臺灣總督府專賣局《臺灣總督府專賣局事業第廿五至廿七年報》（臺北：臺灣總督府專賣局，1929年），頁149-151。

[27] 〈芳樟油から香料を取る新しい方法發見〉，《臺灣日日新報》夕刊，1924年11月29日，2版。特別的藥品依照特許資料是「フェロシアン水酸素」。

[28] 前引星野不二男〈官營樟腦工廠四十年史〉，《久須乃木》10（1939年8月），頁120-126；日本專売公社編《樟腦專賣史》（東京：日本專売公社，1956年），頁732-734。

難。但是因為芳油與樟腦兩者沸點相近，就必須研究找出可以分離兩者的其他方式，例如加入化學藥品讓樟腦沉澱，或加入硼酸與芳油作用抽出脂等，這些技術都是純化芳油所需要的獨特技術，是無法直接從國外移殖進來的。從這一點來看，移殖近代技術並不是單純地將國外的設備、生產步驟引進來就可以的，負責移轉技術的人才必須擁有相關知識，針對原料以及環境的特性進行調整。近代技術擁有世界共通性的同時，也具有地域的特殊性，從國外導入近代技術的社會，也必須有能力消化、吸收，然後針對本地特性加以進行調整，讓導入的外來技術可以和本地地理及資源順利結合，才能移殖成功。總督府從1901年投入芳油研究，到了1933年成功地生產高級芳油，經歷了極為漫長的時間，投入可觀的專業人力，需要長期的經費支持，主其事者也需要有極強的專業知識，成本相當高，而且這是需要各種專業知識背景的技術，很難透過現場學習累積經驗。

臺灣發展芳油及其加工產業的過程中，技術研究以及合成香料產業的經營，都看不到臺灣人的參與，影響到戰後臺灣的芳油與香料產業。戰後國民政府到臺灣接收時，在專賣局之下設立樟腦科管理芳油生產，但業務沒有起色。1947年（民國36）7月，歷經二二八事件後專賣局改稱公賣局時，樟腦業務移交給臺灣省政府建設廳經營，業務仍然不振，於是出現廢止樟腦專賣的聲音，到了1952年（民國41），建設廳廢除了樟腦局，結束了樟腦專賣制度。但是因為樟樹資源幾乎都分布在國有林地，資源仍然由政府控制，等於實際上樟腦業仍然是由政府管制。1950年代雖然曾經出口芳油，但數量約只有1.5噸，加上樟腦滯銷，[29]臺灣的樟腦業盛況不再。日治時期因為樟腦資源而發展出具有國際特殊性的芳油產業，在日本人離開後漸漸沒落，相對的，當技術研究者回到日本之後，積極培育芳樟並製造芳油，供應日本香料界原料之外並曾經出口，佐證了人才是最重要的資產。

---

[29] 戰後日本也推出人造樟腦與天然樟腦競爭。前引日本専売公社編《樟腦專賣史》，頁971-974；〈商品評介芳油〉，《徵信新聞》1953年9月4日，4版。

三、1930年代軍需工業化的兩種技術源流

　　清末的重要出口商品糖與樟腦，在日本統治時代透過長期的技術研究，到了1930年代發展出製糖化學、合成香料等過去所沒有的新產業，由臺灣總督府及日本資本家經營，採用具有規模經濟特性的現代工業生產方式，都在1930年代發展成熟。1930年代也是臺灣軍需工業化的時代，這些產業與軍需工業化是否有關連？回答問題之前需要先檢討1930年代臺灣軍需工業化的內涵。

　　1930年代臺灣總督府展開軍需工業化，有幾個原因：第一是南進政策，爲了協助日本南進，臺灣以其經濟及地理條件，必須調整經濟體質，建立工業，利用南洋及華南之原料在臺灣加工後，將工業產品外銷，形成「工業臺灣、農業南洋」；第二是支援日本的重化工業，日本在1930年代的工業結構已從輕工業轉爲重化工業，但許多原料必須進口，臺灣的日月潭水力發電建設完成後，可以利用廉價電力及進口原料，生產日本重化工業所需的鋁、鐵等原料；第三，日本帝國準備戰爭，爲強化經濟及戰鬥力，臺灣必須工業化以滿足內部需求。進行臺灣軍需工業化的主導者是總督府，自1930年召開臨時產業調查會之時就開始擬定臺灣工業發展方針，但因臺灣工業之發展必須避免和日本競爭，同時也需顧及日本的軍事需求與政策，遲遲無法決定，直到1938年才配合日本中央制定的生產擴充政策全力發展，確立了臺灣工業化的方向。生產擴充政策的項目以金屬、化學、機械車輛等爲主，特別偏重與軍需有關的重化工業。1941年戰場擴大，日本物資不足且海運困難，爲使臺灣經濟能夠獨立，工業自給自足也是目標之一。總督府爲了執行政策，誘致日本資本來臺投資，同時由政府投資交通與電力建設、強化工業教育培育技術及研發人才，並在戰時物資配給時優先供應軍需工業的資金、勞力及原料等。在政府全力推動之下，臺灣的工業結構在1930年代出現轉變。[30]

---

[30] 葉淑貞、劉素芬〈工業的發展〉，臺灣省文獻委員會《臺灣近代史經濟篇》（南投：臺灣省文獻委員會，1995年6月），頁226-229。

　　1930年代臺灣軍需工業化政策是因應日本需要而產生的，實施方向以供應軍需為主，但也有臺灣經濟獨立、工業自給自足之次要目標，而生產擴充政策為核心內容。日本中央制定戰時生產擴充政策，分配給臺灣負責的項目，一方面是由資源局來臺調查工業生產及資源蘊藏，同時由總督府提出計畫，中央再綜合日本帝國的需要之後加以調整。歷經此一過程所決定之生產擴充政策的具體內容，如下表〈7-1〉。

表7-1　1939-1945年臺灣戰時生產擴充產業計畫內容

項目	列入年	單位	1939	1940	1941	1942	1943	1944	1945
特殊鋼及鍛鑄鋼	1939	噸	120						
銑鐵（普通銑）	1939	噸	1,310				21,000	17,000	
鎳	1939	噸	250	170	30				
鎂	1939	噸	5	150	210	600	660	503	
鋁	1939	噸	8,138	10,000	13,825	17,000	20,428	25,000	27,000
無水酒精	1939	公升	27,024	33,883	15,000	36,000	32,000	19,900	
工業鹽	1939	噸	42,010	54,500	75,536	150,000	80,000		
製紙用紙漿	1939	噸	43,880	55,006	45,000	50,000			
鑄鋼	1940	噸		5,000	3,000	3,000	3,000	3,800	
合金鐵	1940	噸		7,700	6,000	6,000	6,192	5,300	
鹼性蘇打	1941	噸			1,500	6,600	7,900	10,000	
水泥	1941	噸			250,000	310,000	421,000	350,000	
石綿	1942	噸				400	660		
丁醇	1943	公升					3,420		
丙酮	1943	公升					1,710		
含水酒精		公升						59,600	

資料來源：(1)1939-1943年度計畫—企畫院生產擴充年度計畫。(2)1944-45的計畫：依國民經濟研究協會、金屬工業調查會編《生產力擴充計畫と其の實績》（編者，1946年10月15日）。

註：(1)鎳自1942年度雖未列出計畫產量，但仍實際進行生產至1944年；石綿、丁醇、丙酮則因屬軍事機密而未明示，但仍進行生產。

　　從〈表7-1〉的具體內容分析生產擴充計畫和臺灣工業的關係，有幾點特色：第一，前述酒精、無水酒精、丁醇、蔗渣紙漿等製糖化學，占有重要地位。臺灣總督府及製糖業、日本學術界共同合作主導的副產物利用研究，原本即爲了日本工業界之需求，1930年代成果出現後也被日本帝國納入政策之中；第二，利用電力當能源的「電氣化學工業」是另一個重點項目。電氣化學工業指利用電力爲動力的工業，包括金屬製造、金屬精鍊、化學肥料的製造等，是1934年日月潭發電工程完成後新發展的工業，實際設廠生產的包括電氣爐製鐵、鋁的製鍊（日本鋁）、以電解法製造蘇打與鎂、鎳的製鍊（東邦金屬製鍊株式會社）等，這些產業都被視爲戰時軍需重要工業，因爲鋁、鎂、鎳等金屬是供應飛機製造的原料，鐵和蘇打爲機械與化學工業的基本重要材料。[31]臺灣有豐富的水力資源，日治時期政府重視水力發電建設，如日月潭及花蓮的立霧溪等，因而構成利用大量電力發展電氣化學工業之特色，技術則是日本自國外移植或購買的。

　　實際負起生產擴充政策任務的會社如下〈表7-2〉。24家工廠中，設立時間在1938年及其以後者有15家，占62.5%，主要出資者中，臺灣方面以臺灣銀行、臺灣電力、臺灣拓殖株式會社等政府主導的國策會社及製糖會社爲主，主要投資鹽、糖及電力相關之產業，三井、三菱、古河等日本資本家來臺投資的項目很多，有部分與臺電等共同投資，基本上大多屬於具有現代性的電氣化學工業。

---

[31]　臺灣商工會議所編《臺灣の特產と新興品》（臺北：臺灣商工會議所，1943年1月1日），頁41-54。

表7-2　戰時生產擴充計畫負責工廠資料表

製品種類	工廠名	設立年	社址	資本（萬）	主要出資者
銑鐵	臺灣重工業株式會社	1943年	汐止	1,500	壽重工業，今村奇男，南海興業，津田信吾
	高雄製鐵株式會社	1943年	高雄	500	大西甚一平，山內六太郎，葛野政治
鎳	東邦金屬製煉株式會社花蓮港工廠	1938年	花蓮港	1,000	古河電氣，日糖
鎂	旭電化工業株式會社	1917年	東京	1,000	古河合名，帝國生命
鋁	日本アルミニウム株式會社高雄工廠、花蓮港工廠	1935年	東京	6,000	三菱礦，三菱社，臺電，日本輕金屬
工業鹽	南日本鹽業株式會社	1938年	臺南	1,000	大日本鹽業，臺拓，臺灣製鹽
紙漿	臺灣興業株式會社	1935年	羅東	1,200	臺灣證券，大川合名，松本眞平
	臺灣パルプ工業株式會社	1938年	大肚	1,000	日糖，赤司初太郎，鐘紡
	鹽水港パルプ工業株式會社	1938年	新營	2,500	鹽水港製糖
鑄鋼	株式會社櫻井電氣鑄鋼所	1939年	臺北	100	櫻井組
	株式會社臺灣鐵工所	1919年	高雄	400	日糖，鹽糖，神鋼，臺銀，灣糖
	臺灣船渠株式會社	1937年	基隆	500	三菱電工，臺灣銀行，大阪商船，臺電
	前田砂鐵鋼業株式會社	1923年	八堵	220	前田清作，臺銀
	興亞製鋼株式會社	1939年	臺北	80	杉原產業
合金鐵	臺灣電化株式會社	1935年	基隆	200	電氣化學工業，臺灣電力
鹼性蘇打	南日本化學工業株式會社	1939年	高雄	1,500	日曹，臺拓，大日本鹽業
	鐘淵曹達工業株式會社	1938年	神戶	1,000	鐘淵實業
	旭電化工業株式會社	1917年	東京	1,000	古河合名，帝國生命

水泥	臺灣セメント株式會社	1937年	高雄	500	淺野證券
	臺灣化成工業株式會社	1939年	臺北	750	臺拓，臺電，臺灣化學工業，內外商會
	南方セメント工業株式會社	1942年	臺北	400	南海興業，臺灣電力
石綿	臺灣石綿株式會社	1941年	臺北	100	臺拓，砂田鄰太郎
丁醇、丙酮	臺灣有機合成株式會社	1941年	新竹	500	高砂化學，旭電化，帝國人絹
	臺拓嘉義化學工廠	1943年	臺北	2,000	臺拓直營

資料來源：(1)1939-1943年度企畫院生產擴充年度計畫。(2)臺灣銀行調查「臺灣ニ於ケル主要工業會社調」（昭和17年末現在）。(3)〈臺灣に於ける鐵工業〉，《臺灣金融經濟月報》156號（昭和17年10月號），頁18。

註：(1)特殊鋼及鍛鑄鋼等僅於1939年度出現，且並未實際生產，因而省略。(2)無水酒精：臺灣製糖株式會社橋仔頭及阿緱工廠、明治製糖株式會社南靖工廠、大日本製糖株式會社虎尾工廠、鹽水港製糖株式會社新營及高雄工廠、昭和製糖株式會社苗栗工廠、帝國製糖株式會社臺中工廠、臺東製糖株式會社臺東工廠負責生產。

　　由於生產擴充政策正式實施時，已經進入戰爭時期，生產擴充政策實際生產數量如下〈表7-3〉。表中實績之資料，大致1938年之後出現的戰時新設工業，包括銑鐵、鎳、鎂、丁醇、丙酮、鹼性蘇打等6項之中，以丁醇、丙酮、鹼性蘇打的成績較好，前者是臺灣自1929年開始進行研究的項目，後者則移殖日本自1910年代長期發展而來的技術。1938年已經在臺灣出現，被編入計畫而在戰時擴充的產業中，鋁、石綿、無水酒精、工業鹽、製紙用紙漿、水泥等6項取得較好成績；鑄鋼、合金鐵等成績不佳。

表7-3　1939-1945年生產擴充產業實際成績

	項目	單位	1939	1940	1941	1942	1943	1944	1945
新設	銑鐵（普通銑）	噸					4,239	13,235	
	鎳	噸	0	0	17	63	71	263	
	鎂	噸	0	0	107	304	407	317	
	丁醇	公升				1,000			
	丙酮	公升				500			
	鹹性蘇打	噸			1,631	5,093	6,636	6,636	
舊有擴充者	鋁	噸	7,657	8,762	12,547	13,498	24,597	9,636	
	石綿	噸	109	276	153	380	877	542	
	無水酒精	公升	19,390	27,285	19,116	33,913	24,504	10,833	1,145
	含水酒精	公升					46,895	48,704	17,256
	工業鹽	噸	2,309	18,134	77,093	143,498			
	製紙用紙漿	噸	22,502	43,216	46,593	37,327			
	水泥	噸	224,425	214,030	213,662	229,324	309,394	244,492	
	鑄鋼	噸	4,907	2,758	3,724	3,550	4,129	2,024	198
	合金鐵	噸	7,732	5,768	6,787	6,131	6,141	4,024	

資料來源：(1)1939-1941年度實績—企畫院1939-1943年度生產擴充年度計畫。(2)1939-44實績：臺灣省工業研究所技術室編《臺灣經濟調查初稿》（臺北，該所，1946年5月），頁305-306。

(3)1943-45的實績：依國民經濟研究協會、金屬工業調查會編《生產力擴充計畫と其の實績》（編者，1946年10月15日）。

註：(1)特殊鋼及鍛鑄鋼等僅於1939年度出現，且並未實際生產，因而省略。(2)丁醇、丙酮在1943-1945之產量因軍事上之考慮而未列出，並未停產。

四、日本資本轉變爲國家資本

歸納起來，日治時期乃是現代化生產技術及組織取代傳統手工業的重要時期，在殖民經濟政策影響之下，長期以食品工業爲主，持續成長，1933年之後重化工業的成長速度才開始加快，重化工業的比重在1933年約15%，

1942年增加爲28%，這種轉變主要由政府政策促成。[32]由殖民政府、日本財閥出資設立的工廠，大多採用會社組織，利用機械設備與動力，建設合乎近代資本主義規模經濟原則的大型工廠，例如近代製糖廠、酒精工廠、肥料工廠、水泥工廠、造船工廠、機械工廠、鍊鋁工廠、鹼氯工廠、製紙工廠等等，每種產業的工廠數不多，形成獨占或寡占事業。[33]

　　日治時期具現代性之重化工業，主要有兩種技術來源：第一，由日本資本家引進一些適合在臺灣生產，或是臺灣需要的、在那個時代相對先進的產業，大部分是臺灣傳統沒有的產業，屬於明治時代日本積極吸收歐美的近代工業知識與技術所建立的近現代工業再移殖，代表產業是造船、機械、化學肥料、水泥、鹼氯，主要目標是供應臺灣市場需求；鍊鋁業則以供應日本爲主；第二，臺灣總督府與產業界、學術界運用新知識與技術開發臺灣資源，在臺灣建立新的產業，又可分爲兩種：(1)融合臺灣傳統與歐洲技術的新產業，代表例子爲酒精工廠。(2)由日本人以臺灣的原料進行技術研究，成功後設廠生產，如蔗渣紙漿、丁醇以及合成香料的原料芳油。整體來看，日本人透過殖民統治，由日本資本家引進一些適合在臺灣生產的品目，並以出口供應日本需要爲主，供應臺灣需要爲輔，在那個時代相對先進的產業。但最有特色的產業，還是以臺灣原料，結合科學知識，進行技術研究的產業，蔗渣紙漿、丁醇以及芳油是代表產品。這些商品以清代興盛的糖及樟腦副產物爲原料，進行技術研究後投資生產，大幅提升糖與樟腦之附加價值，展現出臺灣化學工業的獨特色彩。這些產業發展最明顯的階段是實施戰時生產擴充計畫時，以軍需爲中心所建構的產業，包括總督府及日本產業界、學術界長期投入而發展的製糖化學工業，資本以及技術都由日本人主導，產品也是以供應日本市場、軍需爲主。

[32] 葉淑貞、劉素芬〈工業的發展〉，臺灣省文獻委員會《臺灣近代史經濟篇》（南投市，臺灣省文獻委員會，1995年6月），頁207-212。
[33] 周憲文《臺灣經濟史》（臺北：臺灣開明書店，1980年），頁524-622。日本財閥在臺灣經營之事業，基本上就是戰後的國營事業。

　　1945年臺灣政權再度轉移，國民政府接收日產之後，這些產業大部分被改組為公營企業，所有權由國家掌握，基本上是由國家資本取代日本資本，由國家主導製糖、肥料、紙、鋁、水泥、機械、造船、燒鹼等基礎產業。日治時期具現代性的製糖業、軍需工業成為戰後初期的公營企業，由國家資本取代殖民資本，形成國家資本主義體制，乃是不少殖民地工業獨立後的普遍現象。臺灣的特色在於1945年之後的轉變，民營中小企業快速成長，到了1960年已經取代公營企業，成為工業界之主要型態。從1930年代臺灣軍需工業、重化工業的角度來看，臺灣人的參與很少，但從長期變遷的角度來看，戰後臺灣工業化以民營中小企業為主，不少研究者主張臺灣民營中小企業的源流可以上溯到1930年代臺灣軍需工業化時期，因而解明1930年代以來臺灣人的工業參與動向，乃是了解戰後臺灣工業化的重要課題，將於下一章進行分析。

第八章　第二次世界大戰時臺灣人的工廠

　　臺灣傳統加工生產活動從十七世紀開始進行累積，到了十九世紀後期遭到西方工業革命衝擊時，臺灣人在政府獎勵下開始接觸並自主引進機械與動力，漸漸提高生產力。另一方面，臺灣總督府及日本資本亦將具現代色彩及規模經濟特色，並需要科學與技術結合之產業引進臺灣，在1930年代軍需工業化時取得絕對優勢。

　　1945年戰爭結束之後，臺灣人的工廠與日本人的工廠命運不一樣，臺灣人可以繼續經營自己的工廠，並以之為基礎繼續成長，積沙成塔之下在1950年代中期超越被接收為公營企業的日本人工廠，民營中小企業成為戰後臺灣工業生產恢復的主力，也是1960年代經濟自由化後，透過大量出口達成臺灣工業化的主導力量。

　　戰後初期臺灣人工廠的成長並非一蹴可及，基礎主要奠立在1930年代。1930年代之工業發展對戰後臺灣中小企業是重要的，戰時臺灣人積極參與工業經營。[1]臺南幫的新復興織布廠及唐榮鐵工廠的例證，顯示二戰前或二戰中設立的工廠，供應臺灣市場需求，戰前戰後延續發展。[2]臺南幫在戰前設立紡織廠，唐榮、大同等等在戰時設立鐵工廠，似乎未受到戰爭的嚴重衝擊。1954年（民國43）民營企業產值超越公營企業，民營企業有90%為臺籍經營，資本、技術主要來自戰前1930年代以來的社會長期累積。戰後臺灣工業化是由臺灣民間資本、中小企業主導的民需工業為主力所完成，歷史可以上溯到1930年代的軍需工業化時期，日本殖民政府推動軍需刺激相關產業成

本文曾以〈戰爭與臺灣社会的工業生產〉為篇名，在2015年8月舉行之「戰爭與臺灣社会」學術研討會口頭發表，並依本書脈絡調整，修改。感謝與談人謝國興教授惠賜高見。

[1]　葉淑貞〈從歷史角度剖析臺灣戰後工業發展的特徵〉，《中國現代史專題研究報告(17)》（臺北，中華民國史料研究中心，1995年5月），頁508-610；葉淑貞〈臺灣工業產出結構的演變：1912－1990〉，《經濟論文叢刊》24：2（1996年6月），頁227-274；やまだあつし〈1930年代の臺灣人企業家‧試論〉，《京都大學人文學報》74（1994年3月），頁67-94。

[2]　謝國興《企業發展與臺灣經濟：臺南幫的個案研究》（臺北：中央研究院近代史研究所，1994年）；許雪姬〈唐榮鐵工廠之研究，1940－1955〉，收於《高雄歷史與文化論文集（第二輯）》（高雄：陳中和翁慈善基金會，1995年），頁155-199。

長，日月潭水電工程完工後提供豐富且便宜之電力，以及近代工業教育培養之人才累積等，都是重要原因。

1930年代的全球經濟並不平靜，經濟大恐慌、第二次世界大戰紛踵而來，臺灣內部的軍需工業化、重化工業等與國防安全相關的產業，臺灣人參與機會很少，臺灣人的工廠卻是在這個危機的時代積極參與並奠定日後基礎，歷程值得關注。

臺灣人的工廠在1930年代的危機中出現明顯轉機，除了上述原因之外，與第二次世界大戰有關。第二次世界大戰的性質是所謂的總力戰，不問前方後方，人與資源幾乎全部被動員起來支持戰爭。主導戰時經濟的力量是國家，檢索史料可以看到臺灣在1930年代軍需工業化的同時也獎勵民需工業，臺灣總督府在第二次世界大戰時也振興收音機、電燈、農機具、藥品、鉛筆、漆器、陶器等等民需工業。[3]戰爭期間振興民需輕工業是日本國內看不到的現象，為何出現在殖民地？臺灣人扮演什麼角色？對戰後臺灣工業化有何影響？是本章討論的主要課題。

一、總督府振興民需工業政策

從統計數字來看，1925年之前臺灣人設立的工廠較少，1925年之後臺灣人比較積極設立工廠，1930年代之後更為明顯，大約每5年成長50%，1936-1940年期間也不例外。主要理由是日本殖民政府推動軍需刺激相關產業成長，同時日月潭水電工程完工後提供豐富且便宜之電力、近代工業教育培養之人才累積等都是原因。[4]除了這些經濟因素之外，政策因素也必須列入考

---

[3] 楠井隆三《戰時臺灣經濟論》（臺北，南方人文研究所，1944年11月）；隅谷三喜男、劉進慶、涂照彥《臺湾の経済》（東京，東京大學出版會，1992年2月），頁20-21。

[4] 謝國興〈戰後初期臺灣中小企業的殖民地傳承〉，謝國興主編《邊區歷史與主體性形塑》（臺北：中央研究院，2013年12月），頁45-67。

量，因為1937年進入戰爭時期，實施總動員政策，國家控制力強化，因而臺灣人設立工廠時也必須考量到政策面。

　　詳細檢視臺灣總督府的戰時工業政策，可以發現戰時殖民統治有特殊考量。臺灣戰時經濟政策是以生產力擴充及維持國民生活之安定為二大準則，[5]戰局危急的1943年（民國32），殖產局仍然明確指出當前首要目標在軍需及生產力擴充工業，或和此有緊密關係工業的擴充強化，其次為確立島內生活必需物資的自給工業化。[6]1944年（昭和19）情勢非常緊迫時，臺灣總督府發布「臺灣戰場態勢整備要綱」，動員臺灣之人力與物資投入陸海軍防衛措施以及作戰行動，目標與原則是急速增加戰場必須物資以及生活必須品之自給力，後者之目的在確保臺灣島民最低生活水準以維持秩序。[7]換言之，1930年代日本擴充軍需工業時，以及第二次世界大戰時，臺灣總督府的經濟統治政策一貫維持軍需、民需都重視的態度，重視民需的原因是維持國民生活之安定，以維持社會秩序。

　　總督府的經濟政策與日本不完全相同。日本帝國實施總動員計畫，動員物資、資金、人力，供應戰時軍事行動的各種需要之外，因為日本重工業生產能力遠比不上英、美等國家，因此還必須同時進行軍需生產擴充，緊急擴充基礎重工業及化學工業之產能，以增加軍需物資供給量。[8]總督府執行生產力擴充政策屬日本軍需動員的一環，但總督府以維持國民生活之安定為另外一大準則，與日本國內不同；總督府重視臺灣島民最低生活水準以維持秩序，則屬殖民統治的特殊性格，這是因為統治者必須滿足國民的最低生活要求，才能維持社會秩序，例如日本國內在1937年戰爭發生後，資源分配以軍

---

[5]　臺灣總督府《臺灣統治概要》（東京：原書房，1979年覆刻本），頁2。

[6]　殖產局總務課長藤田淳教的發言；第三個目標是維持和南方圈交易物資的生產工業。見東亞農業研究所編《臺灣農工調整問題懇談會記錄》（臺北：該會，1943年9月），頁18。

[7]　〈臺灣戰場態勢整備要綱二關スル件〉，《臺灣總督府公文類纂》昭和19年永久保存第1卷。

[8]　原朗〈日本の戰時經濟─國際比較の視點から─〉，載原朗編《日本の戰時經濟─計畫と市場─》（東京，東京大學出版會，1995年2月），頁3-38。

需、生產擴充產業優先，日本的民需產業自1937年產量就開始直線下降，[9]民需受到壓迫。但到了1945年度日本物資動員計畫的重點改放在民生必需品，也就是以僅剩的船舶盡全力進口滿洲的穀物及中國沿海的鹽到日本，確保國民主食的供給以避免發生內部動亂。[10]維持國民生活之安定以維持社會秩序是施政的最終原則，對殖民統治而言，這點更為重要。[11]

　　維持臺灣社會秩序必須確立島內民生基本物資的自給工業化之想法，出現在1937年初。日本帝國備戰氣氛濃厚的1936年，由海軍少將小林躋造出任總督一職，臺灣總督從文官轉換成武官。小林躋造為海軍出身，考慮戰爭一旦發生，臺灣和日本之間的海上運輸可能中斷，臺灣應該有某種程度的工業自給能力，而且找日本人來投資設廠也有利殖民統治。[12]小林躋造的考量乃是站在1930年代臺灣出口米糖並進口紡織品、生活用品等高度依賴日本的現實。1936年臺灣消費的工業品約有85%是依賴日本進口。臺灣從日本進口商品種類繁多，1940年（昭和15）是臺灣進口金額最多的一年，當年超過千萬的商品如下〈表8-1〉，可以看到1930年代後期，進入戰爭期間仍然大量進口，紡織品及紙是直接消費用，麻袋乃是包裝米糖之用，而鐵與鐵製品屬生產財，供應建築及機械工廠，肥料則是增產米的生產財，都屬臺灣社會需要的重要物資。

[9]　原朗編《日本の戰時經濟》（東京，東京大學出版會，1995年2月），頁8-11。
[10]　岡崎哲二《工業化の軌跡─經濟大國前史》（東京都，讀賣新聞社，1997年2月），頁185-203。
[11]　近藤正己《總力戰と臺灣》（東京：刀水書房，1996年），頁351-352。臺灣軍派遣到中國時動員臺灣人軍夫，雖然在身分上置於軍隊的底層，但待遇方面軍夫約為日本陸海軍二等兵的5倍，乃是考慮到必須維持被殖民統治者的最低生活而設計的制度。
[12]　小林躋造《支那事變と臺灣》（著者印行，1939年12月），頁38-39。

表8-1　臺灣從日本進口重要商品金額變化（1936-1943年）

項目 年代	紡織品	麻袋		紙	鐵	鐵製品	肥料	
	移入	移入	輸入	移入	移入	移入	移入	輸入
1936	1,932	250	336	541	1,626	653	2,849	1,928
1937	2,164	304	278	634	.	703	3,775	1,604
1938	2,336	885	261	718	.	995	4,488	1,724
1939	1,975	541	271	745	.	1,063	3,726	2,340
1940	1,655	1,285	118	1,008	2,205	1,195	4,203	1,926
1941	1,595	992	324	784	2,155	1,112	3,650	1,733
1942	4,039	988	79	582	1,009	888	2,549	1,723
1943	2,945	540	188	435	921	930	2,028	1,769

資料來源：整理自臺灣省行政長官公署編印《臺灣省五十一年統計提要》（1946年12月），頁952-961。

　　由於臺灣消費商品高度依賴日本，一旦供應中斷而影響民生，將不利維持戰時臺灣社會秩序，總督府在1937年3月提出「臺灣產業工業化政策ノ確立ニ關スル件」，這份文件中提出了7項（機械、鐵、玻璃、水泥、陶器、碳酸鈣、鋁加工業）以臺灣自給爲主要目的之產品。[13]這是總督府自領臺以來首次站在臺灣工業自給的立場思考發展方向，總督府的臺灣工業自給化政策，實際上落實在1937年到1942年工業獎勵補助工廠的名單上，整理如〈表8-2〉，包含鑄鐵、食品加工、香料、炭酸、漆器、木材利用、火柴、鉛筆、印刷墨水、陶器等等，種類繁多。

---

[13] 臺灣總督府殖產局《臺灣產業工業化政策ノ確立ニ關スル件》（1937年3月）。

表8-2　1937-1942年總督府工業獎勵補助對象

工廠名	補助金額	產品	年度	工廠代表者
杉原產業株式會社	15,000	豬肉加工	1937	大月義平
高砂香料株式會社	10,000	香料	1937	田頭孝義
公隆洋行羽毛精選工廠	10,000	羽毛精選	1937	（日資）
玉福米糠製油工廠	8,000	米糠油	1938	玉理三造
臺灣炭素工業株式會社	8,000	炭素	1938	貝山好美
日本炭酸株式會社	8,000	炭酸	1938	小川與市
中山太陽堂及高砂化學工業株式會社	8,000	香料	1938	萩原鴻三、田頭孝義
高砂化學工業株式會社	5,000	選礦油	1939	阿部定雄
櫻井電氣鑄鋼所	27,000	機械用鑄鋼	1939	櫻井貞次郎
臺灣燐寸株式會社	4,140/23,605	火柴	1939/1940	
臺灣油脂工業株式會社	22,643	蓖麻油	1940	大川鐵雄
理研電化工業株式會社	60,000	漆器	1940/1941	輸出用
臺灣チエスト株式會社	6,200	合板	1941	
拓南ベニア工業株式會社	8,400	合板	1941	本地才一郎
國產コルク工業株式會社	7,500	軟木（cork）、瓶塞	1941	武內小太郎
日本ポプラ株式會社	1,100	墨水、糊	1941	
昭和纖維工業株式會社	20,000	紙帽原料	1941	廣田幸平
藤井源吉	8,100	竹纖維、纜繩	1941	
眞砂由次郎	8,700	木工品製造	1941	
臺灣有機合成株式會社	54,000	合成樹脂、電石、丁醇	1941/1942	
臺灣木工株式會社	10,000	家具	1942	
拓南窯業株式會社*	14,000	陶器	1942	
高砂鉛筆株式會社*	10,000	鉛筆	1942	

| 臺灣疊表製造株式會社 | 6,000 | 榻榻米 | 1942 | |

說明：有*為利用日本之舊設備在臺所設工廠。

資料來源：臺灣總督府《臺灣總督府事務成績提要》昭和12-17年（臺北：成文出版社影印本，1985年3月臺一版）整理。工廠代表者整理自臺灣總督府礦工局《工廠名簿》（臺灣總督府礦工局，1944年6月）及臺灣總督府官房情報課編《大東亞戰爭と臺灣》（臺北，臺灣總督府，1943年5月）二書。

　　1930年代臺灣工業化原本是從軍需的角度出發，受到戰爭影響而調整路線，1937年開始，為了維持社會秩序之安定，提高臺灣民生工業自給能力成為政策目標之一，總督府從1937年開始獎勵民需產業，1940年代臺灣消費的工業製品自給比率明顯提升。1930年代後期到1940年代初，臺灣消費的工業品依賴進口的比率，如下〈表8-3〉，1939年之後降低的幅度很明顯。

表8-3　臺灣消費的工業品依賴進口的比例變化（1936-1942年，單位：萬元）

	出口工業品	進口工業品	工業產額	消費額	進口占消費比例
1936	26,206	27,728	31,261	32,783	84.6%
1937	31,094	30,585	36,381	35,872	85.3%
1938	32,540	34,828	39,415	41,703	83.5%
1939	45,679	38,605	57,076	50,002	77.2%
1940	46,851	44,942	63,220	61,311	73.3%
1941	41,851	39,826	65,977	63,952	62.3%
1942	44,457	36,747	70,007	62,297	59.0%

資料來源：整理自前引《臺灣省五十一年統計提要》，頁778-779；931-943。

　　臺灣工業自給比率增加，臺灣內部工業品生產額增加幅度大於出口是原因之一；外部原因是臺灣對日本海運困難，進出口受到影響。從統計數字來看，1937年進入戰爭時期到1941年，臺灣與日本的海運量反而是增加的，但1942年起銳減；而臺灣與東南亞的海運則自1937年開始減少，1941年以後減

少更為明顯，也就是臺灣對外海運真正出現困難是1940年代，主因是戰爭時期由軍方徵用的船舶日多，造成可用運輸力減少。[14]海運運輸力下降影響商品進口，臺灣內部展開進口替代，例如製糖漂白用的石灰原本從日本進口，1942年起改用臺灣產石灰，電池、皮革、漆器、鉛筆、釘、保溫瓶、玻璃、印刷墨水、藥品、醬油、醃製食品、耐火磚瓦等等也因日本製品進口困難而在臺灣設廠生產，砂糖則因出口困難在臺灣設立糖果製造會社，利用臺灣的雜纖維在彰化、臺北等地，從日本進口過剩設備設立紡織工廠生產，供應臺灣需要。因此，臺灣的工業化有以電源建設為中心的軍需工業，同時也以工業品的自給化為目標邁進，擺脫殖民地性格。[15]

臺灣總督府採取以財政補助的獎勵政策仍然偏重日本資本，把日本被迫休業的民需工廠設備轉移到臺灣是重要方式，例如臺灣紡織業在戰時擴充生產，但主要是日本資本家拆遷日本的舊設備來臺，使用臺灣的雜纖維等原料加工生產，技術及管理都由日本人負責，少數臺灣資本家如板橋林家、鹿港辜家也有投資設廠，但都屬中小企業。戰時經濟動員之下，臺灣紡織品的自給程度，1938年之前約占一成，戰時的起伏很大，1940年升至三成以上，1942年又降至一成左右。[16]總督府的政策基本上對日本資本有利。戰爭結束之後，這些硬體設備由國民政府接收，其中規模屬中小型工廠大部分標售給民間經營，[17]乃是戰後臺灣民營工廠的設備源流之一。

從紡織業的例證中可以看到臺灣人也參與投資。戰時經濟管制之下，

---

[14] 陳逢源〈船腹難と臺灣產業〉，《臺灣經濟と農業問題》（臺北：萬出版社，1944年2月），頁199-204；戴寶村《近代臺灣海運發展：戎克船到長榮巨舶》（臺北：玉山社，2000年12月），頁129-185。

[15] 楠井隆三《戰時臺灣經濟論》（臺北，南方人文研究所，1944年11月），頁366-381；陳逢源〈臺灣經濟の自給化〉，前引《臺灣經濟と農業問題》，頁205-211。

[16] 林忠正〈臺灣近百年產業的發展—以紡織業為例〉，《臺灣近百年史論文集》（臺北：吳三連臺灣史料基金會，1996年），頁469-471。戰後，日本人投資的7家紡織事業編入公營的臺灣工礦公司。

[17] 臺灣省接收委員會編《臺灣省接收委員會日產處理委員會結束總報告》（臺北：臺灣省接收委員會日產處理委員會，1947年），頁1-4，350-381。政府接收日產後，規模較小預計標售民營有484個單位，到1949年2月全部標售完成。

　　總督府的工業獎勵政策明顯偏向日本資本，但是臺灣內部的市場需求也提供工業投資誘因，在國家與市場的雙重作用之下，臺灣人如何進行投資設廠行動？可以舉鋼鐵機械工業為具體例進行分析。

二、臺灣人設廠的具體例

　　許雪姬的研究指出，日治時期臺灣人設置的鐵工廠有臺北的大同鐵工廠（資本150萬）、高雄的唐榮鐵工廠（500萬）及臺南的臺灣製鐵所（20萬），以供應臺灣建築及機械所需原料，這些工廠戰爭時沒有受到轟炸，戰爭結束後又有機會購買日本人留下的設備、廢鐵等而逐漸發展，[18]是戰前臺灣人參與工業生產，戰後繼續發展的例證。大同林挺生、唐榮唐傳宗都是臺灣機器工業同業公會的重要代表，乃以之為線索，[19]蒐集到包含唐榮、大同在內的19個例子，用來分析臺灣人的投資設廠行為。

（一）創業年代及動機之分析

　　臺灣社會在清末與機械接觸不久就出現鐵工廠。出生於1859年（咸豐9）的翁螺，日本領臺時已37歲，經營金源合鐵工廠。長子翁木與從大學法科畢業的三子翁金水一同協助家業，次子翁金護曾經營掌潭製鹽株式會社，1938年2月設臺灣製鐵所。[20]李祿星，少從父學鑄工，精心研究，能製各種

---

[18] 許雪姬〈戰後臺灣民營鋼鐵業的發展與限制，1945－1960〉，收於陳永發主編《兩岸分途：冷戰初期的政經發展》（臺北：中央研究院近代史研究所，2006年），頁293-337。許雪姬〈唐榮鐵工廠之研究，1940－1955〉，收於《高雄歷史與文化論文集（第二輯）》（高雄：陳中和翁慈善基金會，1995年），頁155-199。

[19] 臺灣區機器工業同業公會編《機械工業五十年史》（臺北：臺灣區機器工業同業公會，1995年），頁393-395。依臺灣區機器工業同業公會戰後初期重要幹部名單進行檢索。

[20] 柯萬榮《臺南州名士錄》（臺南：臺南州名士錄編纂局，1931年），頁36；東京電報通信社《戰時體制下に於ける事業及人物》（東京：大空社，1990年覆刻），頁339。

機械；1905年與辜顯榮共創船澳公司。[21]1912年郭和銅創設和銅鐵工廠，改良碾米器械並向政府申請新案登錄。[22]1916年創業的林添福，自公學校畢業後在鐵工廠工作4年，1916年開設日光商會，專門製造輕便車輪，戰後改稱日光鐵工廠，31年來專心研究車輪製造。[23]1916年創業的劉阿禎乃是臺北工業學校前身工業講習所機械科畢業，開設雲源公司鐵工所，接製糖會社、礦場的訂單，生產機械零件。[24]總督府在臺灣建構工業教育後，培養人才，1923年李清枝創設臺北鐵工所，廖嘉祿在豐原街經營鑄造業，兩人都是臺北工業學校機械科畢業，李清枝曾任鈴木商店臺北鐵工所、臺灣鐵工所工廠技師。[25]臺灣社會在清末與機械接觸不久就出現鐵工廠，日治時期繼續發展，1910年代、1920年代近代機械教育培養人才陸陸續續投入機械工廠之經營。

1930年代的創業者最多，包括大同、唐榮、大成、朱紫明等共計14家，主要負責人的學經歷及事業如下〈表8-4〉。

臺灣社會在1930年代積極參與工業經營的時代中，機械設備的生產、裝設、維修等需求增加，應該是創設機械工廠之重要誘因，1937年之後的創業行動更加頻繁。創業動機以市場需求為主，如1939年大同的創業動機是因為從事土木建築業的林家鐵材不足，以18萬元資本創業。[26]1940年唐榮的創業動機是供應臺灣市場需求，收購糖廠廢鐵加工、轉賣，120萬的資本受到戰時資金統制令、企業許可令的限制，需要總督府許可，唐榮運用與日人私誼

21 岩崎潔治《臺灣實業家名鑑》（臺北：臺灣雜誌社，1912年），頁152。
22 〈新案登錄〉，《臺灣日日新報》1911年12月6日，5版；〈機器土礱之改良〉，《臺灣日日新報》1912年7月28日，5版。
23 章子惠編《臺灣時人誌》（臺北：國光出版社，1947年3月），頁56。
24 林進發《臺灣官紳年鑑》（臺北：民眾公論社，1932年），頁160；興南新聞社編《臺灣人士鑑》（臺北：興南新聞社，1943年），頁418；前引章子惠編《臺灣時人誌》，頁157-158。
25 前引章子惠編《臺灣時人誌》，頁200；興南新聞社編《臺灣人士鑑》，頁402。
26 參見唐立宗〈林煌灶（尚志）先生與「協志商號」〉，《臺北文獻》直字126（1998年12月），頁175-202；興南新聞社編《臺灣人士鑑》（臺北：興南新聞社，1943年），頁325-326。

表8-4　1930年代創業的重要機械工廠負責人學經歷（不含大同與唐榮）

姓名	學經歷	創業年代與工廠名
鄭芳勝	臺北工業學校機械科，製麻會社	1930年創大成鐵工所，製造製茶機等產業機械
游新德	公學校畢，職員、工廠長、技師	1934年在三重經營新太陽鐵工廠，專造銑條、螺絲、礦山機械
陳寶林	公學校肄，鐵路部製鋼工廠見習生、技師	1936年設第一鐵工所，承接製鋼工程並自造空氣鎚鍛造廢鐵
蕭苑室	名古屋高等工業學校，茶業傳習所技師	1936年創辦三上機械廠，製造幫浦
張如淮	日本大學工學部畢	1937年在新竹開設鐵工所
翁金護	曾經營製鹽業	1938年2月設臺灣製鐵所
李水變	臺南高等工業學校機械科	1938年5月合資創設新興鐵工所
張騰飛	臺北工業學校機械科，鐵工所	1939年創設興亞鐵工所
紀秋水		1939年任臺陽汽船商事會社社長
辛文蘭	日本大學工學部機械科	1940年負責經營臺灣機械工業株式會社
張深耕	東京物理大學數學系	1941年設飛機牌縫紉機會社
朱紫明	公學校，鐵工所任職	1943年創了一家小鐵工廠

資料來源：中國新聞資料編《自由中國的工業》（臺北：臺灣出版社，1954年），頁135；東京電報通信社《戰時體制下に於ける事業及人物》（東京：大空社，1990年覆刻），頁339；許雪姬、楊麗祝、賴惠敏合著，《續修臺中縣志·人物志》（臺中：臺中縣文化局，2010年），頁237-239；許雪姬等撰文《臺灣歷史辭典》（臺北：行政院文化建設委員會，2004年），頁599；〈臺灣機械工業股份有限公司設立申請書等核備案〉，1951年7月，《省級機關檔案》，典藏號：0044720016336017；興南新聞社編《臺灣人士鑑》，頁5，249，275-276，287，438；章子惠編《臺灣時人誌》，頁216-217，219-220；李庭蘭《創造財富的人（第二集）》（臺北：聯經出版事業公司，1975年3月），頁76-98。

克服各種障礙。[27]從這些例子可以看到臺灣市場需求是主要創業動機，而總督府也未完全禁止臺灣人組設工廠。

（二）技術能力與事業內容

　　從〈表8-4〉經營者的履歷來看，可以看到在機械工廠現場工作累積經驗乃是取得技術的重要管道之一，如陳寶林、游新德、朱紫明等。爲什麼現場學習有這種效果？這是機械工業的特性，從張國安的實際經驗可以更深入地認識。張國安約在1942年從臺北工業學校機械科畢業，畢業後的第一個工作是在農機公司當技術員，曾與同事一起設計臺農一號脫穀機，兼任材料室與動力室的管理工作。與工廠裡老技術員合作的經驗，發現不曾受過專業教育的老技術人員相當敬業，對自己的技術也有自信，例如機器要換齒輪時，剛畢業的學生是套用學校教的公式來計算齒輪規格，沒讀過書的老師傅經驗豐富，用自己的方法算的更快更準；又如材料的比重，年輕的技術員只能按照公式算比重，老師傅只要看一眼就知道了。老師傅運用的方法不見得有周密的學理根據，但都非常實用。[28]豐富經驗可以累積實用的技術，是產業機械的特性，持續到1960年代。在1960年代電腦引發生產自動化之變革前，產業機械每一個零件都可以在工作現場直接觀察、直接體驗，因而在工作現場長期累積的技術，即使沒有學理基礎，也能達到正確且實用的水準。

　　更多的創業者接受了近代學校的專業教育而取得技術，是另一個重要管道，以臺北工業學校畢業生最多，有劉阿禎、唐傳宗、鄭芳勝、李清枝、廖嘉祿、張騰飛等，臺北商工學校畢業者有黃鑑澄。鄭芳勝與黃鑑澄在創業之前，也曾經先到生產現場累積實務經驗，學校教育與現場經驗累積相輔相成。高等工業學校畢業的有蕭苑室（名古屋高等工業）、李水變（臺南高等

27 許雪姬訪問、官蔓莉、林世青、蔡說麗紀錄《民營唐榮公司相關人物訪問記錄1940～1962》（臺北：中央研究院近代史研究所，1993年10月），頁5-6；97-98。

28 張國安《歷練：張國安自傳》（臺北：天下出版，1943年），頁4-15。

工業）。也有受過近代教育的非機械專業的經營者，因爲產業經營有製造、販賣及管理等工作，也不是只靠技術就可以的，例如張深耕是東京物理大學數學系出身，創業時聘請日本技術人員來臺指導，[29]也是取得生產技術的一種方式。

　　經營事業的方式主要有製造產業機械、生產零組件、修理及安裝機器三種。如鄭芳勝對機械研究具有濃厚興趣，大成鐵工所製品主要爲機械，採取大量製造方式製造鄭芳勝改良之大成式製茶機及製糖壓榨機。[30]另一種經營型態是生產零組件，如車輪、齒切。1935年（昭和10）劉阿禎在臺北設立中央製作所，是全臺唯一的專門生產齒切工廠，最大可生產直徑10尺的齒切。戰後工廠改名中央機器工業繼續經營，有臺北及高雄工廠。[31]臺灣齒輪是黃鑑澄1940年設立，黃鑑澄1934年自臺北商工學校機械科畢業，在鄭芳勝經營之大成鐵工所實地磨鍊一年半後獨立開業，約1936年設立吉安機械商會，從事機械製作及金屬製品買賣。[32]齒切是製造齒輪的必要工具，齒輪的功能是連接動力讓機械運轉，機械心臟不可或缺的零件，1970年代之前的齒輪技術，師徒傳承是主要模式，中央製作所、臺灣齒輪是兩大系統。[33]專門製造單一零組件工廠在1930年代已經出現，機械工業的零組件生產分工漸漸形成。

　　設立機械工廠時的資本來自家族或個人的累積，如朱紫明1943年以自己

[29] 中央研究院許雪姬等編著《臺中縣志人物志》，2010年10月，頁237-239；蔣雪維〈臺灣的民營金屬機械工業〉，《臺灣經濟月刊》6：2（1952年2月），頁19。
[30] 前引興南新聞社編《臺灣人士鑑》，頁275-276。
[31] 林進發《臺灣官紳年鑑》（臺北：民眾公論社，1932年），頁160；興南新聞社編《臺灣人士鑑》（臺北：興南新聞社，1943年），頁418；前引章子惠編《臺灣時人誌》，頁157-158。
[32] 〈據請核准臺灣齒輪造機廠臺中廠設立〉，1950年1月，《省級機關檔案》典藏號：0044721012537001；前引興南新聞社編《臺灣人士鑑》，頁150。。
[33] 鄭祺耀、許淑玲編《機械工業六十年史》（臺北：臺灣區機器工業同業公會，2005年），頁476-477。如大同齒輪的創辦人許金城，曾在臺灣齒輪傳承下的工廠學3年4個月，之後又曾到中央齒輪工作，然後再自己創業，久大也是屬於中央齒輪的系統，而倪昌、六星、和大、金鋼等則是臺灣齒輪的脈脈相傳。

積蓄創了一家小鐵工廠，第二次大戰結束的1945年底把鐵工廠遷移到臺北松山，並投入自己的積蓄擴充規模，設立長興鑄造鐵工廠，修理二次大戰期間受損的機械，也替新設的小工廠安裝機器，之後逐漸從修配走向生產，製造比較簡單的機器，如工作母機、抽水機、柴油引擎及紡織機等。[34]臺灣人設立的機械工廠大部分規模小，工廠的資本額不太大，比較容易由個人或家族之力創業，而且在戰爭時期努力經營，戰爭結束後也馬上投入生產，協助民營小工廠修理並安裝機器，對臺灣社會戰後恢復生產有很大幫助。

　　總之，臺灣機械工業出現在清末，在日本殖民統治下發展，透過教育與現場學習，漸漸累積技術能力，而臺灣社會的資本累積有能力支持小型工廠，乃在市場需求的誘因下投資創業，1930年代投資風氣盛行。臺灣機械產品的自給能力，1936年只有21%，是日治時期最低的時點，之後上升，1941年超過40%。[35]1945年臺灣民營機械工廠有300多所，造船廠有13所。因為當時臺灣工業以農產品加工者為多，農產品加工工廠分布全臺各地，機械工廠也隨之分散各地，大多是修配性質，工廠多、資本小，設備也大同小異，產品以訂製為主，數量少種類繁多，而且製品無法完全自製，如有一些工廠可製造重油發動機半笛塞爾機（semi-diesel engine），但部分零組件要靠日本供應，材料也多從日本輸入。[36]雖然從規模經濟角度來看，臺灣的機械工業仍然不成氣候，但是1940年代臺灣的機械工廠多、產品少量多樣，並具有製造重油發動機的能力，已呈現與規模經濟不同的發展路線。

[34] 李庭蘭《創造財富的人（第二集）》（臺北：聯經出版事業公司，1975年3月），頁76-98。

[35] 堀內義隆〈日本植民地期臺灣の米穀產業と工業化〉，《社會經濟史學》67：1（2001年5月），頁40-41。

[36] 高禩瑾〈臺灣之機械造船工業〉（資源委員會季刊臺灣工礦建設專號，1946年12月），陳云林總主編《館藏民國臺灣檔案彙編　第一百六十冊》（北京：九州出版，2007年），頁129-140。

三、戰時臺灣人參與工業的圖象與重要性

　　機械工業的具體例證顯示臺灣社會在1930年代後期，資本、技術有一定程度的累積，有能力在市場需求下投入生產，而且總督府並未禁止臺灣社會參與，市場與政策的環境有利臺灣人投資之條件下，戰爭時期臺灣人參與工業生產相當積極。如果以1942年之資料詳細檢視具有現代性之金屬、機械、化學工業的設廠時間，如下〈表8-5〉，可以看到1184家工廠中有401家是在1938-1942年已經進入戰爭時期才設立，約占34%，而401家工廠中約有277家工廠是由臺灣人所設立，占了69%。臺灣人在1938-1942年戰爭期間設立工廠，即使無法取得政府財政補助，但在臺灣有市場需求、政府採取振興民需政策的大環境裡，相當積極。

表8-5　臺灣金屬、機械、化學工業的設廠時間分析

分類	1942全部工廠數	1937及其以前設	1938-1942年設
金屬工業	115	60（日13，臺47）	55（日17，臺38）
機械器具工業	462	313（日109，臺204）	149（日48，臺101）
化學工業	607	410（日74，臺336）	236（日59，臺138）
合計	1184	783（日196，臺587）	401（日124，臺277）

資料來源：臺灣總督府礦工局《工廠名簿》（臺灣總督府礦工局，1944年6月），頁1-55，筆者統計。

　　其次分析1938-1942年之間臺灣人設的工廠生產什麼產品，如下〈表8-6〉，可以看到竹紙及紙漿、植物油、製造加工用機械、農業用機械、線香及煉炭、鑄鐵及橡膠製品是較集中的項目。

表8-6　1938年到1942年之間臺灣人設的工廠生產商品種類

分類	金屬工業	機械器具工業	化學工業
工廠數	38	101	138
各製品工廠數	鑄鐵14（含大同） 鍍金4 鍛冶等其他金屬工業20（含臺灣製鐵、唐榮）	原動機8 電氣機械1 電池6 採礦機械1 製造加工用機械24 汽車製造修理9 自行車及牛車7 造船及修理1 農業用機械21 其他機械（齒輪等零件）22	染料2 塗料1 火柴1 植物油26 蠟燭2 橡膠製品14 竹紙及紙漿64 賽璐珞枕2 肥料1 皮革3 肥皂及白粉5 線香及煉炭其他17

資料來源：臺灣總督府礦工局《工廠名簿》（臺灣總督府礦工局，1944年6月），頁1-55，筆者統計。

　　竹紙及紙漿、植物油、製造加工用機械、農業用機械、線香及煉炭、鑄鐵及橡膠製品這些項目與軍需有沒有關係？1938年到1942年之間臺灣人設的工廠生產竹紙及紙漿、線香等的原因，與戰時生活有關，如施美玉香鋪清代來鹿港設香鋪生產後，製造曾經中斷，1920年代再由施奕周、施起深父子重振家業，到了1930年代因戰爭因素、社會不安，求神拜佛的祈福活動盛行，事業乃大有起色。[37]製造加工用機械，包含張深耕的縫紉機工廠在內，鑄鐵則包含臺北的大同鐵工廠、高雄的唐榮鐵工廠及臺南的臺灣製鐵所，這些工廠的產品是供應建築業或製造、修理機械時使用，[38]大多與民生相關，植物油、農業用機械以及碾米機使用的橡膠帶等製品的用途，也看不太到軍需

---

[37] 施起深即為施振榮之父。周正賢《施振榮的電腦傳奇》（臺北：聯經，1996年），頁3-12。
[38] 許雪姬〈唐榮鐵工廠之研究，1940－1955〉，收於《高雄歷史與文化論文集（第二輯）》（高雄：陳中和翁慈善基金會，1995年），頁155-199。

性質。1938年到1942年之間臺灣人可以設立民需工廠，與日本的情況不太一樣。

　　從〈表8-5〉也可以看到1937年之前所設、在1942年時存在經營的金屬、機械及化學工廠有783家，占同類工廠的66%，其中由臺灣人經營的工廠有587家，占了75%，臺灣人經營工廠約有半數是手工榨油、竹紙製造等清代就已經存在的加工產業。1937年之前設立的工廠也有部分持續經營到戰後，有些甚至持續經營到現在，例如紡織業的侯雨利在1931年頂入一家織布廠設立了新復興織布廠，是一家現代機械織布廠，成為臺南幫由商而工的先驅，二戰時處在半停工狀態，但戰爭結束立即恢復生產，規模小但品質好。戰後初期原料受限的時代為了維持好品質，侯雨利的草根性研究精神，翁川配的機械常識加上認真研究，是最重要因素。另外如1925年設立進馨商會（即現在的黑松汽水），1931年設立的和成製陶部生產衛浴用品，1934年創立的義美餅店等，都是一直營業至今的有名例子。[39]這些工廠同樣也是戰後臺灣中小企業的源流之一。

　　日治時期臺灣處在殖民地之地位，總督府的經濟政策理念上偏向保護日本資本家，但執行上有所局限，行政技術上只能做到保護獨占的大資本家，無法有效保護日本人的中小商工業者。[40]殖民經濟政策無法保護日本人中小商工業者，意味著中小企業乃是具有公平競爭色彩的經濟領域，臺灣人具有某種程度的發展空間。1930年代軍需工業化的時代，也是世界經濟政策轉換，國家取得介入產業權力的時代，強化了國家對經濟的干預，但因為戰爭的關係，總督府的戰時經濟政策重視國民生活的安定，沒有採取嚴格限制臺灣人資本小工廠設立的措施，也較少干涉民生用品之生產，市場需求成為促

---

[39] 謝國興《企業發展與臺灣經濟：臺南幫的個案研究》（臺北：中央研究院近代史研究所，1994年）；房進贊〈臺灣的汽水工業〉，《臺灣經濟月刊》17：4（1957年10月），頁21-26；高騰蛟、盧世祥《做餅的人生　明天有夢》（臺北：遠流，2001年），頁32-41，92-121，158-162；方天龍《淬煉一登上阿爾卑斯的和成欣業》（臺北：商周文化，1996年10月）。

[40] 矢內原忠雄《帝國主義下の臺灣》（東京都：岩波書店，1988年6月），頁101-102。

進參與的主要力量。

　　臺灣人有能力參與金屬、機械、化學工業等具現代色彩的產業，就如機械工業的例證一般，在工廠學習技術，或是接收近代專業教育擁有專業技術是重要因素。

　　化學工業的創業者有更明顯的專業色彩，例如製藥工廠，日本時代臺灣沒有設立藥學系，不少在戰後初期擔任同業公會重要幹部者的製藥業者是到日本留學後回臺創業，如1923年臺南設立廣泉堂製藥廠的李朝是自日本富山藥業學校畢業，[41]張國周強胃散的創始者張國周是日本東京藥科大學畢業，1932年返臺在臺南開設資生堂中西藥局，並推出自行研製成藥。[42]長崎醫科大學附屬藥學專門學校畢業的李義人，1936年與臺北大稻埕鄭松溪、陳得勝、陳培雲等合資，以20萬資本合組新興製藥株式會社之技師。[43]臺中的林紀煌藥劑師，1929年自長崎醫科大學附屬藥學專門學校畢業，1936年創立十字堂藥局。[44]1930年3月在臺中設立之中西藥研究所的吳場，為臺灣醫專畢業。[45]在西藥、藥學專業教育的時代變遷中，臺灣社會努力跟上變遷腳步，接受專業教育，臺灣沒有設立藥專就到日本留學，畢業後回臺創設工廠，於1920年代就開始投入製藥產業。製藥業在第二次大戰時曾受到政策干預，原有藥廠被整編，並由日本製藥廠到臺設廠，但是擁有專業技術的經營者戰後恢復生產，繼續製藥供應臺灣市場。這些個案大多採用中小規模生產，資本及設備的要求不高，只要政策上不嚴格限制設廠，臺灣社會累積的資本、技術與知識是有能力因應的。

　　日治時期累積下來由臺灣人經營的工廠有多少？政權轉移後重新登記

[41] 十週年紀念特輯編輯委員會編《臺灣製藥工業》（臺北：臺灣區製藥工業同業公會，1958年9月），頁28-30，37-38，41-42。李朝泉也是戰後製藥工會重要人士，曾任第2-3屆監事、第4-5屆理事。

[42] 臺灣新民報社《臺灣人士鑑》（臺北：臺灣新民報社，1937年），頁63。

[43] 〈新興製藥會社創立〉，《臺灣日日新報》1936年11月12日，8版。

[44] 興南新聞社《臺灣人士鑑（1943年版）》（臺北：興南新聞社，1943年），頁440

[45] 泉風浪《中部臺灣を語る》（臺北：南瀛新報社，1930年），頁174。

的數字提供了訊息。1946年（民國35）的工廠數目是6,235家，這些工廠是日產被接收之後的數字，理論上大部分是由臺灣人經營的。1947年6月日產處理委員會結束工作時所提出的報告顯示，接收的企業財產可以分為純日資、日臺合資及無日資企業3種。純日資企業收歸國有，無日資者為臺灣人所經營發還原股東，日臺合資者確定資本組成之後，將日人股份收歸國有，臺人股份發還或換發新股處理。[46]政府的處理原則相當尊重臺灣人的私有財產權，並未接收臺灣人的資產，但政府特別規定由臺灣人投資經營的工廠，不論何時成立或由何人投資，均需依照政府公告的登記辦重新辦理登記。到1946年10月申請重新登記的工廠共5,902家，食品業2,771家最多，其次是窯業的761家，機械工廠有640家，化學工廠600家。[47]1946年10月登記的5,902家工廠，從時間點與政策面判斷，主要應該是日本殖民統治期間由臺灣人設立、經營的工廠，1945年之後繼續擁有所有權與經營權。由歷史過程來看，乃是以生產民需用品為主，就如李國鼎所言，乃是規模小、設備陳舊的小工廠，生產微量商品，勉強維持少數人的生活與應付市場貧弱需要。[48]

　　第二次世界大戰期間強化工業生產能力的政策需求影響也擴及技術教育，臺灣工業教育被強化。近代工業教育培養之人才累積等是工業發展動力之一，戰時因為日本帝國技術人才不足，殖民地臺灣也展開強化人力資源的動員體制，培養人才的基盤，增設帝國大學的工學院，擴充高等工業學校及增設多所工業學校等等。[49]各級工業學校快速增設，在學人數也隨之增加，以工業學校的學生增加最多，如〈表8-7〉所示，1938年在學學生首次超過千人，其中臺籍有321名，也是歷年最多。臺籍在工業學校接受教育者的人

[46] 臺灣省接收委員會編《臺灣省接收委員會日產處理委員會結束總報告》（臺北：臺灣省接收委員會日產處理委員會，1947年），頁1-4，350-381。
[47] 善後救濟總署臺灣分署經濟技正室編〈臺灣省經濟調查報告〉（1947年5月），《館藏民國臺灣檔案匯編第二百一十四冊》（北京：九州出版，2007年），頁93-94。
[48] 李國鼎《臺灣經濟快速成長的經驗》（臺北：正中書局，1978年），頁234-236。
[49] 鄭麗玲〈戰爭動員下的中等工業教育（1938～1945）〉，《臺灣史學雜誌》11（2011年12月），頁56-91。

數雖然增加，但仍少於日籍，也顯示總督府振興臺灣工業的政策仍然傾向依
賴日本技術人才，與臺南高等工業學校在1940年、1944年兩度擴充時並未擴
大臺籍生所占比例的政策，以及1943年臺北帝大設立工學院，臺籍學生只有
個位數的態度是一致的。但因工業學校擴充的速度相當快，可能超過在臺日
本人學生的數量，因而1943年起出現逆轉，臺籍學生入學的機會更多。

表8-7　工業學校在學學生人數變化（1938-1944年，單位：人）

年度	在學人數				變動	
	合計	臺籍	日籍	其他	入學	畢業
1938	1,160	321	828	11	388	139
1939	1,497	530	959	8	511	179
1940	1,899	732	1,167	.	622	177
1941	2,212	998	1,208	6	856	300
1942	2,934	1,410	1,518	6	1,206	530
1943	4,058	2,091	1,952	15	1,225	580
1944	5,628	3,180	2,424	24	2,173	.

資料來源：臺灣省五十一年統計提要。

　　1945年8月戰爭結束時，因應戰時的變化而設立的工廠、學校並沒有化
為泡影，戰爭時期設立的學校在戰後臺灣繼續運作培育人才，這些技術人才
成為工業發展的生力軍，參與戰後臺灣工業發展之具體例證相當多，如臺南
奇美實業公司的創辦人許文龍1928（昭和3）出生，是臺南工業學校機械科
畢業的，[50]臺北長春石化公司之創辦者為臺北工業學校畢業的林書鴻（應用
化學科）、廖銘昆（電氣科）及鄭信義（機械科）等，以學校所學的專業背
景，看著日文專書，用當時可以找得到的簡陋器材，一再地進行實驗終於成

---

[50] 許文龍口述，林佳龍、廖錦桂編著《零與無限大：許文龍幸福學》（臺北：早安財經文化出版，2010
年），頁84。

功開發電木粉等新商品。[51]以日本時代累積下來的約6,000家小工廠爲基礎，養成的臺籍技術人才也繼續在臺灣社會努力，1950年代初期已經呈現中小企業林立的特色，[52]與1964年由民營的中小企業完成戰後臺灣工業化，呈現一貫的連續性發展脈絡。

四、結　論

　　現代工業發展過程中，國家與社會密切互動。殖民統治者始終依據日本帝國實際需要調整政策，第二次世界大戰時，穩住臺灣社會秩序是動員的礎石，在某種程度上修改臺灣工業政策的方向，戰時經濟政策不但強調擴充軍需工業，亦強調擴充民需產業，加上政府推動軍需刺激相關產業成長，同時日月潭水電工程完工後提供豐富且便宜之電力、近代工業教育培養之人才累積等，1930年代後期、1940年代，臺灣工業產品自給比例提升，對日本商品依賴程度開始降低，當時的有識者就認知到臺灣殖民地工業結構開始調整。

　　戰時擴充民需產業，殖民政府仍然選擇與日本資本合作，對臺灣人而言戰爭期間則是苦難與機會兼具的不安。殖民政府並未全面禁止臺灣人設立工廠，臺灣社會迅速把握時代變化所出現的機會，以累積的技術能力，採用小規模經營，積極回應市場需求參與工業生產。戰時經濟政策重視滿足民需之生產，也讓1938年之前已經存在的民需產業保持不少持續經營的空間；臺灣

---

[51] 邱顯堂主編《臺灣接著劑工業發展史》（臺北：臺灣區合成樹脂接著劑工業同業公會，2006年），頁21-28。

[52] 雷柏爾（Arthur F. Raper）、全漢昇、陳紹馨著《臺灣之城市與工業》（臺北：國立臺灣大學出版，1954年），頁45，101-109。1953年美國與臺大合作調查臺灣民營工業時指出：在一個工業逐漸成長的地區，規模極小的作坊應較臺灣目前所有者爲少，在全部工業用品之中，這種小作坊的產品所占的百分比，也應遠較目前臺灣的情形爲小。迄今爲止中美合作的工業計畫，以重建和擴充大規模工業，和生產更多消費品爲主，現在應再加上第二個重點，就是援助能多爲多數人提供更多就業機會的工業，包括小型及中型工業，以彌補農業、家庭工業與大的公營企業之間的空隙。臺灣衆多中小型工廠林立的特殊性，是讓美國調查後決定美援援助中小工廠的重要關鍵。

的民需產業在戰爭時期並未如日本國內一般陷入萎縮、被整編一途，臺灣工業品的自給能力進入1940年代明顯增加，這股力量累積形成1946年約6000家小型為主的臺灣民營工廠。養成的臺籍技術人才也繼續在臺灣社會努力，在戰後尊重私人所有權的政策安排下，有機會繼續成長，1950年代初期已經呈現中小企業林立的特色，1964年（民國53）由民營的中小企業完成戰後臺灣工業化，呈現一貫的連續性發展脈絡。

　　1940年代還有另一個以質為主的變動：臺灣人從被軍需工業排除變成了自最高層的技術研究、大專教職，到軍需工廠現場的工程師都有臺籍理工專業技術人才參與的社會，具體內容以及對戰後臺灣社會的工業發展的重要性，尚待日後檢討。

第九章 臺灣戰後混亂期民營工業之發展歷程

　　1945年戰爭結束，臺灣政治出現政權轉移的巨大變化，經濟的轉變則是在日治時期累積的延長線上調整。日治時期的日本資本轉變成國家資本，日治時期累積的臺灣人資本繼續維持私有制，形成民營資本，共同形成官民雙重結構。約二十年後，1963年（民國52）臺灣轉型為工業化社會，促成轉型的主要力量是中小民營工廠，歷經1950年代的進口替代政策時期，公營企業在臺灣工業所占比重漸漸降低；1950年代後期政策漸漸調整為出口導向，中小民營工廠以出口外銷輕工業製品為動力而快速成長，實現臺灣工業化。

　　戰後臺灣工業的研究大多將1945-1952年間歸類為戰後混亂時期，定義臺灣戰後經濟發展的起點是1952年。[1]1952年之前的研究重點是國家政策、公營企業。1945-1949年臺灣的經濟政策，以管制政策為主，對臺灣經濟產生不少負面影響。[2]1949年（民國38）6月臺灣區生產事業管理委員會成立，初期統一管理全臺公營事業，後來才擴大職權到民營企業的輔導。[3]到1952年為止，臺灣的經濟政策以公營事業為主體，資源由政府分配，民營工業只有紡織業看到發展。[4]民營工業的個案研究如臺南幫、[5]唐榮鐵工廠[6]的戰前戰後發展歷程，可以看到市場需求是戰後民營工廠工業成長主要動力。

---

[1] 劉進慶〈戰後臺灣經濟の發展過程〉，收入本多健吉編《南北問題の現代的構造》（東京：日本評論社，1983年），頁143-145。

[2] 吳聰敏〈1945－1949年國民政府對臺灣的經濟政策〉，《經濟論文叢刊》25：4（1997），頁521-554。

[3] 陳思宇、陳慈玉〈臺灣區生產事業管理委員會對公營事業的整頓1949－1953年〉，《一九四九年：中國的關鍵年代學術討論會論文集》（國史館，2000年），頁449-488。

[4] 劉士永《光復初期臺灣經濟政策的檢討》（臺北：稻鄉，1996年）；劉士永〈戰後初期臺灣工業政策與生產狀況1945－1952〉，《臺灣風物》41：3（1991年10月），頁156-206。

[5] 1950年代投資臺南紡織、坤慶紡織及環球，1960年代之後更擴及食品、電子、化工等等製造業，並延伸到服務業，是臺灣著名企業集團。謝國興《企業發展與臺灣經濟：臺南幫的個案研究》（臺北：中央研究院近代史研究所，1994年），頁70，107-115。

[6] 許雪姬〈戰後臺灣民營鋼鐵業的發展與限制，1945－1960〉，收於陳永發主編《兩岸分途：冷戰初期的政經發展》（臺北：中央研究院近代史研究所，2006年），頁293-337；許雪姬〈唐榮鐵工廠之研究，1940－1955〉，收於《高雄歷史與文化論文集（第二輯）》（高雄：陳中和翁慈善基金會，1995年），頁155-199；許雪姬〈唐傳宗與鼎盛時期的唐榮鐵工廠，1956－1960〉，《思與言》33：2（1995年6月），頁67-96。戰後初期臺灣的煉鋼設備，除臺灣工礦公司有貝氏轉爐之外，都是電爐。唐榮鐵工廠在1954年增設十噸煉鋼電爐一座，是唐榮成為民營規模最大鐵工廠的重要因素。唐榮也是戰後被收歸國營的少數民營工廠。

　　國家與市場爲經濟成長的兩大動力，1949年國民政府撤退來臺後對工業的影響力提高，1950年代以供應臺灣市場爲主，展開進口替代及出口導向政策，中小民營工廠發展速度快，成爲工業主力。目前爲止，一般解釋臺灣中小民營企業發展因素，大多採取出口導向的角度進行分析，[7]但是1950年代乃是進口替代政策時期，出口因素無法解釋。

　　1950年代初期臺灣民營工業資本已經稍具基礎，有戰前的累積也有戰後的發展，分析1953年（民國42）臺灣約1.37萬家民營工廠中，日治時期到1945年累積之資本占30.3%，1946-1948年占21.33%，合計累積占52.6%，1949年到1953年占47.4%，但規模都偏小型。[8]從資本面的統計可以看到1953年臺灣工業已有的資本累積，半數以上是在1946-1953年間形成，因而若把1945-1952年間歸類爲戰後混亂時期一筆滯過，可能無法清楚戰前、戰後的變化，本章以檢討1945-1952年間所謂經濟混亂時期臺灣民營工業發展的歷史過程爲主，補足臺灣工業發展歷程中的空白。

一、1945-1952年臺灣工廠的變遷

　　1945到1952年之間的政治、經濟、社會相當混亂，但是工業生產並未停頓，工廠登記及用電統計數字呈現當時的樣貌。

---

[7]　隅谷三喜男、劉進慶、涂照彥《臺灣の經濟：典型NIESの光と影》（東京：東京大學出版會，1992年），頁94。

[8]　張怡敏〈戰後臺灣民間資本累積之探討—以紅糖經營者爲例〉，《臺灣社會研究季刊》35（1999年9月），頁119-162。

表9-1　戰前戰後工廠登記統計（單位：家）

年代	廠數	紡織	金屬	機械器具	窯業	化學工業	製材木製品	印刷	食品	其他
1940	8,940	109	133	358	668	541	490	200	5,861	578
1941	8,683	147	124	385	704	538	595	224	5,103	853
1945	7,458	110	112	429	721	572	690	132	4,150	542
1946	6,235	108	116	651	775	696	424	181	3,037	247
1947	9,081	138	185	872	1,101	1,039	563	203	4,707	271
1948	9,757	211	214	928	1,080	1,246	580	212	4,984	299
1949	9,871	270	228	983	1,070	1,249	578	203	5,001	287
1950	--	--	--	--	--	--	--	--	--	--
1951	5,622	449	132	551	580	705	320	133	2,521	230
1952	9,966	942	198	794	1,103	866	485	174	4,232	1,171
1953	12,175	1,223	184	1,026	1,224	1,031	552	215	5,405	1,308

資料來源：(1)1940-1941，臺灣省五十一年來統計提要。(2)1945年資料為1945年8月總督府財務局調查資料，轉引自《日本人海外活動關歷史的調查》通卷第17冊，頁74之夾頁。(3)1946－1953年《臺灣省統計要覽》中華民國43－44年（1956年9月出版），頁77。

〈表9-1〉戰前戰後工廠登記數字可以看到幾點：(1)1940年到1945年戰爭期間，臺灣食品及印刷工廠減少明顯，其他業種的變化不大。(2)1946年比1945年減少了約1,200家，主要因素應該是日產被接收、整理成公營企業而導致工廠家數減少，或接收後等待出售而未登記。(3)1946-1949年之間增加了約3,600家工廠，成長相當快。1945到1950年間臺灣貨船的出入港噸數以及港口的貨物處理量比1951、1952年還多，從製造業的勞動構成與日本、韓國對照，也可以看到臺灣工業生產在第二次世界大戰結束後不久的1949年，因戰爭而減少的幅度最小。[9]由於這段期間公營企業變化不大，民營工

---

[9]　中村哲編《東アジア資本主義形成―比較史視點》（東京：日本評論社，2007年），頁189-227。

廠數的增加、增產可能是重要因素。(4)1950年修改登記辦法，未辦理換證手續之工廠不包括在內，故1951年（民國40）的數字較少，[10]政策因素造成影響的可能性較高。如果從工廠實體設備的角度思考，1952年回復到1949年的水準，1953年大為增加，可以視為社會因應政策變化的調整告一段落；1952年與1949年比較之下，可以看到紡織工廠大量增加而化學工廠明顯減少之外，並沒有太大變化。

　　電力是臺灣工業的主要動力來源。〈表9-2〉為臺灣電力公司的工業用電戶數統計資料，可以做為觀察中小工廠戰前戰後變動的輔佐性證據。電力是最重要的工廠動力，臺灣電力公司為臺灣唯一電力業者，用戶必須申請才能取得電力供應，整理統計數字的朱江淮在1931年自京都帝國大學畢業後即進入臺灣電力公司服務；盧煙地則是成大前身臺南高等工業學校電氣科的畢業生，戰前亦曾經進入臺灣電力株式會社任職，1946年由廈門回臺後又進入臺灣電力公司，他們親歷其境，所提供的資料可信度亦高，應該可以做為旁證。由統計數字可以看到用電戶數持續增加，在1944年達到戰前高峰，1945年急減應該是日產被接收的緣故，6,548這個數字可視作以臺灣人為主的用電戶數，1946年急增，並且一口氣超越日治時期的最高數量，1947-1949年雖然增加趨勢沒有改變，但速度減緩，1949-1950年出現另一個高成長波段，新增了約二千個用戶，時間上與中國大陸撤退來臺時間一致，可視為戰後第二波設廠期。用電總量亦在1950年代初期超過日治時期了，而且據臺電方面的分析，主要是中小工廠增加所致。[11]中小工廠大多為民營，用電量增加，佐證了1946-1952年之間，民營工業確實有所成長。

[10] 臺灣省主計處編《臺灣省統計要覽》中華民國43－44年（1956年9月出版），頁77。
[11] 朱江淮、盧煙地〈臺灣之電力與工業〉，《臺灣銀行季刊》5：1（1952年6月），頁87-116，頁87-116。

表9-2　臺電工業用戶戶數統計（單位：家）

	1937	1938	1939	1940	1941	1942	1943	1944	1945	1946	1947	1948	1949	1950
紡織	76	101	100	99	129	154	221	221	185	194	219	261	232	384
金屬	445	484	486	476	517	610	647	642	547	720	917	999	1,094	1,170
機械	153	205	228	254	331	354	379	374	286	328	312	340	364	414
窯業	105	115	134	145	155	164	201	209	183	180	202	221	229	241
化學	184	212	238	317	317	371	457	478	425	626	486	609	681	642
製材業	324	382	431	451	527	634	795	812	695	770	845	844	902	909
印刷業	199	230	243	253	268	300	332	335	261	279	273	262	266	314
食品	2,854	2,864	2,718	3,583	2,888	3,192	3,554	3,501	2,959	4,278	4,808	4,879	5,162	7,055
雜工業	581	667	900	964	1062	1,163	1,349	1,366	1,007	882	317	260	273	261
總計	4,921	5,260	5,478	6,542	6,194	6,942	7,935	7,938	6,548	8,257	8,379	8,675	9,203	11,390

資料來源：朱江淮、盧煙地〈臺灣之電力與工業〉，《臺灣銀行季刊》5：1，頁87-116。朱江淮等將日治時期分類在化學工業的榨油業放在食品工業，因而化工廠數量相對較少。

　　從國家角度看戰後初期民營工業，有兩種資料值得重視。李國鼎指出1946年至1949年上半年之間，有一些規模狹小設備陳舊的小工廠應付市場貧弱需要，1949年下半年之後政府對臺灣經濟建設轉趨積極，而且大陸民間資本與人才大量來臺，與本地原有力量匯合，民營工業呈現一片繁榮景象。[12]臺灣省政府指出，1945年臺灣民營工業開始積極恢復生產，1947年臺灣生產的燒鹼、罐頭、紅糖、鉛筆、帽蓆、機械、碳酸鈣、耐火器材、紙類等等因為有了大陸市場，一時均趨繁榮，而大陸生產的棉紗、棉布、針織品，肥皂、皮革、食油、牙刷、牙膏也運銷臺灣，互通有無。1949年底國民政府撤退來臺，臺灣工業產品喪失中國的廣大市場，很快地出現生產不足及生產過剩的不均衡現象，歷經了一段調整期，局勢緊急，中國工廠亦紛紛遷移來臺，以紡織業、肥皂業、皮革業、榨油業、製藥業為最多，加強了省內民營

[12] 李國鼎《臺灣經濟快速成長的經驗》（臺北：正中書局，1978年），頁234-236。

工業的實力。此種工業創設的目的大都是為了供給省內消費的需要，約1952年，肥皂、榨油、氯酸鉀、鋁器、火柴、針織、毛紡廠、手工織布、毛巾及橡膠業等，因工廠之設備及生產能力超過了內部市場需要，各廠降價傾銷陷於困境，乃決定暫停設立新廠。[13]

這些陳述與統計數字互相照映，顯示戰爭一結束，臺灣民營工廠開始恢復生產，供應市場需求。1947年的快速成長主因為上海市場之需求，1949年後半進入調整期，上海市場喪失，國家指導力量強化，並以供應臺灣市場需求之進口替代為原則進行調整，1952年肥皂等十種產業已呈現生產過剩。臺灣工業在1945-1952年間，經歷了復原、成長、出口及挫折與調整等重重波折，從統計數字以及政府相關文獻，都可以看到民營工業在這段期間仍然有所累積與成長。

臺灣民營工業在1945-1952年這段政治社會混亂變動期間，如何成長？成長動力是什麼？國家與社會扮演什麼角色？考慮到這段時期的歷史特性，將從日產的移轉民營、戰後新設工廠以及政府扶植產業三方面進行分析。

二、日產之移轉民營

工廠需要設備，1945-1949年之間新設工廠的重要設備來源之一是日產。政府接收日產後，規模較小、預計標售民營有484個單位，到了1947年4月，完成標售或讓售民營者計有132個單位，約有97%由臺灣人得標。[14]小型日產的標售持續進行到1949年2月。理論上這484家工廠是第一波進入民營工業的日本有形遺產，成為戰後民營資本設備來源之一。

---

[13] 臺灣省政府建設廳編《臺灣的民營工業》（臺北：臺灣省政府建設廳，1952年），頁4-5，12。

[14] 臺灣省接收委員會編《臺灣省接收委員會日產處理委員會結束總報告》（臺北：臺灣省接收委員會日產處理委員會，1947年），頁1-4，350-381。

　　臺灣社會如何運用這批標售民營的小型日產？可以舉永豐爲例說明。何家在1927年創設何皆來商行，1934年以資本20萬改組爲株式會社永豐商店，是經營雜貨及肥料買賣的大商行，1939年何傳在高雄設立甘蔗板工廠，由商界跨足工業生產。甘蔗板是日本時代利用甘蔗渣所開發出來的建材，製造原理、生產設備與近代機械製紙相似，戰後有不少甘蔗板工廠轉變成製紙工廠。何傳在高雄設立的甘蔗板工廠，戰後改製包裝紙，成爲永豐一廠。1946年標購日產日光纖維板廠（1940年設），改名爲永豐紙板廠，1947年12月再標購臺灣興亞紙業株式會社，改名爲永豐原造紙公司，1948年（民國37）在高雄久堂新建永豐餘造紙工廠，在臺東也標購了一家日本人所設小紙廠，到了1951年，永豐已經是有五個工廠，也是臺灣最重要的民營製紙工廠。[15]戰前參與工商業經營所累積的經驗、資本與技術，戰後標購日產時選擇與戰前相關的工廠，並建設新廠，多管齊下的增產方式，使產業在短短數年間快速成長。

　　何家在1947年12月標購臺灣興亞紙業株式會社，是臺灣工礦公司經營的眾多工廠之一，受到二二八事件影響而釋出的公營事業。因爲日產改組爲公營企業後遲遲未恢復生產，失業工人增加、物資供應不足，加上中國的影響，出現惡性通貨膨脹、生活困難，乃是引起二二八事件的經濟要因之一。國民政府處理二二八事件時允諾改善，採取公營事業民營化、裁撤貿易局等政策。[16]1947年7月公布實施各縣市經營企業標售民營辦法，8月決定臺灣火柴公司開放民營，10月決定工礦公司的印刷紙業及化學製品兩公司標售民營，同年12月底標售結束。[17]這是二二八事件之後，採取公營事業民營化政

[15] 何傳、何義、何永爲何皆來的三個兒子，讀完公學校後進入商界。何傳與何義都曾在安部幸商店臺南支店就職。東京電報通信社編《戰時體制下に於ける事業及人物》（東京：大空社，1990復刻版），頁30；興南新聞社編《臺灣人士鑑》（臺北：興南新聞社，1943年），頁46，302；臺灣區造紙工業同業公會編《造紙工業四十年》（臺北：臺灣區造紙工業同業公會，1987年），頁24，34-35，43-44。

[16] 翁嘉禧《臺灣光復初期的經濟轉型與政策（1945－1947）》（高雄：高雄復文出版社，1998年），頁163-188。

[17] 臺灣工礦公司編《工礦公司最近四年概況》（臺北：臺灣工礦公司，1953年），頁1-2。

策善後時所釋出的日產,標售民營的公司名稱沿革如下〈表9-3〉。與接收後就決定標售民營的日本人企業相較,數量少,但規模稍大。火柴、香料及紙廠標售出去,印刷廠則分別售予軍方及臺灣省政府,原屬化學公司的香皂工廠並未標售,繼續由省政府經營到1954年。

表9-3　二二八事件後標售民營的省營化學及印刷工廠名稱之沿革

日治時期公司名	工礦公司標售時工廠名	標售為民營後公司名
鹽野化工株式會社臺灣工廠	竹東化學廠	竹東香料股份有限公司。
高砂香料株式會社臺北工廠	臺北化學廠	臺灣化學工業製藥有限股份公司。
日本香料株式會社臺北工廠	松山化學廠	松山興記化工廠。
臺灣書籍印刷會社、盛文堂印刷所、三宅彩印會社、交通商事會社、寶文印刷所、吉村商會印刷所、盛進商事株式會社、臺灣照相製版株式會社	第一印刷廠、第二印刷廠、第三印刷廠、第五印刷廠	四個印刷廠分別售與軍方及臺灣省政府秘書處。
臺灣印刷油墨工業株式會社、山本油墨株式會社	油墨廠	金星油漆廠（改製油漆）。
昭和纖維株式會社（七堵）、臺灣紙業株式會社（景美）	第一造紙廠	大東工業造紙廠。
藤本製紙株式會社（嘉義）	第二造紙廠	由光和紙廠接辦改名中福造紙廠,1988年關廠。
臺灣興亞紙業株式會社（豐原）	第三造紙廠	永豐原造紙廠。併入永豐餘,2000年停工。
蓬萊紙業株式會社（中壢）	第四造紙廠	華信化學工廠接辦。
櫻井興業株式會社（西門町）	第五造紙廠	由華僑建臺公司美術紙廠接辦,製造晒圖紙。

資料來源:陳大川《臺灣紙業發展史》,頁87;臺灣省政府建設廳編《臺灣的民營工業》（臺北:臺灣省政府建設廳,1952年）,頁56,75,118。說明:香料廠還有小川產業株式會社、臺灣曾田香料有限會社,標售狀況不明。

　　二二八事件後標售民營的香料廠及紙廠，民營後的發展並不太一樣，如同臺灣興亞紙業株式會社由永豐的何家購買後的狀況一般，紙廠的經營相對順利；香料廠是以臺灣產芳油、柑橘及香茅為原料，香料是食品加工、香皂的重要原料，可以供應日本市場需要，深受社會期待。杜聰明聽到高砂香料標售民營消息後非常興奮，他認為高砂香料工廠有完整設備，且製造所需要的電力、煤炭豐富低廉，臺灣工資便宜，除利用樟腦油製造香料原料及茶素藥品之外，如再施以若干改造增設即可容納多數技術人員，製造各種藥品及肥料等國家急需的化學製品。杜聰明判斷臺灣當時技術人員眾多，近來又有自日本回來的特殊專家可堪重用，乃發動臺灣各界出資合購該廠，1948年1月改組成立臺灣化學藥品股份有限公司，被推選為董事長。[18]日本香料株式會社於1947年標售民營，設立松山興記化工廠，鹽野香料株式會社竹東工廠由盧傳河購買，改組為竹東香料股份有限公司，經營都不順利，[19]與製紙業形成對照。

　　被接收改組為公營工廠後標售民營的另一個管道，是政府接管之後，因為經營困難而先後處分，杉原產業株式會社、臺灣重工業株式會社是兩個例證。杉原產業株式會社戰時生產軍用品白絞油供應日本海軍，戰後由高雄市政府接收後，改稱三民化學工廠，工廠被炸嚴重，資金不足，1947年9月決議公開招租，由林以德承租，1948年申請購買，通過後公開募股，由林雲龍出任董事長，改組成南華化學公司，成為民營工廠，1950年代獲得美援，經營漸有起色。[20]臺灣煉鐵的前身臺灣重工業株式會社由工礦公司接收後，工廠一直閒置，在美援會的主任委員Scank（美籍，德裔）的影響下，1952

[18] 杜聰明《杜聰明言論集》（臺北：杜聰明博士獎學基金管理委員會，1972年），頁424-425。

[19] 中國新聞資料編《自由中國的工業》（臺北：臺灣出版社，1954年），頁140；〈新竹玻璃工廠　決定設廠竹東昨日接管香料工廠〉，《聯合報》1954年2月15日，4版。

[20] 許雪姬、楊麗祝、賴惠敏合著，《續修臺中縣志‧人物志》（臺中：臺中縣文化局，2010年），頁224-226；許雪姬《霧峰林家相關人物訪談記錄（頂厝篇）》（臺中：臺中縣立文化中心，1998年6月），頁58-59。

年生產事業管理委員會決議開放民營，由林雲龍承租，因為當時林雲龍經營南華，申請美援黃豆生產養豬的飼料豆餅，所以美援找林雲龍接手經營，承租後改為臺灣煉鐵公司。[21]1954年實施耕者有其田政策開放四大公司民營之前，政府也陸陸續續將一些工廠出售給民間經營，這個行動也增加了民營工廠數目的成長，估計數目約在500家左右。這些工廠的規模並不算太大，1950年代全臺灣的民營工廠，只有開放民營的四大公司之一的臺灣水泥可以列入大型企業。[22]

三、戰後新設工廠的現代性

　　臺灣在1945-1952年間設立民營工廠的行動相當積極，尤其是民生所需的電燈、變壓器以及味精、燒鹼等化學工廠的增加相當明顯。

（一）電燈及變壓器等電器生產

　　電燈及變壓器等與電力相關之器械製造，是十九世紀出現、二十世紀急速發展的產業。臺灣從清末劉銘傳開始設立發電廠，日本時代繼續建設發電、送電系統及推展民生用電設備，電燈、電錶及變壓器、電話、電扇成為民生用品。但到1945年殖民統治結束為止，燈泡還有開關、插頭等皆依賴日本供應，臺灣只有1941年由日本人設立的臺灣通信工業株式會社，生產電話

---

[21]　前引許雪姬《霧峰林家相關人物訪談記錄（頂厝篇）》，頁54-55；呂士炎〈臺灣鋼鐵工業的現況〉，《臺灣經濟月刊》11：4（1954年10月），頁23。

[22]　大型企業的定義指營業額達1億的公司。1953年的臺灣水泥營業額超過1億，翌年放領民營，成為第一個符合大型企業標準的民營企業，到了1958年嘉新水泥、臺灣鳳梨（1955民營）、臺灣製紙及中國人絹四社才達到大型企業的標準，之後幾乎每年都增加5社以上，到了1965年臺灣經濟自由化後，紡織及電子等出口產業的大型企業增加快速。王作榮等調查《臺灣における大手企業の實態》（臺北：財團法人交流協會，1974年3月），頁15-18。

供應臺灣市場，也生產收音機賣給放送局。[23]臺灣通信工業位於士林，資本150萬，戰後由政府接收，1947年改組為臺灣省工礦公司電工廠，因應市場需求，乃增加設備生產燈泡。[24]

　　燈泡的市場需求也吸引私人投資。第二次世界大戰結束，日本戰敗，戰爭嚴重破壞了日本原有的工業生產能力，船隻也大量損失，臺灣燈泡供應中斷。臺灣市場的燈泡需求吸引投資，1947年由陳富中設立臺光電器廠，全部機器均在臺自製，月產能力約6萬只，這是臺灣自製電燈泡之始。工礦公司士林電工廠增添設備開始生產，是第二家。1949年華南聯記電器廠拆遷來臺，在新竹設立東亞電器廠，三廠合計月產能力16萬只，臺灣生產燈泡已足以供應市場。[25]因為兩家民營燈泡廠品質一直無法提升，1951年6月貿易商李天賜找兩家業者合作，臺光與東亞合併，改組成立東亞電器廠股份有限公司，資本150萬，李天賜出任董事長，陳富中擔任總經理，兩度到日本考察後向松下電器購買2套最新的自動燈泡機器及全套試驗儀器，並聘請兩名日籍技師來臺指導，經過1年多不斷改善品質並加強檢驗，以提升品質；新產品定名為東亞標準燈泡，月產能力提升為30萬只，成為臺灣最大工廠，產品領有正字標記，接著管制進口，1953年已呈現生產能力超過需要一倍以上的生產過剩現象。[26]

　　電錶及變壓器，戰後日本供應也中斷，鄭國慶及時投入生產。鄭國慶是臺北人，十多歲時到日本海軍飛機廠工作時，負責電機修理及裝設工作，學習電機知識。戰後回到臺灣，看到電錶拆掉換新時再利用的可能性，收購舊電錶拆開修理組裝成新電錶，拿到臺灣電力公司的高壓試驗所檢定合格後銷

[23] 〈臺灣通信工業會社永淵商會を買收、新設〉，《臺灣日日新報》1941年4月15日，2版；〈臺灣通信工業　士林工廠竣工〉，《臺灣日日新報》1941年8月14日，2版。

[24] 亞蒙〈臺灣的電燈泡工業〉，《中國時報》1953年8月31日，3版。1954年標售民營，即士林電機。

[25] 〈華南電器廠等呈請停止向日本訂購電燈泡電送案〉，1949年8月，《省級機關檔案》典藏號：0044870008668002。

[26] 若谷〈臺灣電燈泡工業的厄難〉，《臺灣經濟月刊》4：3（1950年10月），頁20-22；前引中國新聞資料編《自由中國的工業》，頁78。

售，品質有保證且比進口貨便宜，口耳相傳下，電錶一個個賣出去了。修理電錶、賣電錶大約持續一年，累積了資金後，1947年以4,000元資本創立三厚電氣工廠，生產變壓器。電流經由變壓器後成為機械運轉所需要的電壓，是供應工廠動力的重要設備，品質絕不能馬虎，向電力公司收購廢棄的電容器，以取得適合的絕緣體材料，達到應有品質。1949年起開始製造桿上變壓器時，絕緣體原料銅線向日本進口，品質更穩定，生產的變壓器有40%賣給臺灣電力公司。[27]

（二）燒鹼等化學工業

燒鹼屬基礎工業藥品，在化學工業部門中占有重要的地位，具近代色彩的日常生活必需品，如肥皂、火柴、醬油、印染等都需要鹼，鋁業、製紙業、味精業也會用到。

這些日常生活必需品，在戰前主要由日本供應，例如臺灣在日本時代大量消費味之素，戰後進口困難時開始設立味精工廠。最早創設的工廠是廖樹墩在臺中所設之中協味光化工廠，1947年的設備僅有耐酸陶製之小型分解器工具的小工廠。林煜灶1946年5月設立大同化學工業廠，設備有耐酸陶製分解器4具，日產味精能力為15至20公斤之間，工廠規模較佳，也是小廠。1947年底，上海太平洋化學工廠開始籌設臺灣分工廠，1948年10月正式推出津津牌味粉應市，其後隨大陸局勢之改變，大陸味精工廠陸續來臺設廠，高雄天香、天昌兩廠及新竹雍南化工廠相繼出現，味精工業因此在臺灣奠立了基礎。[28]

李宗雯等撰《創造財富的人（第六集）》（臺北：聯經出版事業，19年），頁102-115；〈泰購變壓器三厚廠得標〉《聯合報》1964年12月15日，5版。〈日大阪變壓器　與三厚廠合作〉，《中國時報》1966年5月22日，5版。1964年泰國向三厚購買42具變壓器，打開臺灣產變壓器外銷之路，1966年並取得日本大阪變壓器株式會社的技術合作，進一步提升品質。

[28] 孟如〈光復以來本省味精工業之發展〉《臺灣經濟月刊》6:4（1952年4月），頁32-33。1949年因味精在戰時並非生活必須品，且臺灣生產已可供應，乃正式公告禁止味精進口。

味精等生產時需要用到的燒鹼則是由臺灣本地供應。臺灣開始生產燒鹼是1940年代前後，南日本化學工業、旭電化工業、鐘淵曹達工業先後設立，都屬日資，戰後被政府接收後，1945年底就拆解設備加以重組，修復受損最輕的南日本化學高雄工廠，且開始生產燒鹼，是最早恢復生產的公營工廠。1946年5月改組爲國省合營的臺灣鹼業有限公司，1946年9月生產固鹼運銷上海，打開了重要市場，加上1947年下半年世界燒鹼市場缺貨，上海鹼價大漲，燒鹼只要運到上海即可脫手，獲利甚厚，至1949年可以說是臺灣鹼業公司的黃金時代。[29]臺鹼的經驗具體描繪了戰後初期上海市場龐大需求，是推動修復工作的重要動力。修復工廠將各廠設備拆解重組的經驗，也透露出電解燒鹼設備是可以增減組合的。這些條件構成了戰後民營燒鹼小廠紛紛設立、投產的可能性。

　　戰後日產接收後改組爲國營企業，雖然是由國家經營，但並不是專賣，民營工廠仍然可以設立。戰後臺灣市場需求，以及中國上海市場需求量大，價格有利，提供民營業者有力的投資誘因，臺灣民營小型鹼廠或是標售日產企業改裝，或從中國大陸遷廠來臺，或購置新器材陸續創立。戰後最先建立的民營鹼廠爲新竹的臺光化學工廠，1946年7月開工生產，採用中野式（Nakano cell）電解槽，規模不大。其後陸續設立了仁利化工廠、民生電化廠、義芳化學工廠、宏昌化學工廠等。仁利化工廠爲鄭鍾潮（浙江籍）在1946年來臺創辦，位於南港，製造之地球牌燒鹼及副產品地球牌鹽酸，品質規格與鹼業公司所產相同。1948年採用電解法製造燒鹼之大小廠家多達二十餘家，主要設備爲電動機、直流發電機及電解槽等。[30]臺鹼掌握的資料則謂

[29] 陳慈玉〈一九四〇年代的臺灣軍需工業〉，《中華軍事史學會會刊》9（2004年4月），頁145-189；〈斷裂與連續：戰時到戰後初期臺灣重要軍需工業的變遷〉，《兩岸發展史研究》7（2009年6月），頁155-199；〈自軍需至民需－近代臺灣的鹼氯工業〉，《兩岸發展史研究》創刊號（2006年8月），頁1-19；〈近代臺灣的鹽業與鹼業：技術移轉與產業轉型的一個案〉，《新亞學報》24（2006年1月），頁241-290；〈近代臺灣の塩業とソーダ業－技術革新と產業転換の一例として〉，《社会システム研究》12（2006年3月），頁139-172。

[30] 臺灣省政府建設廳編《臺灣的民營工業》（臺北：臺灣省政府建設廳，1952年），頁59-60；中國新聞資料編《自由中國的工業》（臺北：臺灣出版社，1954年），頁99。

戰後初期先後成立了三十餘家，上海工業家亦出現集資來臺設立鹼氯工廠者，成為臺鹼強而有力的競爭者。[31]

　　戰後小型民營燒鹼工廠在強烈市場需求下乘勢興起，並與大廠競爭，和日治時期只有三家大廠生產的結構不同。小廠為何有能力與國營的大規模臺鹼公司競爭？原因之一是投入技術研究，努力達到鹼氯平衡利用以降低成本，這是因為創辦燒鹼工廠的民營業者之學識經驗豐富，有足夠的技術能力。例如1947年設立的民生電化工業廠的創辦人係前臺鹼公司協理謝明山博士，自己設計、製造電解槽，為了避免停電過於頻繁，或是預防操作上有疏忽而影響氫氣純度，發生爆炸危險，改用水蒸氣與氯化合製造鹽酸的方法，這種製造方法也被其他民營廠模仿採用。鹼氯廠之有無利潤，當視鹼氯能否平衡利用而定。該廠雖產量不大，但能充分利用氯氣製造漂粉、鹽酸或氯酸鉀，隨市場需要運用，夏天因漂染及自來水廠之需要，多製漂粉，冬季爆竹及調味料等業興隆，多製鹽酸及氯酸鉀。[32]

　　1948年開工的義芳化工廠的創設者之一陳芳燦，乃日本京都帝國大學工業化學科畢業，曾任京都帝國大學工學部助手，復從岡田辰三教授攻研電氣化學，戰後返臺，任國立臺灣大學工學院講師，有家族累積之資本與技術。[33]創業生產液鹼和漂白粉，不到一年大陸市場喪失，不得不另找燒鹼的銷路，正好北投磁土礦區內掘出輕質白土，含有約70%的矽砂，用漂粉漂白後再用燒鹼處理可以製造泡化鹼。泡化鹼是矽酸鈉（Na_2SiO_3）之俗稱，為製造肥皂之原料，1950年竹東之臺光廠也開始利用燒鹼融解矽砂製造泡化鹼，成為具有競爭力的燒鹼加工品。1950年7月，市面因缺乏氯酸鉀，乃應用戶的要求，開始製造氯酸鉀，同時也製造氯化鈣供給冷凍業者，1952年合

[31] 經濟部國營事業委員會編《廿五年來之經濟部所屬國營事業》（臺北：經濟部國營事業委員會，1971年5月），頁5。

[32] 方佩芬〈民生電化工業廠〉，《鹼氯通訊》3（1952年7月），頁58-62。

[33] 〈義芳化學工業公司陳芳鑄呈報創設化學燒鹼工廠一節核准案〉，1947年12月，《省級機關檔案》典藏號：0044720001740001。

成鹽酸應市，工廠氯氣利用設備可以充分利用氯氣，降低成本。[34]位於雲林縣斗六鎮近郊的宏昌化學工廠是1948年2月由歐藤源所創辦，不但研發出白色透明的液鹼供應新營至臺中一帶之肥皂廠、染織廠、調味廠及紙廠等，並效法歐美大廠提出收入之若干為研究費，從事技術上之改進。[35]

　　第二次世界大戰結束後臺灣政權轉移，也改變臺灣市場結構，日治時期臺灣各種現代民生用品如電燈、變壓器、味精等產品，主要由日本供應，戰後供應中斷，臺灣市場供給不足而出現的商品需求，是誘使投入生產之主因，而1947年二二八事件之後的貿易改革，臺灣與上海貿易較為正常化之時，臺灣與上海之間也建立了交換商品的貿易關係，提供了第二個在臺灣建設新工廠之誘因。從〈表9-1〉的統計數字來看，1946、1947年起金屬、機械以及化學工廠的家數基本上超過日治時期最高數字並在1950年代持續發展，且於戰後積極增設的工廠，而創辦金屬、機械以及化學工廠需要學識與經驗，屬於重化工業，乃具有現代性之產業，同時也出現重視技術研究的具體例證。

四、政府政策扶植產業

　　1949年中華民國政府遷臺，臺灣工業經營環境出現變動。第一個變化是1949年6月喪失上海市場之後，產品只能供應臺灣市場，同時原本依賴上海供應之商品嚴重短缺；第二個變化是政府政策的影響力變大，積極扶植某些臺灣需要的產業，展開進口替代政策。

　　戰後初期國民政府在臺灣採取全面性的經濟管制政策，包括日產企業

---

[34] 陳芳燦〈義芳化學工業股份有限公司〉，《鹼氣通訊》15（1953年7月），頁69-70；章子惠編《臺灣時人誌》（臺北：國光出版社，1947年3月），頁98。
[35] 光吾〈斗六宏昌化學工廠〉，《鹼氣通訊》16（1953年8月），頁59-61。

接收國營、米糧統制配給、肥料換穀、土地改革、貿易管制與匯率管制等獨
占、聯合壟斷與價格控制，造成臺灣經濟的混亂。[36]但這些政策除了日產企
業接收國營之外，大多屬於流通領域，較少生產領域的管制。1949年國民政
府遷臺之後更積極介入經濟活動。因為超過百萬以上之軍民隨政府遷臺，物
資供應極度緊張，軍事費用龐大，財政不足，必須積極介入經濟活動掌控更
多資源，1949年6月成立臺灣區生產管理委員會取代資源委員會管理公營企
業，並調整戰後初期以中國為中心的兩岸分工體系，以臺灣需求為主，調整
產業布局。由於資源有限，衡量之後，選擇電力、肥料及紡織為優先，發展
工業。在政府實施進口紗布管制，以及用美援原棉代紡代織的政策下，紡織
工業迅速擴展。[37]國民政府遷臺初期，國家的控制力很強，主要目標是增進
國內物資生產、減少進口，採取進口替代政策。進行土地改革，提高農業生
產力，並以四大公司的股票做交換，將土地資本轉移到工業資本，對工業發
展也有正面影響。[38]

影響國民政府經濟政策的另一股力量來自美國。1950年韓戰爆發後，美
國宣布協防臺灣，大量美援適時到來，填補財政、物資、資金之不足，臺灣
經濟惡化情勢逐漸獲得控制，同時對日後臺灣經濟發展方向也有關鍵性影
響。美援大部分用於公共建設與公營事業，但其所造成的良好投資環境與鼓
勵自由經濟政策，均有利民營企業的發展，為日後臺灣經濟之自主與持續成
長打下基礎。[39]進口替代政策時期，進口商品受到管制，表示臺灣市場基本
上對臺灣廠商開放，進口商品的壓力減少，對消費性商品生產有利。其次，
臺灣內部生產不足的消費品，如紡織工業及腳踏車工業，政府加以扶植。

日治時期臺灣有紡織業。1942年臺灣本地生產可以供應15.8%的市場需

---

[36] 吳聰敏〈1945－1949年國民政府對臺灣的經濟政策〉，《經濟論文叢刊》25：4（1997年12月），頁521-554。
[37] 吳若予《戰後臺灣公營事業之政經分析》（臺北：業強出版社，1992年）；李國鼎、陳木在《我國經濟發展策略總論》（臺北：聯經出版事業公司，1987年），頁264-273。
[38] 馬凱〈臺灣工業政策之演變〉，馬凱主編《經濟發展與政策》（臺北：中華經濟研究院，1991年）。
[39] 李國鼎、陳木在《我國經濟發展策略總論》（臺北：聯經出版事業公司，1987年），頁24-25。

求，但是日本資本占了9成，且技術及管理都由日本人負責，戰後被國家接收改組爲公營企業。戰後兩三年間因日本紡織品進口中斷，民營織布廠快速成長，民營織布機占了60%，超過公營。1948年起中國公民營紡織廠拆遷來臺者日多，1949年6月國民政府成立臺灣區生產事業管理委員會後，採取高度管制及高度保護政策，控制棉花分配及電力供應，實施代紡代織政策並限制新廠設立，保障紡織廠之獲利，1954年紡織品已經可以自給自足，這是國家大力扶植之下的成就，1957年（民國46）國家全面取消對紡織業的管制之後，產能更進一步大幅增長，1960年代出口導向更帶來高度成長。臺灣需要布料的市場需求機制，以及國家分配原料，代紡代織及實施設廠許可等干預政策，1950年代在中國撤來臺灣的紡織機器與人才主導之下，臺灣紡織業快速成長。**40**

政府也曾專案輔導腳踏車工業，1950年代大東工業公司生產，以「飛虎」爲名的腳踏車馳名寶島。大東工業公司的前身爲造紙廠，歷史相當曲折。第一造紙廠由劉樸齋以1.7億得標，因資本不足要求分期付款，也取得同意，購買後更名爲大東工業公司造紙廠。**41**該廠機器主要爲製造甘蔗板，但購廠後因缺乏原料蔗渣無法開工，爲了維持生存只得進行技術研究，最初製造薄葉紙、包針紙、火柴紙、包紗紙等包裝用紙，1949年國府撤退來臺後，原本自福州輸入的毛邊紙來源中斷，該廠研究製造毛邊紙成功，用機器製造的毛邊紙色澤、粗細厚薄完全一致且美觀，而且成本低廉，僅爲福州毛邊紙的三分之一，不料卻因電力不足、機器缺乏動力無法運轉，只能少量生產。1950年代大東工業公司轉而研究腳踏車整車製造。當時腳踏車是臺灣最

---

40 瞿宛文〈重看臺灣棉紡織業早期的發展〉，《新史學》19：1（2008年3月），頁167-227；林忠正〈臺灣紡織工業發展政策之研究〉，《臺灣風物》45：3（1995年9月），頁122-172；林忠正〈臺灣近百年產業的發展—以紡織業爲例〉，《臺灣近百年史論文集》（吳三連臺灣史料基金會，1996年），頁469-504。林忠正將時間拉長到，1960年代棉布產能過剩，人纖工業開始萌芽、興盛，1980年代達到最盛期，然後因國際相對成本的變化，成衣業在1980年代中葉衰退或外移。

41 〈大東工業股份有限公司小座車請准予登記證明案〉，1948年3月，《省級機關檔案》典藏號：0044720004180021。

主要的交通工具，無論城市農村的代步載重都得靠腳踏車，據調查自行車登記的數量已達60萬輛，但是幾乎全靠進口，耗用大量外匯。政府為節省外匯而自1952年10月開始專案輔導腳踏車工業，除貸予生產週轉資金外並代購原料，協助督導生產技術、檢驗產品、管制市場銷售價格。接受輔導的4家腳踏車裝配整車工廠1953年度實際產量為23,207輛，1954年1-3月分已生產整車6,785輛，大東工業公司的產量雖然約為22%，但銷售額則為186萬，約占全體銷售額463萬之40%，以「飛虎」為名的腳踏車馳名寶島，成為當規模最大的自行車製造工廠，並獲得美援貸款補助。**42**

從〈表9-1〉的統計數字來看，1953年時，紡織工廠有1,223家，遠遠超過1941年的147家及1949年的270家，自行車所屬的機械工廠在1949年之後也再度成長，顯示了國家政策扶植下的成長效果。

五、臺灣中小企業在1952年已奠基

透過上述檢討，可以看到1945年戰爭結束，1946年民間資本相繼購買日產或投資設立新工廠。1949年喪失上海市場、國民政府遷臺後政策轉趨積極，上海等中國商人遷廠來臺，紡織、自行車等產業在政府扶植下快速成長，1949年之後公營事業也漸恢復生產。在民營及公營事業共同努力之下，1952年的工業生產恢復到戰前水準，但並不是回歸到戰前的樣貌，1952年時不但戰爭的破壞已被修復，紡織、肥料工業大量增加，水力發電、交通、水泥與化學工業等日治時期已有的產業超過戰前的最高水準，還有許多戰後新創辦的工業包括：黑鐵皮、鍍鋅鐵皮、馬口鐵皮、DDT、電池、自行車、

---

42 〈大東工業有限公司〉，《徵信新聞》1952年1月17日，2版；〈民企貸款輔助下的四種工業三、自行車工業大東工業公司參觀記〉，《徵信新聞》1954年4月26日，4版；〈大東工業公司資金感缺乏　請當局協助〉《徵信新聞》1958年2月1日，2版。1958年的這筆資料，也成為大東工業公司的最後一筆資料。

電扇、熱水瓶、塑膠品、棉織品染色與印花工業、毛織品、鋁器、牙膏、味精等業。此外如紡織品、肥料、水泥、食用油、硫璜、油漆、藥品、皮革、石油產品、麵粉、合板、電燈泡、橡膠製品、縫紉機、汽水飲料及肥皂等工業也有顯著的增加，這些商品大多屬於消費品。[43]

　　紡織品以及肥料在日治時期主要由日本供應，第二次世界大戰時成為總督府的臺灣自給民需工業的重點產業，戰後肥料生產成為公營的獨占事業，與紡織業是1949年國民政府遷臺後，以國家力量直接投入並扶持發展的重點產業，成長迅速，特別是紡織品在1954年已經可以自給自足，乃是漢人移民臺灣以來，首次紡織品可以自給自足。戰後的電器產品、自行車、味精等消費用品產業，則由日本供應轉變成在臺灣生產，而且民生消費品的產品項目及產量也增加，與臺灣戰前在日本統治下以糖業為核心，並且發展方向必須考量日本帝國需求的殖民地經濟結構不同。因而1952年工業生產恢復到戰前水準，並不僅是修復戰爭的破壞，在數量上恢復到戰前最高水準，臺灣的工業內容也有很大改變，臺灣漸漸脫去殖民經濟之性格，成為一個漸趨獨立自主的經濟體，性質上出現明顯變化。

　　戰後新創的民需產業，大多是民營，規模不大，加上戰前所累積的臺灣人中小工廠，因而臺灣民營中小工廠數量眾多，工廠數與人口之比例超出美國、日本等工業化國家的現象，在1953年已經被認識。1953年美國與臺大合作調查臺灣民營工業時，指出臺灣小工廠為數甚多，大工廠以及中型企業很少，臺灣社會呈現已經眾多小工廠林立的現象。

　　在一個工業逐漸成長的地區，規模極小的作坊應較臺灣目前所有者為少，在全部工業用品之中，這種小作坊的產品所占的百分比，也應遠較目前臺灣的情形為少。

---

[43] 雷柏爾（Arthur F. Raper）、全漢昇、陳紹馨著《臺灣之城市與工業》（臺北，國立臺灣大學出版，1954年），頁2-4、112。

迄今為止中美合作的工業計畫，以重建和擴充大規模工業，和生產更多消費品為主，現在應再加上第二個重點，就是援助能多為多數人提供更多就業機會的工業，包括小型及中型工業，以彌補農業、家庭工業與大的公營企業之間的空隙。**44**

　　臺灣社會呈現眾多小工廠林立的現象的原因之一是市場力量主導工業發展。戰後初期臺灣的工業生產恢復的動力，主要來自臺灣市場以及上海市場的需求，日本具現代性的消費商品如電燈、調味料等退出臺灣市場，臺灣生產上海市場所需燒鹼等現代性商品，在市場誘因下公營企業及民營產業同樣受到鼓舞，從政府手裡標購日本人留下的舊設備，或是設立新工廠，投入生產。1949年臺灣近一萬家的中小工廠，是以市場機制為主要成長力量。1949年後經濟成長的動力在市場機制之外，加上政府干預力量，出現在紡織業以及自行車。但經濟現象複雜，市場機制與政府干預一直是並存的，就紡織業來說早期政府干預力量大於市場機制，政府適時、合宜的干預，讓發展更為迅速順利，但是必須以有市場需求為基本前提；紡織業戰後初期急速成長，並在1969年（民國58）成為最重要的輕工業；可是在臺灣工業的比重，1951年約占18%，1954年約占24%，到1990年（民國79）不曾超過24%。**45**因而可以說戰後初期臺灣工業之發展，市場機制扮演更重要角色。

　　戰後初期臺灣民營工業之發展，市場機制扮演更重要角色，但也產生限制，因為臺灣面積狹小，市場也是狹小的，因而以臺灣的市場需求為目標而設立的工廠，必須適合臺灣市場條件，規模也不會大，例如美國在十九世紀交通建設尚未普及的運輸成本高昂之時代，市場局限於地方時，小規模企業也是主流。**46**市場機制做為參與動力，生產規模受到市場規模左右，如果政

---

44 前引雷柏爾（Arthur F. Raper）、全漢昇、陳紹馨《臺灣之城市與工業》，頁45，101-109。

45 葉淑貞〈臺灣工業產出結構的演變：1912－1990〉，《經濟論文叢刊》24：2（1996年6月），頁243-244，268-269。占比從附表3計算。

46 Robert L. Heilbroner and William Milberg "The making of economic society", Upper Saddle River, N.J.: Pearson/Prentice Hall, c2008,PP.89-90.

府無法管制設立工廠的數量，更容易出現小工廠林立的狀況。

　　臺灣社會呈現眾多小工廠林立的現象的另一個條件是技術人才的眾多。設立現代工廠的人才擁有專業知識與設計、生產等技術能力，接受專業教育是擁有技術能力的重要管道。日治時期工業教育培育之人才的多年累積，以及第二次世界大戰時在臺灣增設工業學校，還有日本海軍徵用臺灣學生到日本生產飛機，接觸到電氣、精密機械、引擎等，無意中也養成了一批人才，引發戰後初期技術擴散的效果。[47]技術人才眾多，也是臺灣社會遇到1949年上海市場喪失重大打擊時，如燒鹼業一般，廠商以強化研發、善用本地資源生產更多種類之商品解決問題的基礎。

　　以技術研發解決困難的例子也出現在戰前設立的廠商，如1949年第一批造型渾圓厚重的大同電風扇出現在臺灣市場，乃是大同公司1948年失去政府的鐵路車輛修護契約，公司突然失去80%的訂單，陷入危機，林挺生決定利用既有的設備生產多元化的消費性商品，設計製造國產電扇。[48]設計主要由總工程師劉新楡負責，劉新楡是日本東京帝大電機科畢業，精通電扇馬達的原理與製造；實際從事生產的則是日治時期設立之大同技術養成所訓練出來的技術人才，林挺生到國外買電扇回來，他們就拆解全部的電扇零件，仔細研究，再做出另一臺效果更好的電扇。[49]又如1944年（昭和19）4月設立的維和股份有限公司化學工廠，[50]用臺灣豐富的魚肝油為原料，生產雙帆牌魚肝油球。1948年的產能已足以供應臺灣市場需求，乃將市場擴展到廣大的中國，1949年增設了魚肝油製球機3座、冷凍機1座、放熱機1座，準備大量生產供應中國廣大市場，因市場喪失遭到重大打擊，只好努力提升品質求生

[47] 林玉萍《臺灣航空工業史：戰爭羽翼下的1935年－1979年》（臺北：新銳文創，2011年），頁13-51，221-222。

[48] 〈大同公司員工們的協調合作帶來利潤給經營者及員工們〉，《大同》46：6（1964年6月），頁9；林挺生〈殫智盡忠實行主義，工業報國以壽總統〉，《大同》46：11（1964年11月），頁5。

[49] 劉益昌、林祝菁《林挺生傳：教授、校長、董事長》（臺北：商訊文化，2008年），頁73-74，136。

[50] 十週年紀念特輯編輯委員會編《臺灣製藥工業》（臺北：臺灣區製藥工業同業公會，1958年9月），頁17-39。

存，於1950年（民國39）研發高單位維生素B的康力素上市，在狹小且競爭
激烈的臺灣市場求取生存。[51]這些都是工業經營者重視研究，並在外在環境
改變時以技術研究度過危機的例子。

戰後初期臺灣民營工業的另一股力量是來自中國的資本與技術。1947年
臺灣與上海市場有交流時就已經有資本家到臺灣設立工廠，但例證不多。
1948年底、1949年國民黨戰事失利，許多上海商人對共產黨的社會主義有疑
慮而遷廠香港、臺灣。遷廠到臺灣的上海商人在1950年代的紡織、化學工
業、食品加工及木材業占有重要角色，1970年（民國59）臺灣百大企業中約
有四分之一是上海商人，到1990年代約爲十分之一。1949年前後來臺的上海
商人帶來設備與技術，對臺灣經濟有正面貢獻。[52]

臺灣本地培育的眾多技術人才，在戰後初期的市場需求誘因下投入工業
生產，加上來自中國的資本與技術，以及政策扶植產業，民營工廠的數量與
資本額漸增。戰後初期石油、糖、燒鹼、肥料、金屬、機械、鋼鐵、造船等
由國家經營，從民生工業到原料、燃料，幾乎涵括了所有的基礎產業。但因
國營事業並不是專賣，產品必須在市場上與民營工廠競爭，形成國營企業與
民營企業的雙重結構。民營工業種類繁多、參與者眾、競爭激烈，效率提升
與成長速度較快，原本規模狹小、設備陳舊的民營小工廠，在1953年時的生
產額爲44.1%，與公營企業的55.9%已相去不遠；並在1960年（民國49）之
前逆轉，民營工業在1960年代成爲臺灣經濟成長的主力。[53]

公民營產業勢力逆轉的可能因素之一是戰後臺灣的消費市場因日本商
品缺乏，爲了補足這個空白而出現在臺灣的新產業、新製品相當多，而政府

---

[51] 中國新聞資料編《自由中國的工業》（臺北：臺灣出版社，1954年），頁95。

[52] 謝國興〈1949年前後來臺的上海商人〉，《臺灣史研究》15：1（2008年3月），頁131-172。

[53] 隅谷三喜男、劉進慶、涂照彥《臺湾の経済》（東京：東京大學出版會，1992年），頁129-134。不
過國營企業與民營企業的雙重結構，一直沒有很大的改變，如中國石油化學工業、中國鋼鐵一般，掌
控重化學工業的上游之情形，在二十世紀一直存在，也有一些影響力。另外，中國鋼鐵在2002年民營
化，煙酒公賣也在2002年畫下句點，但中國石油公司仍然是國營事業。

亦傾向新產業、新製品以民營為主。1953年政府提出第一期四年經濟建設計畫，物資與財政不足的困難仍然存在，政策偏重勞力密集輕工業，以紡織、食品加工、皮革、橡膠、合板及公營的肥料等產業為重點，目標是取代進口，同時實施進口管制，以複式匯率、高進口關稅減少消費性商品進口。[54]第一期四年經濟建設計畫的資金依賴美援，在美國影響下，政府經濟政策以民營為主的趨勢明顯化。1957到1960年的第二期四年經建計畫期間，臺灣電工器材生產項目較計畫更多，如電動機，大同公司新廠完成後其他各廠亦競購新設備，增加產量並提高品質，開始大量外銷。[55]經建計畫所規畫的新產業、新製品，大多以民營為主，政府保障私有財產，投資者較能安心投資，1953年之後臺灣工業穩定且快速的成長，1953-1990年之間年平均成長率達13.61%。[56]

　　1953年之後臺灣工業穩定且快速地成長，必須克服的一個難關是過於狹小的臺灣市場，很容易出現生產過剩。1952年時肥皂、榨油、氯酸鉀、鋁器、火柴、針織、毛紡廠、手工織布、毛巾及橡膠業等因工廠之設備及生產能力超過了內部市場需要，各廠降價傾銷陷於困境，臺灣省政府決定暫停設立新廠；1953年燈泡生產過剩，1954年紡織品已經可以自給自足，繼續發展下去很容易就陷入生產過剩、削價競爭的危機，乃以出口導向政策解決臺灣工業生產過剩的問題。臺灣順利地從進口替代轉變為出口導向政策原因是什麼？將在下一章討論。

[54] 葉淑貞、劉素芬〈工業的發展〉，《臺灣近代史　經濟篇》（南投市，臺灣省文獻委員會，1995年6月），頁229-231。

[55] 陳茂榜《經營漫談》（臺北：聲寶雜誌，1976年），頁406-407。

[56] 前引葉淑貞、劉素芬〈工業的發展〉，頁212-216。

第十章　一九六〇年代臺灣中小企業國際競爭力之形成

　　戰後臺灣經濟成為輸出依存工業化之典型，學者用國際加工基地形容，乃是指1960年代工業產品之出口、貿易成為工業成長的主要動力、生命線。臺灣1976年（民國65）之後長期的出超，表現了經濟的強韌性，但是重視出口並不是戰後初期臺灣一貫的產業政策。1950年代臺灣經濟政策以進口替代為主，出現生產過剩問題後調整政策，1960年代轉而採取出口導向政策並順利轉換，這是戰後臺灣工業化之重要關鍵。

　　臺灣不是唯一一個從進口替代政策轉移到出口導向政策的經濟體，基本上，工業相對落後國家發展工業的方式，先在國內設廠生產進口商品並取而代之，採取進口替代政策；當進口替代政策取得一定成果，國內市場趨向飽和之際轉而將商品出口，實施出口導向政策的轉換歷程，合乎經濟理性。但是從進口替代政策轉移到出口導向政策的過程充滿變數，通過市場考驗的國家不多，臺灣在1960年代經濟政策順利轉型原因之探索，乃是重要課題。

　　目前分析臺灣在1960年代順利地從進口替代轉變成出口導向的原因，以外部因素為主。外部因素包含外資到臺灣投資、工業先進國開放市場以及越戰的特需三種因素。但是這三種外部因素並不是臺灣特有的條件，而是世界經濟共通的條件，不同經濟體若採取同樣政策亦會出現不一樣的結果，因而臺灣的內部因素亦必須列入考量。

　　臺灣內部因素之討論，向來集中在臺灣擁有低廉、供給豐富、素質高且勞工運動被禁止的開發獨裁體制，這是臺灣與韓國共通的重要因素，同時也是吸引外資、支持臺灣製品出口競爭力的要因。[1]開發獨裁體制無疑是1960年代臺灣順利從進口替代轉移到出口導向政策進行的重要條件之一，但因為臺灣特色乃是由眾多的中小企業生產出口商品，國家力量不太能有效管理中小企業，製品品質參差不齊向來是中小企業的弱點，而勞工人權被壓抑的開發獨裁體制，只能壓制勞工運動，無法強制勞工生產出品質好的商品，因而

---

[1] 隅谷三喜男、劉進慶、涂照彥《臺灣の経済》（東京：東京大学出版會，1992年），頁112-125。

臺灣如何生產出品質、價格能夠取得國外消費者青睞，具有國際競爭力的商品，仍然需要再深入檢討。

　　本文將從企業的角度，即以1950到60年代臺灣重要的出口商品機械、電器、塑膠、合板等打開外銷市場的經驗爲具體事例，討論臺灣中小企業如何取得國際競爭力。

一、出口導向的政策改革

　　從歷史經驗來看，十七世紀米糖經濟成立，砂糖是貿易商品，臺灣的經濟一直與外部市場連結，不論是荷蘭、明鄭時代的國際貿易，或清治及日治時期，都需要與臺灣島外進行交換，進出口一直是臺灣工業成長的重要動能之一。1950年代國民政府的進口替代政策目標是增進國內產業的生產能力以減少進口量，爲了限制進口，採取繁苛的複式匯率制度與嚴格的進口管制措施，對出口不利，狹小的市場很容易出現生產過剩，屬於較特別的時期。

　　生產過剩是現代資本主義經濟最大的危機，當工廠設備及生產能力超過市場需求，商品生產過剩滯銷而出現削價競爭危機時，解決之道有兩種，一是限制生產，可以由同業組合達成協議，或是由政府強制規範；另一個方法是積極外銷，開拓市場。臺灣在生產過剩壓力下，一些工業產品嘗試外銷，以擴大市場需求解決生產過剩難題，例如紙張從1952年外銷約8萬美元，之後每年成長，1956年（民國45）成長爲55萬美元。電扇外銷則始自1953年大同公司電扇運往菲律賓。紡織品與鋼鐵機械業製品在臺灣的產量增加很快，1956年棉織品、鋼鐵產品，如鋼筋、三角鐵、洋釘、黑鐵絲、鍍鋅鐵絲等，還有自行車、縫紉機開始嘗試外銷。[2]

---

[2]　劉朗〈臺灣外銷工業〉，《臺灣經濟月刊》16：3（1957年3月），頁16-17。

　　棉織品生產過剩而被迫出口的過程，讓政府採取進口替代的管制政策有礙出口的問題清楚浮現。1956年出現棉紗生產過剩、滯銷的恐慌，由於紡織業是政府管制、扶植產業，政府也要協助解決問題，採取的方式是命令紗廠減產，但仍無法解決問題，於是鼓勵出口外銷，將過剩棉紗三千七百多件運香港銷售換取棉花，以維持生產，並由中信局出面，不惜血本標下泰國的卡其布訂單，盈虧由中信局負責，紡紗廠的難關才勉強渡過。但外銷過程中發現政府並沒有一套切實可行的外銷原則，每一件外銷案都需呈准政府專案處理，而產品的成本計算沒有準確的方法，外銷的金融周轉時間長，利息太高以及政府的規費太多等等都增加了成本負擔，造成出口障礙。[3]日益嚴重的生產過剩危機，導致生產過剩必須尋求新市場的產品一直在增加，外銷困難變成嚴重問題，社會經濟壓力日益沉重。

　　政府方面也看到1950年代中後期出現一些令人擔憂的現象：(1)國際收支仍然有大幅赤字，出口雖有成長，仍只有進口的60%，赤字一直依賴美援填補，但美援計畫並無法無限期延長，米及糖的國際市場價格也在下降中，出口無法大幅增長。(2)1954年之後臺灣民間企業的絕對總投資額出現停滯，生產總額的成長率也持續下降。[4]愈來愈多的產品呈現市場飽和，影響民間的工業投資意願，米糖出口無法補足國際收支之赤字，國民政府遷臺以來的進口替代政策無法處理新問題。

　　不僅如此，國民政府遷臺以來的經濟政策，藉著嚴格的進口管制以維持國際收支平衡的制度，完全否定了價格制度的機能，產生了嚴重的缺點，例如生產結構與貿易型態扭曲、經濟資源的錯誤利用、浪費，以及財富分配不公平，原本制度設計時考量的穩定經濟之優點已被各種流弊淹沒，阻礙出口發展。另一方面，臺灣經濟自1953年以來供給不足的惡性通貨膨脹危機已漸

[3] 張耀君〈四五年度的棉紡業外銷及其檢討〉，《臺灣經濟月刊》16：1（1957年1月），頁73-
[4] Economic growth and structural change in Taiwan : the postwar experience of the Republic of China/edited by Walter Galenson. Ithaca, N.Y.: Cornell University Press, 1979. PP. 308-383

漸消除。[5]政府的財政問題趨緩，管制性質的經濟政策流弊日益惡化，民間經濟壓力日益沉重，這些因素共同形成1950年代後期經濟政策改革的機運。

經濟政策改革重點放在外匯、貿易，主要推手是尹仲容。1958年（民國47）3月行政院進行局部改組，楊繼曾出任經濟部長、嚴家淦出任財政部長，並取消財政部長兼任外匯貿易審議委員會主任委員的辦法，任命尹仲容出任外匯貿易審議委員會主任委員，4月公布外匯貿易改革方案，由尹仲容負責執行。[6]

尹仲容對當時的經濟困境有清楚認知。1957年尹仲容撰文指出紡織品、平板玻璃及人造絲的供給超過國內的需求，極待尋求海外市場；新設的塑膠原料PVC廠建廠之初，就計畫將半數以上的產品輸售國外；電扇與縫衣機等也須爭取外銷。任何一國的經濟都無法完全自給自足，臺灣是一個狹小且資源極有限的海島，若干原料必須取自海外，規模經濟工廠必須要有海外市場才能支持，貿易是工業、農業有初步基礎之後經濟繼續繁榮的依賴，舉出臺灣當時六個外銷障礙的因素，其中如產品品質不如人、成本太高等四個問題需要民間努力，尤其是品質。生產者應牢記這是工業成敗之所繫，品質不良，即使成本降低也不會有長期主顧，美國許多工廠的產品檢驗部高懸「次一個驗貨者將是顧客了」，用類似這樣的標語提高檢驗人員的警覺，重視成品品質。但複式匯率制度及出口手續的繁雜兩點則是官方制度帶來的障礙，需要政府與人民通力的合作才有改善的可能。總之，拓展貿易要靠政府與人民的共同努力，國際間的貿易是最現實的，外銷產品如不能做到價廉物美，就很難在國外市場立足。[7]

1958年4月尹仲容開始執行外匯貿易改革方案。尹仲容認識到臺灣需要擴展市場，特別是外銷市場，還得改革外匯採取單一匯率，同時放寬進口限制，減少出口管制及簡化手續，到1960年7月完成改革時，新臺幣對美元的

[5] 尹仲容《我對臺灣經濟之看法續編》（臺北：臺北美援運用委員會，1963年），頁130-132。
[6] 沈雲龍編《尹仲容先生年譜初稿》（臺北：傳記文學雜誌社，1964年），頁450-467。
[7] 尹仲容〈怎樣拓展臺灣的對外貿易〉，《臺灣經濟月刊》17：4（1957年10月），頁3-4。

匯率貶值，從原來的一美元對25元新臺幣貶值到一美元對40元新臺幣，有利臺灣產品之出口。由於價格制度部分恢復，市場競爭也部分發揮功能，經濟得以在比較正常的狀態下發展，同時在國際上也可以得到自由競爭和國際分工的部分利益，鼓勵出口的措施最多。[8]改革進行兩年之後，紡織品、薄荷腦、五金與電工器材、合板、紙及紙漿等工業產品的出口已有明顯增加，1961年（民國50）時，糖米出口僅占33.2%，而工業產品之出口占了39.7%，臺灣的工業突飛猛進是重要原因，而1958年起的外匯與貿易改革也是主要因素。[9]

　　1958-1960年的政策改革之後，政府接著採取一些鼓勵出口的政策，如設立加工出口區及保稅工廠、提供出口商優惠貸款等。

　　設立加工出口區的原始構想出現在1956年經濟安定委員會之提案，1958年一位美國港口專家在評估高雄港擴建計畫時曾作過類似建議，制定獎勵投資條例時也曾認真考慮過這個構想，但最後立法通過是1965年1月，1966年12月臺灣第一座加工出口區正式在高雄出現。加工出口區在當時是創舉，結合了自由貿易區與工業區的構想，並將政府相關行政單位統合在一個地區，替廠商節省了很多行政作業的成本，申請廠商絡繹不絕，1969年決定在楠梓及臺中增設兩個加工出口區。加工出口區是否有鼓勵出口的效果並沒有清楚定論，因為外資可以在加工出口區外設廠，但出口區提供給國內較高的薪水及較好的工作環境、增加政府稅收則是許多研究者同意的。[10]

　　基本上工業相對落後國家為了平衡國際收支，採取進口替代政策，在國內設廠生產進口商品並取而代之，降低進口金額；當進口替代政策達到一定成果，國內市場趨向飽和之時，生產過剩的壓力必須找到出口，外銷尋找更大市場，政府轉而實施出口導向政策，合乎經濟理性，但是從進口替代政策

---

[8]　前引尹仲容《我對臺灣經濟之看法續編》，頁132-149。

[9]　尹仲容《我對臺灣經濟的看法三編》（臺北：臺北美援運用委員會，1963年），頁10-11，266-267。

[10]　Economic growth and structural change in Taiwan: the postwar experience of the Republic of China/edited by Walter Galenson. Ithaca, N.Y.: Cornell University Press, 1979. PP.308-383

轉換到出口導向政策的過程充滿變數。

　　臺灣在1960年代順利地從進口替代轉移到出口導向，政策進行順利。1959年出口占國內生產毛額比率超過10%，1969年超過20%，出口生產需要原料與設備，出口景氣也帶動消費，進口占國內生產毛額比例提高，國際收支赤字在1965年（民國54）之前由美援補足，1965年之後臺灣經濟漸趨自立，到1970年（民國59），出口比率約等於進口，但1970年代國際石油危機等國際經濟動盪，到1975年（民國64）之後出口大於進口的情況穩定下來。臺灣貿易出口所占比重在1975年為36%，1976年（民國65）甚至達到47%，貿易占國內生產的比率偏高，僅次於比利時、馬來西亞及荷蘭，排名第四：但與臺灣的歷史比較，1970年代只是回到1930年代臺灣貿易占國內生產比重的水準，而且隨著國際貿易的快速發展，臺灣的貿易結構也出現劇烈的轉變。1958年外匯開始改革之後，臺灣工業製品出口比重節節上升，出口的電機、機器及紡織、成衣、合板、家具、旅行用品、鞋類等具有比較優勢，漸漸成為1970年代出口的主力。臺灣工業製品出口成功的原因很多，能夠充分有效利用有限的土地資源以及人力、實質資本，使臺灣的工業品出口利潤非常高。工業品出口利潤主要來自低工資成本，臺灣地區工人平均年齡年輕，學習力強容易訓練，工作效率僅次於日本和香港，比美國高，且工時長，但工資成本卻很低。臺灣出口產業的集中有助於降低出口商的成本，多數廠商負責生產，行銷由日本商社或外商處理，只有少數電子機械公司派人到國外爭取訂單。技術與知識、廉價勞工使臺灣有利於生產勞力密集商品、專業分工生產，出口利潤高，吸引更多外國人來臺投資。從臺灣的經驗以及資料可以得知，政府在香蕉、蘆筍及罐頭等農產加工品的產品開發、出口有貢獻，但是因為臺灣經濟變動快速且激烈，推動出口成長、繼續不斷製造出新產品的，主要還是民間企業家。[11]

---

[11] Economic growth and structural change in Taiwan: the postwar experience of the Republic of China/edited by Walter Galenson. Ithaca, N.Y.: Cornell University Press, 1979. PP.308-383

　　臺灣在1960年代順利地從進口替代轉移到出口導向，政策進行順利，政府在1958-1960年的政策改革，1960年代採取一些鼓勵出口的政策，如設立加工出口區及保稅工廠、提供出口商優惠貸款等比較開放自由的制度，當然是重要的。但如同尹仲容所云，拓展貿易要靠政府與人民的共同努力，國際間的貿易是最現實的，外銷產品如不能做到價廉物美，就很難在國外市場立足。民營企業如何充分有效利用有限的土地資源以及人力、實質資本，降低生產成本並做到價廉物美，取得國際競爭力？1960年代臺灣重要的出口商品打開了外銷市場的經驗，提供重要線索。

二、機械與原料自給降低成本

　　現代工業需要機械做為設備，而機械工業有一個特色，即一部機械是由眾多的零件所組成，而且是少量多樣，生產設備的機械化程度較低，最後的組裝及調整需要熟練技術。臺灣的機械工業如前所述，1950年左右大多數的機械零件是可以生產的。1950年代之後臺灣工業持續成長，可以自製產業的機械也增加，例如紡織工業發達後各種附屬工業亦隨之發展，多數機器及零件已能自製。近年工業界重視鋁箔生產取代進口，已有復興製片廠設立，使用的壓延機是在臺灣製造的。[12]臺灣製造產業機械的能力，隨著產業成長而增長。原本公營的臺灣機械股份有限公司設備規模最大，臺灣機械公司主要產品為糖業機械，因有日治時期臺籍員工留任，相關技術得以傳承不輟，1950年代利用美元貸款購置機器設備，並與國外知名廠家技術合作，提升製造生產設備的能力，但仍以承接國營企業的訂單為主要經營內容。1950年代大同、東元等民營機械公司的生產規模或影響力，漸漸超越臺灣機械公司。[13]

---

[12] 臺灣省政府建設廳編《臺灣的民營工業》（臺北：臺灣省政府建設廳，1952年），頁32，47。

[13] 洪紹洋〈戰後臺灣機械公司的接收與早期發展（1945－1953）〉，《臺灣史研究》17：3（2010年9

由於臺灣機械股份有限公司以服務國營企業爲主，因而1950年代臺灣碾米廠、縫紉工業、木材加工機、食品加工等等民營產業需要的機械設備，主要由民營的大同、東元等民營機械工廠生產，兩者共同成長。

臺灣民營的機械工廠有一個特色，就是具有中小企業特性。大同、東元在早期規模也都不大。這些規模不大的機械工廠隨著臺灣產業發展，取得相關機械設備的生產技術方法之一是模仿並加以改良，舉朱紫明等之經驗爲例。

朱紫明出生於1921年，勉強讀到公學校畢業，15歲到日本人經營的鐵工廠當學徒。學徒的工作很辛苦，朱紫明發奮努力學習技藝，自己研究機械設計圖，晚上到成淵中學夜間部繼續進修。1943年左右22歲，已經學到不少技術，乃以多年累積的資本在汐止開設一家小鐵工廠，剛創業時工廠裡只有兩三名學徒，朱紫明身兼老闆、領班、工人三職。第二次大戰結束、日本戰敗退出臺灣，朱紫明認爲這是機會，1945年底立刻把鐵工廠遷移到臺北松山，並投入自己的積蓄擴充規模，設立長興鑄造鐵工廠，修理二次大戰期間受損的機械，也替新設的小工廠安裝機器，1947年工廠步上正軌，生意一筆接一筆的來，忙的團團轉，也逐漸從修配走向生產，製造比較簡單的機器，如工作母機、抽水機、柴油引擎及紡織機等。長興鐵工廠取得紡織機生產技術的方法是先從日本進口一部紡織機，然後把機器解體，繪製每一個零件及構造的圖樣，一一設法仿造，仿造成功後再研究機器性能，並加以改進。[14]長興可以生產紡織機零件之後，朱紫明著手研究製造自動織布機，派人到日本研究2年之後，1955年推出長興標準自動織布機及零件，報界稱贊「進步之速確堪令人驚異」。[15]

工廠學徒出身、獨立創業後再自立學習新技術的例子不是只有朱紫

月），頁151-182；陳政宏《鏗鏘已遠：臺機公司獨特的一百年》（臺北：行政院文化建設委員會，2007年）。

[14] 李庭蘭《創造財富的人（第二集）》（臺北：聯經出版事業公司，1975年3月），頁76-98。

[15] 〈長興鑄造鐵工廠巡禮簡介該廠新出品長興標準自動織布機〉，《中國時報》1955年8月8日，1版。

明，吳聯星也是。吳聯星是彰化生產紡織機的大同鐵工廠的學徒，歷經三年四個月的學徒生涯，1951年學成後計畫創立大明鐵工廠時，先做市場分析，認為政府正在鼓勵發展紡織工業，於是把紡織機械修配列為基本業務，接著選擇當時還沒有人生產的紡織機器進行生產技術研究，如1954年開始研製小型織帶機，1955年（民國44）成功開發自動緯紗機，1958年成為全臺第一家製造紡紗機器的工廠，同年改名為大明機械製造廠。吳聯星製造紡紗機器，採取的方式是先模仿，仿製地維妙維肖後再去蕪存菁，1959年搖紗機、併條機、撚紗機等陸續仿製成功。1961年仿製西德SKF的大牽引裝置成功後，迫使SKF將原來每組4,800美元的產品降到2,800美元，比大明機械仿製品的3,000美元的售價更低。[16]

合板出口與接著劑

　　臺灣生產合板以供應內部市場需求，進而出口，是由進口替代轉為出口導向的例證之一。臺灣第一家且規模最大的合板工廠林商號是在1938年設立的，從日本購買一臺削片機，用臺灣產樟木、亞杉製造單板。1946年臺灣各項復原建設需要材料，林商號乃以原有基礎，使用檜木原料製造檜木合板供應市場，接著復興木業設立，進口柳安木製成合板，成長速度超過同期製造業的平均速度。合板原本以內銷為主，1951年曾試銷美國，但數量不多，直到1957年出口出現成長跡象，主要原因是品質符合美國市場要求。[17]

　　合板主要原料是木材與接著劑，接著劑的費用約占成本的8.5%，但卻是決定產品能否耐水、耐熱及耐老化腐朽的重要關鍵；尿素膠是最常用的接著劑。[18]尿素膠最早由長春人造樹脂公司生產。長春是1949年創辦的，創立

---

[16] 前引鄭祺耀、許淑玲編《機械工業六十年史》，頁474-475。大明機械製造廠的事業巔峰是1971年，曾列名臺灣第207名企業。大明機械製造廠自1970年將高級燃紗機及自動織布機外銷到印尼及菲律賓，積極發展紡織機械外銷，但1973年爆發石油危機，1974年美國實施紡織品進口設限，打擊紡織工業，紡織機械也受影響，大明機械製造廠乃在1993年停產。。

[17] 陳世慶〈本省塑膠與合板的工業〉，《臺灣文獻》21：1（1970年3月），頁108-114。

[18] 臺北市銀行徵信室編《臺灣區合板業調查報告續編》（臺北：臺北市銀行徵信室，1973年）。

者是臺北工業學校畢業的林書鴻（應用化學科）、廖銘昆（電氣科）及鄭信義（機械科），林書鴻以學校所學的專業背景，看著日文專書，用當時可以找得到的簡陋器材，一再地進行實驗，終於開發出第一個產品電木粉。電木粉開發成功後接著繼續開發新商品，臺灣肥料公司生產尿素，尿素與進口甲醇原料反應可以製造接著劑，乃投入研究開發出尿素甲醛膠合劑，拿到合板公司推銷，復興木業第一個試用。當時韓戰剛結束，美軍在沖繩建設軍事基地，合板需求量很大，超過日本供應能力，遂到臺灣來找。美軍需要可以防水的合板，1956年復興木業試用長春開發的尿素甲醛接著劑（簡稱尿素膠）所製造的合板品質通過了美軍的檢驗，開始外銷沖繩之後，臺灣的合板業者幾乎都到長春買尿素膠製造合板外銷。[19]

打開外銷市場之後，吸引更多擁有木材知識與經驗者投入，因為美國合板市場的需求大，原本是向日本採購，但因日本工業成長、工資上漲，臺灣如果能購買日本壓製合板的新機器提升品質，應該有機會取代日本供應美國市場。1959年開南木業投資生產合板，產品順利出口美國，用低價策略與日本合板競爭。[20]1957年臺灣合板外銷比率占15.3%，1958年急升為43%，1959年為55.3%，超過一半外銷，到1964年外銷比率超過90%，大部分銷售到美國與加拿大，出口值曾僅次於紡織及電子，位居第三位，乃是進口柳安木為原料，用國產接著劑加工成合板後外銷的進口原料加工出口之產業。[21]

---

[19] 邱顯堂主編《臺灣接著劑工業發展史》（臺北：臺灣區合成樹脂接著劑工業同業公會，2006年），頁21-28。到了1960年代，臺灣合板產業相當有規模，大部分外銷，使用的膠合劑幾乎都由長春供應，只有少數規模較大的合板廠如林商號合板以及亞洲合板等，由臺灣省立工學院謝家禎教授指導自製尿素膠。

[20] 陳秋坤、郭承天訪問，陳彥良記錄〈臺灣合板企業的先驅—蔡崇文先生訪問記錄〉，《口述歷史》（1989年10月），頁195-226。1967年設立朝陽木業，與日本合作，並學習日本的製造及管理技術，注重產品的開發。當時臺灣陸續設立合板工廠，規模、設備大致都類似，1970－1985年是臺灣合板業最成熟的時期，臺灣木材原料早已告竭，但是合板業者進口木材原料加工後外銷，仍然有市場競爭力。1980年代木材資源豐富的印尼，以及韓國也出口合板後，臺灣的處境就比較艱困了。

[21] 交通銀行編《臺灣區合板工業》（臺北：交通銀行，1978年3月）。

　　臺灣合板業曾是重要的輸出產業，主要以價格優勢取得一部分日本合板的美國市場之原因是人事成本及生產技術，而臺灣合板業使用的接著劑原料可以自給是有幫助的，1960年代的經驗更能證明。長春人造樹脂公司並沒有因接著劑尿素膠賣的好就停止研究的腳步。為了降低接著劑生產成本，繼續往上游原料發展，先是設立甲醛廠，再投資1億設廠生產尿素甲醛樹脂之主要原料——甲醇，利用錦水的豐富天然氣為原料，以義大利的Montecatini高壓合成法配合美國Foster Wheele蒸汽重組爐製造甲醇，日產50噸，於1966年6月開工。甲醇正式生產後，配合長春原有的Formalin Plant、Urea-formaldehyde Resin Plant，完成尿素甲醛樹脂一貫作業。1966年世界市場甲醇缺貨，韓國及印度因不易買到甲醇，尿素甲醛樹脂缺貨而導致合板減產，臺灣因有長春供應，合板外銷量明顯增加。[22]

　　現代紡織業採用機械化，長興鐵工廠等仿製紡織機械供應臺灣業者，不僅降低機械設備之成本，還可以降低進口機械之成本，有助紡織業降低設備成本，而且會製造就有修理能力，也可支持臺灣紡織業。長興等取得製造紡織機械的方法是先將零件繪製成圖面。將機械零件繪製成圖面，也是近代學校教育裡機械科、電機科等之學習重點，是學習機械知識的重要方法。朱紫明念了六年的公學校，在日本人的鐵工廠當學徒時自己研究機械設計圖，加上長期在生產現場累積技術，奠定了仿製的技術基礎。有了仿製的技術基礎之後，進而派人正式到日本研究技術，取得了相當不錯的效果。選擇創業時先做市場評估，避開生產同一商品的正面市場衝突，選擇仍然依賴進口的項目投入生產，出現在機械業也出現在化學工業。這種選擇方式可以減少同業之間的競爭與衝突，也可以讓臺灣工業生產項目日趨多元複雜。現代工業生產需要各種原料配合，臺灣生產接著劑供應合板業者，接著劑品質合乎美國的需要，不但打開美國市場，接著劑自製降低成本，也強化了出口商品的國

---

[22] 陳善鳴《臺灣化學工業發展與貿易》（臺北：明志工專，1968年），頁113-114；王振華《化學工業概論》（臺北：三民書局，1978年），頁324-325。

際競爭力。機械與原料的自給能力,不但可降低成本,還能提供更大的自主空間,都有助於強化出口商品的國際競爭力。

三、自主技術與出口競爭力

臺灣市場狹小,很容易出現生產過剩,面對困境的積極應對方式是做外銷,開拓市場;而外銷需要面對國際競爭,也會刺激技術成長,例如螺絲及製造螺絲的機械就是明顯例子。

臺灣的螺絲及螺絲機械在戰後才開始發展,當時可以說是在黑暗中摸索前進,技術圖書是指引方向的明燈。春雨的創辦人李春雨,1939年自高雄工業學校畢業後,到東北瀋陽臺灣人開設的日新鐵工廠擔任機械技術工作,翌年升任廠長。1945年戰爭結束,日新鐵工廠也被迫關閉,李春雨遂於1948年返回故鄉,與弟弟李春堂集資,1949年12月在岡山創立小型工廠,製造螺帽。事業草創初期,資力不足,無法向國外購買昂貴的設備,乃親自研究改良沖床為打頭機、整頭機,甚至更進一步將沖床改良為螺絲滾牙機,這是因為李春雨在日新鐵工廠工作時打下了技術基礎,並鍥而不捨地研究改良。原料則是到臺南購買船上拆下來的廢鐵板,裁成一條條的扁鐵,用機器打成圓形狀,再車孔做成六角狀,完全是克難式的。約4年後,改而購買體積小塊的鐵板廢料,不但較便宜,而且好用多了。1955年投入螺絲生產,起因是李春雨無意間發現高雄唐榮鐵工廠有一臺做螺絲的機器,向唐榮的總經理唐傳宗購買,把機器拿回來後先拆解再重新組裝起來,上油並搭配自製的模具生產螺絲,於是產品變成有螺帽及螺絲,漸漸走向多角化經營。機器經過不斷改良,產量隨之增加,但臺灣市場容納量有限,唯有外銷才可以有效拓展市場,1964年外銷越南。為了配合大量外銷越南,購買幾臺德國及美國製的產能快速機器。1965年改組為春雨工廠股份有限公司,1970年開發攻牙螺絲成功,1972年在印尼創設雄獅工業股份有限公司,生產螺絲、螺帽,1973年

（民國62）特別聘請美國顧問指導開發攻牙螺絲牙板。春雨自1949年創立以來，培育人才不計其數，大部分在公司內發揮專長，也有不少人離職後創設螺絲、螺帽工廠，或從事五金行業買賣。當臺灣取代日本成為全球螺絲、螺帽的最大外銷國家時，由於出自春雨的徒子徒孫都設廠在岡山附近地區，因而岡山乃形成所謂螺絲巢。李春雨也設計簡便式螺帽絞牙機，並以購自唐榮的螺絲機器為樣本，自製自用外也接受同業訂單生產機器。**23**

　　自主學習取得生產技術，也出現在電機產業，1949年第一批造型渾圓厚重的大同電風扇就是這樣出廠的。大同投入電風扇的生產是外在大環境激烈變化中的求生之舉。1918年林煶灶創立了協志商號，經營營造業，是大同公司的發端。1939年第二次世界大戰期間，建築材料鐵筋的取得出現困難，林家投資鍊鋼廠以供應建築材料，是大同公司的先驅。第二次世界大戰結束時，大同公司投入大量資金充實設備，修理了被炸受損的鐵路車輛，但1948年政府取消了鐵路車輛修護契約，成為大同公司遇到的第一次重大危機；公司突然失去了百分之八十的訂單，大同出售了房子、車子和因契約取消而閒置的材料和機器，也不得不遣散兩百名員工。負責經營的林挺生從這次經驗裡深刻體認事業經營要開發廣大市場，不可依賴單一的顧客，於是決定改而生產多元化的消費性商品，利用既有的設備，首次設計製造國產電扇，1949年生產了100臺。**24**

　　這100臺造型渾圓厚重的大同電風扇，是臺灣自製的第一批電風扇，技術來源是這樣的，設計主要由總工程師劉新榆負責，劉新榆是日本東京帝大電機科畢業，精通電扇馬達的原理與製造；實際從事生產的則是日治時期設立之大同技術養成所訓練出來的技術人才，這一批等於初中學歷的技術養成者，技術底子深厚，林挺生到國外買電扇回來，要求他們做一模一樣的電扇

---

23 前引鄭祺耀、許淑玲編《機械工業六十年史》，頁464-468。

24 〈大同公司員工們的協調合作帶來利潤給經營者及員工們〉，《大同》46：6（1964年6月），頁9；林挺生〈殫智盡忠實行主義，工業報國以壽總統〉，《大同》46：11（1964年11月），頁5。

出來，他們就拆解全部的電扇零件，仔細研究，再做出另一臺效果更好的電扇。[25]專業背景與生產現場的製造技術互相配合，以已有之電扇爲生產及設計樣本，共同打造出大同電扇。

　　大同建立基礎之後，要繼續發展，有兩個條件：設備以及人才。近代工業採用機械化生產之後，生產設備的重要性提高，大同公司認識到這一點，節省開支並積蓄利潤，1950年代初期就由美國、日本進口大批工具機。電機工業的生命在於求精密，這批工具機讓製品精密化，是促進大同電扇在產量與品質上均能進步的主要原因；其次是研究技術以配合臺灣的自然環境，亦很重要，因爲臺灣位處亞熱帶圈內，屬海島型，氣候潮溼，電機設備容易因溼氣而產生故障、發生漏電，以前臺灣電力公司的電壓常常不穩也帶來不利影響，大同電扇針對這些缺點特別予以考慮，運用專業知識以適當的設計補救。[26]大同電扇從1953年開始外銷菲律賓，成爲大同公司轉型到家電初期的主力產品，也是最早出口的電機產品。1953年政府推動四年經建計畫時，大同與日本東芝、美國西屋等國際大廠技術合作，生產電錶、變壓器、馬達、電冰箱、冷氣機等產品，但最出名的大同電鍋則是自家研發的技術，在1960年正式推出，讓煮飯這件事自動化，家事變簡單了。[27]1957到1960年的第二期四年經建計畫期間，臺灣電工器材生產項目較計畫更多，如電動機，大同公司新廠完成後其他各廠亦競購新設備，增加產量並提高品質，開始大量外銷。[28]

　　總之，從春雨、大同的早期發展歷程，可以看到一個模式，也就是先有自己技術再進行技術合作。臺灣社會發展零件、電機電子工業的最初階段，具有專業知識可以解讀電器產品的原理，擁有技術可以生產出來，是很重要的。1950年代臺灣的機械產業技術來源是參考既有產品並加以改良，建

---

[25] 劉益昌、林祝菁《林挺生傳：教授、校長、董事長》（臺北：商訊文化，2008年），頁73-74，136。
[26] 〈達到外銷邊緣的本省電扇工業〉，《聯合報》1953年6月7日，5版。
[27] 前引劉益昌、林祝菁《林挺生傳：教授、校長、董事長》，頁136-140。
[28] 陳茂榜《經營漫談》（臺北：聲寶雜誌，1976年），頁406-407。

立自己的技術。原本以供應臺灣市場爲主，但因市場狹小，產業機械零件、電器製品在1950年代、1960年代就必須尋找外銷市場，才能繼續成長。外銷走向國際，會面臨國際專利權的問題，自主技術更是重要。有能力外銷的商品共同特色是重視技術研究、追求品質，同時在投入外銷市場後，因爲市場規模、產品銷售量的成長空間擴大許多，同時也要提升品質、強化國際競爭力，購買國外設備、聘請國外技術顧問，與國外技術合作提升生產技術與能力是方法之一，也就是從1950年代中期臺灣廠商透過技術移轉之前，已經透過自主的技術研究累積了一定程度的技術能力以及品質，外銷後再進一步借用外資提高本地的生產能力。

　　第二，大同在1950年代中期將產品如電扇、電鍋、電錶、電冰箱、冷氣機等外銷時，必須直接面對消費者，因而建立自己的品牌，讓消費者接受、愛用自己的品牌，而且具持續性，是很重要的工作。

　　第三個值得注意的是產業群聚的現象，螺絲巢是民眾對產業群聚的生動稱呼。產業群聚的現象有由自然因素所形成的，例如大甲蘭產區的大甲蓆、大甲帽，而縫紉機產業以及螺絲產業是人的因素比較大，以最早闖出名號的業者爲中心所形成，原因之一是師徒間的人際網絡，學會技術後選擇在附近開業，同業聚在一起當然會有競爭，但也方便消費者挑選採購，在社會還保留農業社會互助精神以及重視和諧的情況下，是可以互相競爭、觀摩並支援、合作，共同進步的。

四、走向規模經濟：化學工業品的出口經驗

（一）塑膠加工製造產業

　　臺灣的塑膠加工製造是戰後開始興起。1948年設立三千化學工廠，進口電木粉（Backelite Powder），製造電氣絕緣用之電燈燈頭、開關、插頭等，1949年8月設立在臺南的福三塑膠廠，使用苯乙烯塑膠爲原料，生產梳子、

肥皂盒、香菸盒、筷子及化妝品容器等。1952年10月開工的永豐化學工業公司，是最早使用乙烯衍生疊合物（Poly Vinyl）類塑膠為原料之加工工廠，也是規模最大的加工工廠，採用壓延法生產各種塑膠皮、塑膠布，用壓出法製造塑膠帶、塑膠電線，並加工成各種用品，機械設備現代化。戰後新興的塑膠加工廠擴充很快，1952年時已有42家，生產各種日用所需的塑膠加工品供應臺灣市場，原料都是進口。[29]

進口原料加工代表如果國際情勢有變、原料進口出現困難時，這些加工廠就會停擺，其次是進口原料要支付大筆外匯，當時外匯短缺，政府實施進口管制、鼓勵進口替代，因而考慮在臺灣設立工廠生產塑膠原料供應加工業者。1950年代初期永豐化學工業公司的規模最大、設備最新，政府運用美援計畫設立塑膠工廠時屬意永豐化學的創立者何義，也成為一種自然的選擇，但經赴日本、美國、歐洲考察後發現困難，宣布放棄，政府改而找王永慶創辦，設立了臺灣塑膠公司。臺塑設立到穩定下來的歷程，創辦人王永慶說：

> 臺塑是1957年3月開工，每天生產四噸，月產目標一百噸。……是根據日本當時月產三千噸的資料。那時候臺灣人口大概是日本的十分之一，他們月產三千噸，十分之一應該是三百噸，所以我們生產一百噸，大概很保險啦。但自1957年3月開工生產，到了同年10月，一公斤PVC都沒有賣出去。那時PVC的用途很少，每月僅進口10噸，臺塑建廠後，業者風傳政府要保護管制，更害怕我們的原料品質有問題，於是把七個月數十噸的需要量一次進口，致使我們一公斤也銷不出去。月產百噸，就產量而言也是太少，成本當然比較高，當時PVC的用途只有一般稱為化學玻璃布的膠膜和軟質細管，用於編製小袋子，消費量實在有限。……在此進退兩難、騎虎難下之情形下，只有另闢途徑

---

[29] 進展〈本省新興的塑膠加工業〉，《臺灣經濟月刊》7：6（1952年12月），頁23-26。

找尋生路，必須擴充產量來降低成本，成本低，售價便宜，使消費大
眾樂於採用，始有一線生機，所以從一百噸增產至三百噸。PVC粉是
一種原料，出路是製造各種產品之加工廠，為了找出路設立了南亞塑
膠公司。南亞建廠時只有一臺膠布機，開始之頭一年只開了不到一半
的時間，南亞還有數臺製管子的押出機，技術低劣，品質不穩定，真
是困難重重，虧了很多，本錢幾乎要虧完。南亞為了要銷掉它的產
品，建立新東、達新和卡林等衛星工廠。我在香港遇到卡林先生，卡
林先生在日本神戶開了一家很小的吹氣玩具工廠，我請他來幫忙拓
展外銷……，一點一點慢慢地開展了市場。1970年代的現在，臺塑每
月生產PVC粉八千多噸，在日本來說算是一個中型的工廠，而南亞則
為世界最大的塑膠加工廠，一個月銷掉PVC粉六千噸，南亞是一次加
工，新東、達新、卡林等衛星工廠則進行二次加工。**30**

　　臺灣塑膠公司以進口替代為目標，有政府、美援的支援不代表事業經營
可以一帆風順。事業存亡關鍵在於能不能順利賣掉PVC粉，經評估後知道規
模太小、成本高，於是一方面擴大PVC粉生產規模以趨近規模經濟的原則，
一方面建立PVC粉的加工廠，製造塑膠製品外銷，擴大市場才能消化產量，
求取生存。王永慶找來有加工技術者到臺灣設廠生產，並以價廉物美的商品
不斷拓展國際市場。在這些加工廠任職有生產經驗的技術人員被有興趣投資
加工的廠商挖角合作生產，結合彼此智能，群策群力擴大業務，各地都有塑
膠製品之加工廠林立的現象，而且業者多了之後相互競爭，大家對於新產品
的開發都是全力以赴。**31**南亞建立各種加工工廠拓展消費市場時，臺灣社會
也出現不少積極投入這個產業的小型企業主全力以赴，不斷地研究開發出各

---

30 王永慶演講、編輯室整理〈董事長的話〉，《臺塑企業》3：2（1972年2月），頁12-13。
31 王永慶《生根、深耕》（臺北：王永慶發行，1993年），頁15-21，39。臺塑開拓了出口市場之後，
　　也很用心經營市場，例如接到訂單一定設法如期交貨，儘量留住客戶，保護十多年來努力開拓的市場
　　等。

種新商品，眾多勤勞且薪資低的人們努力生產，共同打造了1960年代以來的塑膠製品的生產、消費以及出口產業。雖然塑膠加工製造業被視爲典型勞力密集出口產業的代表，但是臺灣能有這麼多加工廠投入生產，得投入不少研究及心血才能做到，特別是下游的塑膠製造業，眾多小工廠的老闆發揮創意研究新產品，用心降低生產成本、提高產品品質，強化國際競爭力。

（二）壓克力外銷

　　奇美實業建立的技術特色，是從與日本合作中投入自主研究，長期吸收並融合眾多技術而形成自己的技術，而且也創立了進口原料加工外銷的獨特生產模式，從1963年就開始出口。

　　奇美實業是1960年創立，創辦人許文龍1928年出生，是臺南工業學校機械科畢業的，創立奇美實業之前從事塑膠加工，1950年與立人行合資設美信塑膠廠，1953年設立奇美實業廠，當時資本額只有新臺幣2萬，工廠8坪，做塑膠用品跟玩具加工，很快就發覺影響玩具美醜的關鍵是模子，於是決定模子要自己做。因爲控制了模具，推出新產品的速度快而成本低，奇美實業在短期間內成長。[32]

　　1957年許文龍對新產品不碎玻璃產生興趣，不碎玻璃即日後由奇美命名爲壓克力。許文龍參加中國生產力中心的不碎玻璃講習，也實驗試製，但困難重重，不得不東渡日本，到供應原料的三菱株式會社研習技術，交換條件是必須向三菱購買三年的MMA原料，並努力找機會參觀工廠，用做建廠的參考。1960年創立奇美實業有限公司，三菱派技術人員來協助，成爲臺灣第一家壓克力生產商。奇美不僅向日本學技術，建廠後積極投入技術改良，例如製作壓克力板的除熱程序最初採用日本人所教的空氣除熱法，實際使用後效果不是很好，考慮到水與空氣的比熱原理，改用水除熱法，效果好多了。

---

[32] 許文龍口述，林佳龍、廖錦桂編著《零與無限大：許文龍幸福學》（臺北：早安財經文化出版，2010年），頁84。

創業初期的機器設備則由鄭德賢設計機械藍圖後，交給鐵工廠按圖製造。奇美把產品命名為壓克力，並以客戶需求為導向，採取薄利多銷原則，奠定事業基礎後，1965年增建第二工廠時，用了許多改良技術，最大的改良是運用天車軌道及電動吊車組合，自行設計出一貫式的生產程序，用半自動設備搬運大塊笨重的強化玻璃，降低勞力需求，還有從兒童樂園的迴轉臺之轉動獲得啟示，設計出將原料灌入玻璃後，玻璃在迴轉臺上慢慢降低到水平，擠出內部空氣集中在灌料口方便排出，讓製品大幅減少氣泡，新工廠改良之後品質、生產效率大幅提升。[33]

化工產業偏向規模經濟，大量生產需要廣大的消費市場，由於臺灣市場需求有限，乃決定拓展外銷。當時外銷的匯率條件不利，臺灣100元的產品外銷等於只能賣60元，剛好回收原料成本，人事、管理成本及機械設備折舊等成本無法回收。決定要做外銷後，許文龍自己調查，發現香港的壓克力價格雖然很低，但是市場很大，從石化工業產量少、變動成本一定高的規模經濟原理思考，決定即使外銷價格只能回收原料成本，也足以打平了。1963年外銷香港之後，一個月的銷售量從2噸變成7噸，不但降低了固定成本，買7噸原料時，量增加也可以拿到折扣，反而賺到了外銷的錢，加速奇美的發展。[34]

奇美實業的經驗是將規模經濟理論充分發揮的典型，內需搭配出口擴大產量，充分利用機械設備，也能降低原料成本，因而奇美實業從日本進口MMA原料加工，仍有能力外銷香港，並借助出口量的成長進一步擴大生產規模，降低成本提升競爭力。在發展過程中，技術改良能力加上機械的設計、製造能力之配合，是重要的關鍵，具體表現產業機械設計能力及機械製造能力的重要性。

---

[33] 許文龍述講、陳美如筆錄〈我的經營〉，《奇美企業》3（1972年1月），頁3-13；鄭德賢〈奇美實業壓克力製造設備之沿革〉，《奇美企業》3（1972年1月），頁31-34。

[34] 前引許文龍口述，林佳龍、廖錦桂編著《零與無限大：許文龍幸福學》，頁84-85。

五、出口競爭力的社會因素

從機械、電器及化學產業的外銷經驗，可以歸納出臺灣戰後經濟政策從進口替代調整為出口導向時，發展相對順利的各種因素。

國家扮演的角色是在臺灣內部經濟情況出現變化時，調整政策，因應當時民營產業生產過剩的難題，外匯改革、簡化行政程序、加工出口區及改善貸款條件等，降低出口的行政程序節省時間，塑造一個出口程序及外匯條件的阻礙較小，比較有利於出口的制度。

臺灣的中小企業則努力提升商品品質與降低生產成本，生產出物美價廉的商品。臺灣眾多中小企業投入生產外銷工業品的模式，由本章所舉的例證來看，提升商品品質與降低生產成本有四個重點：第一，臺灣的機械生產能力不錯，在進口替代的時代努力研究進口機械，進而加以仿造、改良，提供便宜的機械供應國內廠商使用，廠商也努力研究加工用的中間原料如接著劑等，生產便宜好用的中間原料。這些產品屬臺灣有市場需求卻必須完全靠進口或進口量很大的產品，廠商在選擇投入生產前必須掌握市場資訊以及同業者的情報，然後才能有意識的進行選擇，選擇之後能夠做到的條件則是能夠掌握生產技術或是有學習技術的能力。這種參加產業的行為，不論是供應產業機械抑或生產中間原料，都有助於降低生產成本，同時也讓臺灣工業的內容更豐富，基礎更穩固，並且有助於建立高度細密的分工。

第二，眾多工廠主投入技術研究。原本從臺灣內部市場需求起家，在內部市場飽和、面臨生產過剩時，努力擴展外銷廠商，例如電機產品與螺絲由內需到外銷的過程，必須有自主技術與品牌，才能行銷自己的商品，同時更必須追求品質的進步與降低成長，才能擁有競爭力。

擔任出口重任的民間業者，經營規模很小，但因為產業的種類繁多，經營規模小不代表沒有能力提高產品品質並降低生產成本。塑膠製品產業的經驗顯示臺灣有眾多加工廠投入塑膠加工，這個產業的小型企業主們全力以赴，發揮創意研究新產品，用心降低生產成本、提高產品品質，眾多勤勞且

薪資低的人們努力生產，共同努力強化國際競爭力。張國安從事機車產業時也有類似經驗。機車是由許多材料與零件組成的，如果這些零組件全部由三陽自己生產，投資很大，技術範圍又廣，很難經營管理，所以決定培養專業的零組件工廠與材料工廠。1962年三陽開始製造機車初期就儘量找國內能夠供應的廠商來配合，許多當年粗糙簡陋的小工廠很努力，例如照後鏡，三陽找了一家專做化妝鏡的工廠合作，實際生產後才發現只有做鏡子的技術還不夠，還需要材料力學、應力學、金屬加工等知識，老闆也很努力吸收新的知識與技術。張國安因有在三陽負責技術時的點點滴滴，深深領會到臺灣產業結構中，占相當比例的中小企業努力精神是不能忽視的，他們的工廠只有老闆與工人，沒有管理費用，老闆以個人的想法與做法，也可以達到降低成本、提高品質的目的，是中小企業與人競爭的本錢。[35]

　　企業主要做到價廉物美，即品質可以滿足國際市場需求，而價格相對較便宜的商品，必須進行研究。日治時期臺灣社會已經認識到工廠生產的目標必須有一定量的原料，用最少的生產費用，製造品質最好並且產量最多的製品。為了達到此一目標，首先必須詳細試驗原料的品質，其次要調整出最適合原料的製程而生產出製品，最後要嚴密地檢查製品的品質，一再地進行調整，改良製造方法、改善並統一製品的品質，降低製造費。[36]價廉物美是競爭力的主要來源。

　　中小企業主分工合作，共同努力提升臺灣產品的國際競爭力之社會基礎，比較接近農業社會的特性。農民經濟做為一種社區經濟，其生產及交換關係是與人際關係混合在一起不可分的，臺灣從農業時代的商品經濟走向資本主義時，保留了農民經濟的互助互賴關係，採取家戶式生產為基礎，配合

---

[35] 張國安，《歷練—張國安自傳》（臺北：經濟與生活，1987年3月），頁77-82。1980年代臺灣的衛星工廠已經能夠供應全世界80%的機車零件。

[36] 謝呈周〈工廠の化學的管理に就て〉，《專賣通信》11：3（1932年3月），頁26-27。謝呈周在專賣局宜蘭酒工廠任主管，累積工廠管理經驗。

地緣關係的紐帶。[37]臺灣經濟在二十世紀初走向資本主義時，以農民經濟的
地緣關係、互助互賴關係爲基礎的模式，被延續下來，同時努力降低成本、
提高品質，生產物美價廉可以供應更多人消費商品之特性，也被延續下來，
兩者促成臺灣中小企業在國際市場有能力展現競爭力。

　　第三，與外國技術合作。自主研發無法順利取得所需技術時，與國外廠
商合作是選項之一。1960年代臺灣獎勵投資條例開放外資來臺投資，引進新
的製造技術也很重要，例如1960年代棉布產能過剩，臺灣紡織品的出口漸漸
由成衣取代，棉紡織品也漸漸由人纖取而代之，1950年代的重要紡織公司，
如果沒有適時進行調整將被淘汰。紡織產品與技術快速轉變的重要因素是日
本人纖產業生產過剩，乃到臺灣投資，與臺灣已有基礎的廠商技術合作，
由臺灣負責生產、日本商社負責行銷，大量進口到美國，促成了臺灣人纖工
業的高速成長。[38]國家採取對外資開放的政策之後，美國與日本對臺灣的投
資、技術如何影響工業發展，仍待歷史研究深入論證。奇美實業的例子，則
顯示與國外技術合作過程中自主技術研究仍然重要。

　　第四，認識規模經濟，這點需要更多說明。資本主義工業社會的優勢
是規模經濟，所謂規模經濟是指廠商的長期平均成本隨著產量增加而下降的
一種現象。規模經濟有三種成因：1.勞動的專業化與分工，可以降低成本。
2.設備的不可分割性。許多設備只適於大規模生產，如汽車業、鋼鐵業、水
泥業等一貫作業生產線，或是設備的費用特別高，如有線電視、電力事業
等，埋設管線是最大的成本，埋設管線完成之後新增用戶的額外費用有限，
故長期平均成本會隨產量增加而下降。3.大規模採購與副產品之利用。大規
模採購往往可以享受折扣優待，而且也能更有效利用副產品，降低成本要

---

[37] 柯志明《臺灣都市小型製造業的創業─經營與生產組織：以五分埔成衣製造業爲案例的分析》（臺
北：中央研究院民族學研究所，1993年）。

[38] 林忠正〈臺灣近百年產業的發展─以紡織業爲例〉，《臺灣近百年史論文集》（臺北：吳三連臺灣史
料基金會，1996年），頁482-491。

素。**39**

　　美國的福特汽車常被拿來當範例說明規模經濟的有利性。福特汽車是一家完全汽車工廠，從零組件的生產到組裝的一貫作業工廠，當福特汽車的產量增加100倍的時候，大型機械設備可以充分發揮功能，生產費用並沒有隨之增加100倍，而是經常費用大幅減少了八分之七，分工的製程也讓生產時間大幅短縮，平均一部汽車的生產成本驚人下降，因而即使福特T汽車的價格從1909年的950美元降到1916年的360美元，超過一半以上，福特公司仍然賺進龐大利益，小企業無法與之競爭而紛紛失敗關廠，汽車業乃形成少數巨大企業的結構。在美國，因為大量生產技術的出現，小企業相繼倒閉的例子不少，到了1900年，生產集中在巨大企業的產業有紡織、農業機械、鋼鐵、香菸、砂糖、製鞋機械等。**40**工業革命後的生產設備機械化，機械的生產力高，適合大規模生產，是規模經濟的重要因素，而且生產機械化、一貫作業生產線的出現，也是近現代資本主義工業社會的明顯特徵，當現代的自動化生產設備成為主流的時代，規模經濟發揮的威力就更大了，中小企業很難與之競衡。但是規模經濟不是完美的，大者恆大、分配不均、原料的浪費是目前產生的明顯副作用，而且也不是每種產業都適用的。

　　回顧臺灣工業的發展，規模經濟發揮作用最早可上溯日治時期的臺灣糖業。總督府獎勵下採用從美國進口的製糖機械具有規模經濟特色，但也出現原料不足的危機，於是臺灣總督府實施原料採取區域制度，確保原料供應的安全是著名的例證。日治時期軍需工業也多具有規模經濟的特色，戰後這些日產由國家接收成為公營企業，仍然存在臺灣社會，臺灣社會工業經營卻有相當長一段時間採取中小企業模式，真正自主性採取規模經濟之方式，應該是從戰後的1960年代開始，例如PVC塑膠、壓克力等化學工業。業者們認知

---

39 生產的長期平均成本有三種現象，即規模報酬遞增、規模報酬不變、規模報酬遞減；規模經濟指規模報酬遞增的現象。張清溪等著《經濟學：理論與實際》（臺北：張清溪發行，2000年），頁167-178。

40 Robert L. Heilbroner and William Milberg "The making of economic society", Upper Saddle River, N.J.: Pearson/Prentice Hall, c2008, PP84-89.

到臺灣狹小的市場無法發揮規模經濟效果，成本很高，因而必須以出口擴大
市場，才能降低生產成本，擴大規模，努力開拓國外市場，走向規模經濟。

　　總之，臺灣民間業者不論是因生產過剩或是規模經濟因素而努力擴展出
口市場，為了生產價廉物美，品質可以滿足國際市場需求而價格相對較便宜
的產品，都必須從事生產技術的研究、改良，而且不僅是出口廠商努力，供
應生產設備及中間原料的廠商也得一起努力。民營工廠的行動積極，在國家
政策採取出口導向之前，面臨生產過剩時，廠商已開始嘗試出口，一方面可
以向政府反映困難所在，同時也著手提升自己的生產技術，因而政策調整之
後更具國際市場競爭力。臺灣在1960年代前後從進口替代政策調整為出口導
向政策可以順利轉換，並且在1960年代之後以出口為動力快速成長，乃是社
會許多中小經營者配合國家政策，共同努力的結果。

第十一章　戰後臺灣民營重化
　　　　工業之發展歷程

　　1964年臺灣工業生產值超過農業生產，臺灣轉型爲工業社會之後，國民生產總值年增率達兩位數，出口增加快，出口品由農產加工品轉變爲工業製品，外資也大量投資，邁入自主發展之路。臺灣擁有優良、勤奮、低廉的勞力，引進外資、導入外國較進步的電子、化學、機械等生產技術，生產外國市場需要的商品，加入國際分工體制的競爭，出口成爲工業成長的重要關鍵因素。[1]

　　1964年臺灣轉型爲工業化社會，乃是以輕工業產品之出口爲主，但是工業化國家一般是以重工業與化學工業爲標竿。電子、化學、機械等重化工業，1953年占臺灣國民生產毛額比重只有23.41%，之後不斷提高，1972年（民國61）已接近50%，1978年（民國67）超過50%，重化工業比重超過輕工業，從此以後重化工業的比重便一直超過輕工業，而且幅度持續擴大，到1990年（民國79）已超過20%以上。轉變過程中，1973年（民國62）實施十大建設，國家投資擴充交通、電力等公共建設，並建立一貫作業的大鋼鐵廠、造船廠及發展石化工業、銅鋁等原料工業，加強重化工業的發展，1979年（民國68）發生第二次石油危機，政府調整政策，宣布積極發展電子、汽車、機械、電機及資訊等附加價值高且能源密集度低的策略性工業，1980年代電子電機等策略性工業成爲臺灣最重要的產業。[2]臺灣工業化之後，重化工業的發展超過輕工業，結構順利轉型。

　　回顧臺灣重化工業的發展歷程，與輕工業不同，國家的力量相對重要。重化工業具有規模經濟性質，資本、技術比輕工業更龐大、複雜，參與投資的門檻高，從投資到取得市場、獲得利潤需要的時間長、風險較大，發展初期需要國家協助以促進民間資本的參與，政府政策扮演更爲重要的角色。臺灣之重化工業由日本人引進臺灣，戰後由國家資本取而代之；1973年

[1] 隅谷三喜男、劉進慶、涂照彥《臺灣の經濟：典型NIESの光と影》（東京：東京大學出版會，1992年），頁39-43。
[2] 葉淑貞、劉素芬〈工業的發展〉，《臺灣近代史經濟篇》（南投市，臺灣省文獻委員會，1995年6月），頁217-218，233-235。

的十大建設亦由國家直接投資重化工業，都是由國家直接經營，國家資本的力量的確扮演重要功能。

　　民間資本也積極投資，2010年（民國99），臺灣以製造業為主排名在前一百的大型企業，以臺塑集團排在第5名，是以製造為主的最大企業集團；永豐集團約14名、台積電約為17名，華碩約24名、大同44名、宏碁45名、台達電子50名、長春56名、奇美57名、臺南紡織64名、東元67名、三陽86名、東和為100名。[3]這些進入百大排名的製造業包含化學工業、電子及家電產業、紡織業與機械業，紡織業之外的重化工業色彩濃厚，而且臺灣重化工業產品之出口，也以民營企業為主，因而本文將從民營重化工業發展歷史過程，分析國家資本力量對臺灣民營重化工業之影響。

一、重化工業在現代臺灣經濟的地位

　　1960年代之後臺灣現代工業以出口做為發展動力，工業變遷的影響因素包含世界經濟之變化等外部因素，以及臺灣內部發展變化之因素。

　　1973年石油價格大幅上漲引發的石油危機，對現代經濟有很大影響。就資本主義經濟而言，1973年是資本主義黃金時代結束的代表年代，此後不景氣、混亂、不確定性成為時代特徵。這種變化回顧起來是漸進的，最早出現的跡象是1964年美國投入越戰後，美國的財務支出大增，美國國內通貨膨脹問題日漸嚴重，1973年石油價格大幅上漲引發石油危機，增加了產業的能源成本，結果帶來了物價急速上升，壓力以及投資的減少，1979年第二次石油危機時，美國的物價到達前所未有的歷史高點，通貨膨脹危機更形嚴重，同時因投資減少，失業率也上升，但政府的社會保障及失業保險等福利制度，

---

[3]　中華徵信所編《2012臺灣地區大型集團企業研究》（臺北：中華徵信所，2013年）。

讓資本主義沒有辦法像1930年代一樣，在失業率上升時讓物價下跌，資本主義的市場失去了自我調節機制，物價與失業率同步上升的雙通膨危機，必須藉助國家的力量處理。最終政府提高銀行放款利率的政策產生了實質效果，1981年銀行放款利率超過18%，抑制了支出，失業率進一步惡化，但通貨膨脹問題被抑制了，付出的代價就是美國的勞動階級生活條件惡化，生產效率成長緩慢，同時工業生產在國民經濟所占地位也下降了。經濟成長率低下、貧富差距擴大、社會不公平等這些問題，成為美國的新問題，也是多數資本主義工業化國家的難題，世界經濟於是充斥著不景氣、混亂、不確定性。[4]

　　1973年的石油危機是資本主義黃金時代結束的信號，美國消費能力下降，低價商品的需求增加。臺灣產業界迅速掌握到國際經濟的變化，生產物美價廉的產品供應國際市場需求，1970年代之後臺灣工業製品出口比例很高。大量出口累積的巨額外匯等形成壓力，導致1980年代後期又出現了另一波變化，政府在1987年7月實施新外匯制度，解除外匯管制，是臺灣經濟自由化的重要里程碑，是由三種力量推動的：第一是在1960年以來實施的出口擴張、進口替代並行的政策，導致巨額外匯的累積，造成貨幣供給的壓力，使經濟體系陷入不安；第二是美國透過雙邊談判要求開放臺灣市場的壓力；第三則是國內政治民主化及其要求打破壟斷及特權的聲浪，要求經濟自由化。臺灣的貿易結構是從日本進口中間原料加工後，出口到美國，因而美國經濟的變化以及採取的措施，對臺灣影響很大。1980年代美國財政赤字持續擴大，利率相對偏高，美元匯價高估，導致貿易收支惡化。1985年9月22日五大工業化國家（美國、日本、英國、法國及德國）在紐約集會，宣布聯合干預外匯市場，其後美元幣值開始走弱，惟因世界各國貨幣對美元升值的幅度差異很大，美元貶值對各國經濟的影響也有很大的不同。日本和西德因升

---

[4] 國民經濟一般可以大別為農業、工業及服務業三大部門，1980年代以來美國的國民所得裡服務業所占比率提高。Robert L. Heilbroner and William Milberg "The making of economic society", Upper Saddle River, N.J.: Pearson/Prentice Hall, c2008,PP145-157.

值快速且幅度大，兩國經濟短期內遭受重大衝擊；臺灣與南韓則升值幅度較小。由於新臺幣升值幅度未若日本的日元和西德的馬克來得激烈，致使以美元計價的臺灣出口商品價格相對便宜，出口競爭力大為提高，短期內出口快速成長。1986-1987年間，貿易順差分別為156.8億和186.9億美元，創歷史紀錄，且占GDP比重高達19.8%和17.3%。貿易順差的巨幅擴大，終遭致美國的抗議，美國國內貿易保護主義聲浪高漲，迫使美國政府要求臺灣開放市場和貨幣升值，加上政治民主化後國內私人企業的利益和美國的壓力結合，市場也預期新臺幣將大幅升值而拋售美元，造成中央銀行的極大的壓力。1985（民國74）年底，1美元兌換39.85元的匯率，從1986年（民國75）起急速上升，年底已經是1美元兌換35.5元，1987年（民國76）5月更漲破32元。在巨大的新臺幣升值壓力下，中央銀行寄望藉著解除外匯管制紓解壓力，因而政府在1987年7月實施新外匯制度，解除外匯管制。解除外匯管制，是臺灣經濟自由化上的最重要里程碑，不過外匯升值壓力並未解除，1987年底1美元上漲到可兌換28.17元新臺幣；但解除外匯管制等於開放臺商到國外直接投資，1990年代臺灣經濟與東亞的關係深化。[5]

　　1988年（民國77）經濟自由化之後，臺灣經濟與國際的聯結更深，更加開放，經濟結構也出現變化。工業部門的比重在1986年達到43.65%的最高點，接著逐漸下降，2000年（民國89）降為34.64%，服務業則為62.97%，服務業已經成為臺灣經濟主力。但出口一向是支持臺灣經濟成長的重要動力，1993年（民國82）起製造業的出口每年都呈現成長，2000年左右出口總額的99%以上屬製造業之產品，產品種類則以電子及電機最多（48.40%），其次是機械設備（含運輸工具及精密器械業，共12.39%）、化工（化學材料、化學製品及塑膠業，共9.91%）、紡織業（8.57%）等，重化工業產品出口比重已經由1989年的44.53%上升到2000年的70.58%。1990年代持續成長的產

[5] 施建生等著《1980年代以來臺灣經濟發展經驗》（臺北：中經院，1999年），頁96-100，111，140-145，423-424。美國也要求臺灣開放進口，開放金融市場，促成開放設立民營銀行。

業，1991年到1996年間以中資本高技術密集產業爲主，1996年（民國85）起則以低資本高技術密集產業成長爲重點，2000年低資本高技術密集產業的成長率高達57.99%，呈現臺灣是以技術密集產業爲發展重點，且技術的重要性大於資本。工程師、技術員的比重提升，向美國申請取得專利的件數也大幅成長，可做爲臺灣製造業技術水準提升的指標。[6]

　　臺灣轉型爲工業化社會之後，與國際市場的關係日益密切，1970年代以來工業快速成長，工資也跟著成長，提高了生活水平的同時也增加了勞動成本，臺灣內部的生產成本增加，加上調整匯率，臺幣對美元的匯率升值，導致部分勞力密集產業喪失比較利益，選擇外移，是第一個變化。1987年解除外匯管制之後，臺灣對東南亞國家的投資在1988年後逐年攀升，1990年時達到41.65億美元的龐大金額，之後開始衰退，1994年（民國83）後由於對印尼、越南的大舉投資，又達另一高峰，1988-1998年累計金額高達344億美元。中國的投資方面，根據大陸對外公布的資料顯示，臺灣的投資自1991年（民國80）起逐年加溫，1993年起每年的投資金額平均高達30幾億美元，1998年（民國87）的累計金額也超過200億美元。國內傳統出口產業紛紛將勞力密集工廠轉移到東南亞及中國大陸生產，但這些產業繼續向國內訂購工業原料和機械設備，此舉帶動國內上游重化工業的發展，設備投資在1986至1988年間快速增加。1990到1991年間，中東伊拉克入侵科威特引來世界各國的抗議，以美國爲首的工業化國家出兵反擊，而爆發波斯灣戰爭。雖然工業化國家最後勝利，但其經濟景氣也大幅下滑，而使1980年（民國69）後期各國產生的泡沫經濟破滅。美國1991年經濟衰退1.06%，隔年雖開始復甦，但勁道有限。接著前蘇聯共黨政權瓦解，資本主義陣營與社會主義陣營對立的冷戰結束，軍火需求頓減，工業化國家的工業生產減緩、失業人口遽增、投資意願低落。在泡沫經濟破滅、資產價格萎縮以及失業率升高的影響下，民

---

[6]　經濟部工業局編《中華民國89年工業發展年鑑》（臺北：經濟部工業局，2000年），頁27-44。

間消費保守，致各國經濟疲憊不振，臺灣對工業化國家的出口亦跟著衰退。此時亞洲國家因1980年代後期，日本和臺灣、香港、南韓和新加坡等對東南亞和中國大陸的投資，帶動當地經濟繁榮和進出口貿易的商機，致亞洲的區域內貿易活動特別旺盛，臺灣對東南亞及中國大陸的出口表現突出，對外貿易在1991-92年間仍維持兩位數的成長。[7]

　　總之，1990年代的臺灣工業的出口商品，以重化學工業製品為主，人力成本的優勢消失，勞力密集工業必須外移到人力成本更低的國家，繼續留在臺灣的產業則必須轉型，採取自動化或升級、轉變成技術密集產業。隨著臺商外移，出口市場出現變化，東亞的比重加深，在在顯示現代工業社會的臺灣，重工業以及化學工業的重要性。世界經濟之變化如美國的消費力降低、中國及東南亞國家的工業發展等，是影響臺灣現代工業變遷的外部因素，臺灣如何因應世界經濟之變化進行調整，屬內部因素，兩者共同決定工業發展方向與成果。臺灣在二十世紀末重化工業產品占出口比重已經達到七成，成為主力產業，且以民營為主，因而討論民營重化工業在臺灣如何成長以掌握內部變化因素，可以更深入了解臺灣現代工業之變遷。

二、國家政策與民營重化工業

　　1930年代臺灣軍需工業化以重化工業為核心，由日本資本建立的中大型工廠戰後被接收後，大部分被改組為公營事業，繼續營運；由臺灣人設立的小型重化工廠如唐榮鐵工廠、大同鐵工廠等繼續民營，1945年（民國34）之後民營的電器、鹼氯工廠等，這些工廠屬於重化工業，與公營事業競爭，但規模並不大。臺灣出現規模較大的重化工廠是在1950年代，與國家政策有密

---

[7]　前引施建生等著《1980年代以來臺灣經濟發展經驗》，頁100-103，277-279。

切關係。

（一）經濟政策與民營參與

　　影響臺灣民營重化工業發展的第一個重要因素是國家政策，臺灣的民營重化工廠如臺塑、東元、裕隆、三陽等，都是在1950年代開始進行投資，與國家政策有直接、間接的關係，乃是經濟政策以發展民營工業為主的背景之下，吸引社會的參與。

　　美援時期（1951-1965年）美國對臺灣經濟政策重要的影響有三點：(1)美國與臺灣簽署共同防禦協定，保障臺海安全，維持臺灣穩定。(2)1951-1955年美援主要目標為消除財政赤字以維持經濟穩定。(3)1956-1960年間重點為支援基本建設及促進工業發展，1961年到1965年結束為止為鼓勵民營企業及擴張出口。1950-1960年代臺灣的經濟發展，美援協助維持穩定及影響國民政府給予民營企業更大發展空間，是臺灣民營企業發展的重要關鍵之一。[8]美援影響國民政府給予民營企業較大發展空間，王永慶取得美援投資PVC產業是耳熟能詳之例，還有其他例證。

　　1950年代中期，當政府經濟政策發展民營工業的路線較為確定之後，鼓勵民營資本投資重化工業，例如東元電機。1956年4月創設的東元電機，主要產品是工業用馬達，供應紡織業、味精工廠、鋼鐵廠。當時從事電機進口的林和引看到了產業界受到四年經建計畫的刺激開始活躍，接著四大公司開放民營，國民政府走向自由經濟發展民營工業姿態明顯，察覺到在臺灣投資生產的有利商機，便與同鄉孫炳輝討論。孫炳輝認為馬達為工業之母，建議林和引自製馬達，於是合資成立東元電機公司，由孫炳輝負責設計、林長城負責生產馬達，主要提供國內工廠使用，取代進口品以減少外匯支出，是典

---

[8]　吳聰敏〈臺灣長期總產出之變動與經濟結構變遷〉，臺灣省文獻委員會編《臺灣近代史　經濟篇》（南投市，臺灣省文獻委員會，1995年6月），頁624-629。

型的進口替代產業。[9]美援以及土地改革代表政策採取傾向發展民營工業的路線，私人投資較有保障，促進民營資本投入設備龐大、回收較慢的重化工業。

　　類似的經驗也出現在交通運輸產業。1953年三陽電機廠設立時的產品是腳踏車照明用具磨電燈，為了提升磨電燈的電鍍技術，到日本本田工廠學習電鍍的知識和技巧，並進口本田機車裝配銷售，雙方有商業往來。1961年，臺灣國民所得超過五千，政府經濟計畫已進入第三期，機車需求一再擴大，政府大力鼓勵業者投資，提高國內自製率以節省外匯，三陽電機響應政策，擴大改組為三陽工業股份有限公司生產機車。[10]三陽決定生產機車的動機包含市場需求與國家政策。臺灣的機車產業從1962年（民國51）三陽工業公司與日本的本田技研工業之間的技術提攜開始。之後隨著臺灣經濟成長，機車需求量增加，新的公司陸續成立，至1966年12月時已達40家，一年的販售量也達7.5萬部，競爭漸漸激烈起來。1969年（民國58）經濟部為了提升國產比率，發布了「機械電氣製造工業的國產化計畫的實施方法」，對象包括了機車產業，不能自主開發的製造商被淘汰，1970年底只剩15家。臺灣機車產業在短期間內大量設立，技術與經驗有許多是自行車產業所累積的，而主要的製造技術是從日本移轉，少數從義大利移轉，三陽工業公司與日本的本田技研工業會社之間的技術提攜效果最明顯。[11]政府經濟政策採取民營為主路線，乃是影響民間資本投入需要長時間才能回收成本之重化工業的重要因素。

9　陳秋坤、郭承天訪問，梁至正等記錄，〈我與東元電機公司—林長城先生訪問記錄〉，《口述歷史》2（臺北：中央研究院近代史研究所，1991年2月），頁185-206；林長城口述，邱建文採訪整理，《走過東元：林長城回憶錄》（臺北：遠流，1999年），頁33-92。
10　張國安《歷練—張國安自傳》（臺北：經濟與生活，1987年3月），頁52-70。
11　永野周志《臺灣における技術革新の構造》（九州大學出版會，2002年10月），頁65。

（二）公民營複合體制與石化工業

　　臺灣龐大的公營事業體系，對民營重化工業也產生重大影響，以石化工業最爲明顯。1950年代美國已經發展出輕油裂解及其產品的進一步處理、加工的石油化學工業，需要更多的知識背景、設備與技術。因爲輕油裂解的主要產品乙烯是一種自然界不存在的小分子物質，反應性強，可以與很多元素化合成不同物質，然後進行加工製成聚氯乙烯、聚乙烯、聚丙烯等等，這是塑膠、人造纖維、人造橡膠、合成清潔劑的原料，由下游廠商製成塑膠及塑膠製品、人造纖維以及紡織品、人造橡膠及其製品、合成清潔劑、肥料及農藥等。乙烯運輸費用昂貴，因此通常是在地消費，最好能經由管線，馬上輸往中游的工廠進行進一步加工，因此上游與中游生產連結性高，投資計畫通常要一起協調進行，帶有顯著的規模經濟色彩。在這個定義下，臺灣石化工業是1968年（民國57）中國石油公司建造的第一輕油裂解廠（一輕）開始運轉時正式開始的。石油化學工業的原料是石油，中國石油公司是國營企業，也是臺灣唯一進口石油並且煉製石油製品的企業。石油所煉製的汽油等產品是汽車、卡車及飛機燃料，帶有國防性質，1990年之前不開放民間經營，因而以石油爲原料的石化工業，早期也是由中國石油公司負責，因此一輕是在政府干預之下由公部門主導的。公營的中國石油公司建設輕油裂解廠，提供並分配上游原料，少數公營及民營的石化工廠，將中油分配的上游原料乙烯、丙烯等加工成聚氯乙烯、聚乙烯、聚丙烯等，爲中游工廠，產品出售給下游業者加工。[12]國家顯然支配並扶植中上游資本密集產業的成長，並與民營資本合作，形成公民營複合體制的產業模式。

　　臺灣石化工業形成公民營複合體制，與中國石油公司籌建乙烯工廠的歷程有密切關係。中國石油公司籌建乙烯工廠花了很多年，因爲石油化學品中間原料之製造工程投資額龐大，又必須考慮產品之銷路，生產規模又須符

---

[12] 瞿宛文《經濟成長的機制—以臺灣石化業與自行車業爲例》（臺北：唐山，2002年），頁4-63。這種模式直到1990年臺塑申請建六輕取得正式核准爲止才出現較大變化。

合規模經濟原則，因此遲遲未能實際進行，直到1964年美國國民製酒及化學公司（National Distillers Chemical Co.）決定來臺投資設立聚乙烯工廠，乙烯有了固定銷路，且產量亦能符合最小經濟規模，此項計畫才正式成熟。由於是臺灣第一座乙烯工廠，設計方面須借重外人技術，委託美國隆馬斯工程公司（The Lummus Company）設計及採購設備。[13]公營的中國石油公司負責上游，中游則自營或採取與民營資本合作的結果，造成臺灣的石化工業與美國、日本的石化工業從上游到中游都由一家企業生產的巨大企業不同，因為上游原料到1990年代長期由中油獨占並進行分配，除了臺塑集團之外，幾乎都只專門生產少數產品，形成專業化生產的形式，具有獨特的發展經驗，乃是受到國家政策的直接影響。

　　臺灣的石化工業不僅與美國、日本的石化巨大企業不同，因為生產技術與設備從美國導入，具規模經濟色彩，也與臺灣的中小企業不同。臺灣第一座乙烯工廠在建廠時技術幾乎全部依賴外國技術，成為日後臺灣石化工業的主要發展模式，大多數的石化工廠基本上是由國外的工程顧問公司代做可行性研究，並向國外購買技術，然後由國外的工程顧問公司提供基本設計、細部設計做為建廠資料，向國外購買整套機器設備，並由國外的工程顧問人員及設備供應商指導機器的安裝、試車。設廠之後，有些經營者開始重視技術，例如中國石油公司高雄廠一些龐大的鋼鐵加工製品，如蒸餾塔、換熱器等有完善的設備與設計製造能力，目標是節省從國外購買之運費。臺灣塑膠公司和臺灣聚合公司由臺灣自行設計及生產設備的比例較高，可節省成本二成到三成。[14]從1968年中國石油在高雄煉油廠所建設完成第一輕油裂解工廠，設廠初期基本上都是引進美國的技術。美國在1900年工業界的規模經濟特色已經很明顯，石油化學技術更是具有規模經濟色彩。臺灣的中小企業採

---

[13] 中國石油志編輯小組《中國石油志（下）》（高雄：中國石油公司，1976年），頁524-527，596-597，681-682。
[14] 李國鼎《臺灣經濟發展中的科技與人才》（臺北：資訊與電腦雜誌社，1999年），頁76-78。

取產業群聚與垂直分工，共同投入世界市場以合作強化競爭力的模式，並無法用在明顯具有規模經濟特性的石化產業。

（三）國家主導引進技術：半導體產業

　　1973年實施十大建設，由國家投資一貫作業的大鋼鐵廠、造船廠等，並扶持半導體產業。臺灣的半導體產業最大的特色爲專業代工，這是由張忠謀領導的台積電所創造出來的全新的電子業經營模式，1995年聯華電子跟進，進而影響全球電子產業。臺灣半導體產業發展出這種模式，與臺灣半導體產業成立的過程，以及產業結構息息相關。

　　臺灣的半導體產業一開始是由國家主導的。1973年春，行政院長蔣經國指示爲了進一步推動工業化，希望能在技術上有所突破，國家機構開始行動，經濟部、交通部與美國的華人科學家聯繫，呼籲技術者提出建議，潘文淵最早響應也最有貢獻，從1973年秋提出計畫案開始到1976年3月工業研究院與RCA正式簽約爲止，自上海交通大學電機工學科畢業後赴美留學，1945年進入RCA社從事超短波研究的潘文淵，是初期主導整個計畫的靈魂人物。1976年3月工研院與RCA正式簽約後，國家投入350萬美元展開了設計與製造技術的正式合作計畫。工研院與RCA簽定技術移轉合約後，召募人才赴美受訓，由楊丁元領隊，共有19位成員，平均年齡不到30歲，在美國受訓時認眞學習，互相交換經驗，日後都成爲臺灣半導體產業界的重要人物。1976年7月工業研究院開始建設示範工廠，是3吋的晶圓廠，1977年（民國66）10月開始量產，1978年鐘錶用IC的生產良率已經超過RCA社，並迫使RCA社退出亞洲市場。示範工廠成功後，工程師們決定設立新的民間企業，將人才與技術移轉給新設的企業，即爲1981年（民國70）5月在新竹科學工業園區設立的聯華電子，設立時資本有70%是國家資金，曹興誠移籍聯電並出任總經理，經營相當成功。

　　聯華電子設立之後，工研院從1984年（民國73）繼續執行第二個半導體計畫，就是形成台積電母體的VLSI（Very-large-scale integration，超大型積體

電路）計畫，複製了聯華電子的許多經驗，但更重要的是台積電與聯電的差異。VLSI超大型積體電路計畫把重點放在研究開發及支援民間企業，並沒有明確的企業化的計畫。1985年8月張忠謀由美國返臺接任工研院的院長後，修改計畫，用VLSI計畫的成果來設立新的企業台積電，並決定採用專業代工的經營方式。這是前所未有的半導體工廠經營方式，贊成、反對的人都有，但是張忠謀很有自信。張忠謀自1958年時進入TI社以來一直在半導體部門，多年經驗累積讓他了解晶圓加工的問題，因爲世界上半導體產業一般擁有設計部門，與委託晶圓加工的設計公司是競爭對手，設計公司的構想不是被晶圓加工廠偷走，就是因爲會威脅到晶圓加工廠的產品而被拖延甚至拒絕代工，加上當時臺灣已經有了不少設計公司，因而判斷專業的晶圓代工是有客戶基礎的。其次，張忠謀看到臺灣人的勤勞精神以及資質，也相信臺灣的製造水準可以接近日本、超越歐美的。第三個原因是當時臺灣已經設立了不少封裝測試公司，可以共同合作。多年經驗深刻認識規模經濟的重要性，很注意製造能力和受託需求的平衡性，在整體考量之下，台積電的規模設定在美國中規模企業的水準，只做專業晶圓代工。1987年台積電設立，國家資本占48.3%，臺灣民間資本占24.2%，菲立普占27.5%，菲立普同時也是重要客戶。設立之初缺乏客戶，台積電的經營很不穩定，但自接到英特爾的訂單後，優秀的技術人員不斷配合英特爾的指示提升品質，受到國際肯定，1991年起訂單大增，公司快速成長，從1989年（民國78）至2004年（民國93）的15年間，營業額成長了100倍以上，從業員人數成長了20倍，技術、品質也跟著成長。1995年（民國84）聯華電子跟進轉型爲專業晶圓代工廠後，兩家公司一直處在競爭狀態，也刺激彼此的技術、品質之成長。台積電、聯電等也與原有的設計及封測專業廠合作，同時也刺激臺灣小型設計公司的設立，設計、晶圓加工與封測三部門的專業分工中維持著共存關係。[15]台積電的創

[15] 佐藤幸人《臺灣ハイテク產業の生成と發展》（東京：岩波書店，2007年），頁89-162；方至民、翁良杰〈制度與制度修正：臺灣積體電路產業發展的路徑變遷（自1973至1993）〉，《人文及社會科學集刊》16：3（2004年9月），頁351-388。

立過程國家扮演重要角色，但創造出以美國中規模企業的水準做專業晶圓代工模式的原因之一，則是臺灣的技術水準以及中小企業的產業結構。

三、國際分工體制的影響

　　1960到1970年代臺灣出口的電子商品電視機、電唱機、錄音機等，這些產品的發展歷程與國際分工體制息息相關。

　　1960年代臺灣採取投資獎勵條例，積極吸引外資來臺設廠，當時美國、日本的業者來臺投資或合資所設立的工廠中，有不少是收音機及黑白電視的廠商。1966年這兩種產品占電子產業的81%，1970年代產品更多，錄音機、彩色電視、電子計算機等生產擴大，成為主力產品。1970年代臺灣本地也開始參與這些電子產品的生產，向政府登記的605家電子公司，美資及日資合計56社，外資與臺資合作的公司有73家，本地資本投資的公司有469社，占了約8成。彩色電視的生產擴大，成為1980年代的電腦螢幕及終端機生產的基礎。1972年開始生產電子計算機，1980年代擴大生產，也成為日後桌上型及筆記型電腦的基礎。[16]1960年代以美國為首形塑國際分工體制的時代，國家採取吸引外資政策，美、日等到臺灣投資，臺灣本地資本也積極參與，電子產業乃快速發展。

　　臺灣進入國際分工體制時的合作對象主要是日本、美國，合作方式不同，產業的發展也不同。

　　製造電子產品的大同、聲寶、歌林、國際、三洋等電器公司主要與日本技術合作。與日本技術合作的部分原因是日本統治時期留下的影響，如聲寶的創立者陳茂榜，1930年公學校畢業後進入日本人經營的書店文明堂當店

---

16 朱久華〈臺灣之電子工業〉，《臺灣銀行季刊》26：1（1975年3月），頁112-130。

員，書店也賣收音機、留聲機，因而開始接觸電器並產生興趣，1936年創辦東正堂電氣行從事電氣通訊器材買賣，主要販售收音機及唱片，戰時大家關心時事，收音機生意很好，戰後因日本無力供應收音機等商品，轉而到上海等地購買燈泡、電扇等回臺銷售。1951年創辦了小型的東正電器廠，製造無線電收音機的電容器，品質不錯，電容器也外銷韓國。1956年工廠更名為東興電器公司，與新力和Sharp合作生產真空管收音機。之後看到家庭電器產品方向未來的趨勢，下定決心創一家現代化家庭電器生產工廠，就是1962年誕生的聲寶，1963年板橋工廠完工，並提高薪資吸引優秀人才、強化人才訓練及培養、重金禮聘外籍技術顧問來臺指導，電視機與日本的Sharp技術合作，從生產喇叭和底盤鐵板開始，一面做、一面學。1971年（民國60）美國實施新經濟政策，公布美元貶值，政府決定新臺幣對美元匯率不變動，等於臺幣相對於日元是貶值的，強化了臺灣電子產品的價格競爭力。臺灣中小型電子工廠反應靈敏，迅速擴大產量，因而在1972年臺灣出口大量增加，取代了一部分原屬於日本的市場。[17]

　　臺灣自行車產業參與國際分工的主要模式是代工，接美國的訂單。臺灣自行車產業開始正式發展是在1950年代，當時外匯困難，政府限制自行車進口，扶植國內生產以節省外匯支出。1960年代臺灣經濟成長，消費能力提高，個人交通運輸工具開始改變成機車，1967年（民國56）不需掛牌的49CC日本機車大量進口取代了自行車，自行車店紛紛結束營業。1969年臺灣接到了美國迷你車的大量訂單，使臺灣自行車產業復甦並從內銷走向國際市場。臺灣自行車外銷訂單1972年突破100萬輛，使臺灣成為全球第二大自行車外銷國，但也出現生產增加太快、品質參差不齊的情況，損害了國際形象。1973年的能源危機使全球市場消費力逐漸降低，美國及加拿大為了保護本國業者，紛紛採取反傾銷的保護措施，1975年出口量驟降為81萬輛，製造

---

[17] 前引陳茂榜《經營漫談》，頁397，437-464，541-543，563-609。

廠商由原來的100家淘汰至40餘家。不過此一傾銷風波，也讓業者努力改善品質，提升形象，代表性的公司是1972年設立的巨大機械工業公司、美利達公司等。1976年臺灣區車輛工業同業公會組成自行車製造委員會，致力於設計、製造技術及方法的改良，降低製造成本提升品質，另一方面積極開拓外銷市場，團結同業，避免惡性競爭，1980年外銷量更首次超過日本。[18]

　　臺灣自行車產業要先提升品質才能接到國際大廠的訂單，例如巨大先奠立產品品質，用了3年爭取到美國大廠的代工訂單。接到訂單後進一步接受美國廠商提供的技術指導而成長，1979年巨大的年產能增加到35萬臺左右時，美國因為芝加哥工人大罷工，波及Schwinn公司的工廠，要求巨大緊急增產供應，希望一年能夠交到60萬輛，巨大把握機會全力配合，擴增生產線供貨。因為這次罷工事件，Schwinn公司陸續關閉美國工廠，將訂單移轉到臺灣，並派員來臺協助克服若干技術問題，使巨大的產能及營收大幅提升，1980年躍居臺灣最大的自行車整車廠，在亞洲排名第二，僅次於日本的石橋（Bridgestone）。但訂單集中在單一公司也蘊含不安因素，加上自行車產業的進入門檻不高，競爭對手多且激烈，代工利潤也被一再地壓縮，因應的方法是自創品牌，直接面對市場、面對消費大眾。巨大在1981年成立捷安特公司，推出自有的捷安特品牌，以分散代工的風險。1985年Schwinn公司為了中國廉價勞力以及龐大市場商機，與港商合資到中國深圳設廠，巨大得知消息後立即成立危機處理小組，決定全力到海外市場推展自有品牌以因應Schwinn公司抽單威脅，1986年前往荷蘭設立捷安特歐洲公司，展開國際化經營，推出較高級的登山越野車，但捷安特產品與歐洲消費者要求的品質有一段差距，為了改善問題，巨大在工廠成立了IA（Industrial Art）生產線，挑選技術熟練工上線做出高品質的自行車。1987年巨大的IA線終於生產出符

---

[18] 許正和、邱創勳《躍上峰頂的臺灣鐵馬：臺灣自行車產業發展史》（高雄：科學工藝博物館，2007年），頁70-84；瞿宛文《經濟成長的機制－以臺灣石化業與自行車業為例》（臺北：唐山，2002年）。

合歐洲市場需求的自行車，帶動全廠生產技術提升，繼續建立全球行銷網，增加以自有捷安特品牌產銷的自行車比重。[19]美利達公司也與巨大一樣致力提升品質，並與零件廠緊密合作，利用代工過程從先進技術廠商習得製造技術與行銷技巧，並將所學傳授給協力廠商，共同提升產業競爭力。政府則在1982年（民國71）起，經濟部開始將自行車零組件列為主要輔導行業之一，1984年成立中心衛星工廠推動小組，輔導業者開拓高附加價值的產品等。1988年受到新臺幣大幅升值影響，價格優勢消失，外銷數量明顯減少，經濟部工業局與自行車業者於1990年共同成立自行車工業研究發展中心，工研院研發變速器成功並轉移業者量產，使臺灣變速器產量躍升世界第二，僅次於日本，同時經濟部亦核准自行車赴中國大陸投資等，維持自行車產業的存續。臺灣自行車產業的特點，為上中下游產業緊密結合，擁有完善的零組件供應體系及周邊支援系統，即零組件多數由專業製造廠供應，集中臺灣中部地區，1999年中部廠商占了64.1%。[20]

國際大廠的選別與集中

筆記型電腦的發展經驗顯示國際代工對中小企業的影響力量。桌上型電腦誕生之後業界即投入小型化、可自由移動電腦的研究，日本的成就最顯著。日本東芝1989年推出DynaBook J-3100SS，重量不到3公斤，推出後大受歡迎，筆記型電腦正式誕生。筆記型電腦由於需要在狹小空間裡搭載各種必要的機能，要讓這些零件有適當位置並且互不干擾，需要更高的設計能力以及組裝技術，還有零件的製造能力也要同時提升，日本業者是大型的電機綜合廠商，以長久以來培養的表面實裝技術、電子迴路技術、電池技術，加上構造方面的能力，在產業發展初期領先美國，但領先沒有持續很久。1995年左右美國英特爾開發的新型中央處理器（CPU），大幅降低了筆記型電腦

19 魏錫鈴《騎上峰頂─捷安特與劉金標傳奇》（臺北：聯經出版事業，2004年），頁33-57。
20 魏依玲主持《2000汽、機、自行車產業現況與趨勢分析》（臺北：經濟部、工業技術研究院產業經濟與趨勢研究中心，2000年），頁3-1-7～3-1-11，3-3-32～3-3-34。

的製造技術難度，改變了筆記型電腦的生產環境，只要使用英特爾的中央處理器（CPU），技術優劣對產品品質的影響變得不太明顯，筆記型電腦產業乃從技術與品牌的競爭，轉變成價格競爭。臺灣電腦業者也投入筆記型電腦的開發，1988年開始有生產能力，1990年代臺灣投入筆電的廠商曾經高達60社，但是因為筆電的生產技術門檻高，生存並不容易，很多廠商被淘汰，1994年約剩下一半，產量仍然不多。[21]

產業發展早期有一群人默默努力，建立自己的產業技術，如施振榮設立宏碁、林百里創立廣達、葉國一、溫世仁設立英業達，以及江英村設立致福等，這些人都是白手起家創業，慢慢建立自己的產業技術並擴大生產規模。[22]1995年隨著英特爾所開發的技術改變了筆記型電腦的生產環境，臺灣開始出現明顯成長趨勢，以1997年（民國86）到2003年（民國92）之間最興盛，這是因為美國電腦大廠為了降低成本，擴大代工，臺灣的製造能力獲得美國大廠的肯定，漸漸取代日本成為美國電腦廠商供應鏈的一環。最顯著的例子是美商戴爾（DELL）來臺灣尋找筆記型電腦代工廠的經驗。

美商戴爾的筆記型電腦，原本委託日本新力公司設計開發。但是日本廠商設計開發新機種花費太長時間，美國廠商為了尋找可以填入設計真空期的產品，找到了AST一款已經在銷售的機種，實際拜訪AST的臺灣廠虹志電腦公司時，發現這個機種其實是由廣達設計製造的，而且廣達下一個新機種快要進入量產階段了。此時戴爾了解到臺灣筆記型電腦廠商設計及製造能力相當進步，1997年初，戴爾認為以日本的製造成本結構及較長的產品開發流程，已經漸漸無法滿足戴爾的經營模式，而且認同臺灣已經可以提供全方位的產品線，從高階到低階，從企業型到消費型，從全功能到輕薄短小產品一應俱全，1997年下半年開始，所有設計並代工（ODM）外製機種都轉移給

---

[21] 川上桃子《圧縮された産業発展臺湾ノートパソコン企業の成長メカニズム》（名古屋大学出版会，2012年7月），頁68-77。

[22] 施振榮《宏碁的世紀變革：淡出製造、成就品牌》（臺北：天下遠見出版，2004年），頁117。

臺灣廠商生產，到了2001年（民國90），臺灣生產的筆記型電腦，幾乎每四臺就有一臺是掛上戴爾的品牌出口。[23]

　　1995年之後，英特爾構築的技術，降低了生產技術門檻，同時也是美、日展開競爭的時代，美國採取委託臺灣設計並代工的方式降低成本，與日本抗衡，日本也被迫漸漸跟進，找臺灣設計並代工，形成INTEL掌握核心技術，品牌廠商負責銷售，臺灣代工廠專攻生產的國際分工體系，除了INTEL之外，品牌廠商與設計並代工的利潤差異其實不大。1998年國際的筆電業者為了極度降低庫存、節省成本，相繼採取接到消費者的訂單後才開始生產的模式，接著採取消費者可以指定功能的客製化生產。設計並代工業者從接到訂單到交貨的天數被極度壓縮，客製化生產又讓訂單呈現少量多樣，這種變化不但考驗工廠的生產能力，也考驗管理技術，多數廠商被淘汰，訂單集中到光寶、廣達、英業達、明碁等1970年代就投入電子計算機，長期累積技術的廠商。[24]在國際大廠的選別之下，臺灣的電腦資訊產業出現的最大變化，就是設計並代工工廠的數量銳減，生產規模變大，外商的訂單具有絕對影響力。

　　世界經濟不振，消費者尋求低價商品的趨勢進入二十一世紀更加明顯，品牌廠商的價格競爭愈加激烈之下，臺灣的技術優勢也受到挑戰，因應方式就是外移到中國生產。從1993年勞力密集性的產品如顯示器、鍵盤、電源供應器、外殼、連接器、線材加工等陸續外移，1997年前後，電路板、準系統、掃描器、較複雜的基板加工等開始積極外移，2000年（民國89）以後，數位相機、主機板，甚至筆記型電腦大廠、晶圓廠都開始外移，追求最低成本、最高效率。[25]筆電製造工廠呈現大者恆大的局面，廣達、光寶、宏

[23] 方國健《海闊天空—我在DELL的歲月》（臺北：天下文化出版，2002年3月），頁63-102。但戴爾與廣達、仁寶的合作之間，也常出現處在剃刀邊緣的危機，這些過程讓廣達的林百里意識到必須擴展客戶，降低對單一客戶的依賴度，擁有複數的客戶，也成爲一種特色。

[24] 前引川上桃子《圧縮された産業発展：臺湾ノートパソコン企業の成長メカニズム》，頁77-117。

[25] 前引方國健《海闊天空—我在DELL的歲月》，頁84-102。

碁與華碩有開發設計能力，成為世界筆電代工規模最大的四大廠，但是生產基地以中國為主，臺灣本地只留下本社以及部分研究開發功能，臺灣本地生產的電腦產值像自由落體一般地急速萎縮。[26]

　　臺灣重化工業自1960年代進入國際分工體系，與日本合作的方式是雙方合作設廠並由日本提供技術，產品則以外銷美國為主，取代日本的低價產品。與美國的合作方式則是接美國大廠的訂單，並接受技術指導而成長，工廠規模也因訂單量大而隨之擴大，趨向規模經濟，並進而參與產品研發設計工作。不論前者或後者，外資的訂單是主導成長的力量。

四、國際化與自主品牌

　　臺灣進入國際分工體制的另一種方式，是以自有品牌進入國際市場。在國際分工體制負責代工生產是有危機的，就是當臺灣的相對優勢被其他國家取代時，失去訂單的速度很快，臺灣的自行車外銷產業曾有慘痛經驗。臺灣有些經營者選擇以自有品牌進入國際市場，他們的共同特色是必須具有設計、自己的技術及行銷能力。經營重化工業，品質以及技術累積很重要，東元電機剛設立時只花20萬買機械，都是舊機械整修後使用，使用眾多技術人才，以人的技術補機械設備的不足，但重視品質，檢驗設備是購買全新的，並強化公司員工教育訓練，每年投入2%-3%的研究開發費用，而且在有機會到國外參觀時引進生產力觀念，漸漸採用電腦連線，才能以優良品質與合理價格，與先進國家競爭。1963年以後東元馬達在臺灣市場占有率保持45%以上，且開始做外銷，最早是泰國、越南。越戰時銷路不錯，因美援限制越南只能向美國或開發中國家採購，臺灣當時也受惠，不久開始外銷西德，不

---

[26]　前引川上桃子《圧縮された產業発展臺湾ノートパソコン企業の成長メカニズム》，頁147-175。

過當時外銷金額約占營業額10%，比重並不大。東元也隨著時代進步開發新產品，如減速機、變速機等等，1972年因石油危機衝擊馬達銷售困難，開始多元化發展，在技術上以馬達為中心，延伸產品的家電產業、電腦產業。[27] 東元電機在1956年創業時的產品是馬達，由日治時期曾在安川電機任職者設計，之後以馬達的生產技術為基點展開事業，置有製品設計部門開發馬達，並運用馬達技術發展出如洗衣機等家電製品，也與三菱電機技術合作生產冷氣、冰箱等，重視技術的累積與關連性。[28]

　　宏碁公司在1970年代就以自創品牌的方式展開國際化。施振榮是交通大學電子研究所畢業的。1966年畢業時，臺灣電子工業剛起步，外商飛利浦、通用等到臺灣設廠，提供碩士可以留在臺灣就業的機會。施振榮在榮泰電子公司任職時，研究團隊成功的開發出國內第一部桌上型與掌上型電算器，也推出全球第一隻電子錶筆，具備自有技術、品牌且獲利穩定。1976年下半年因為榮泰的財務狀況惡化，施振榮乃與研發部門的同事獨立創業，是宏碁的誕生，初期目標設定在新興的微處理器市場。如果說引擎是機器的心臟，微處理器則是機器的大腦，將經營目標鎖定在核心技術。宏碁也建立一個重要的信念：臺灣產業要升級，非得走研究發展、自創品牌及國際行銷路線。[29] 堅持國際化的理由是因為深深體認到臺灣市場很小，臺灣企業必須有效利用全球分工整合與國際資源降低成本，提升企業的競爭力。[30] 設立初期，宏碁接美國、日本的代工訂單，也用Multitech做自我品牌，開發小教授一號學習機系列、十六位元IBM相容性個人電腦、三十二位元電腦等產品行銷到東南亞及歐洲小國家，避開與美、日等國的正面對決。1981年宏碁自己的品

---

[27] 陳秋坤、郭承天訪問，梁至正等記錄〈我與東元電機公司—林長城先生訪問記錄〉，《口述歷史》2（臺北：中央研究院近代史研究所，1991年2月），頁185-206；林長城口述，邱建文採訪整理，《走過東元：林長城回憶錄》（臺北：遠流，1999年），頁33-92。

[28] 加藤秀雄〈臺灣機械金屬工業の技術基盤と經營形態〉，《機械經濟研究》22（1991年5月），頁41-56。

[29] 施振榮《再造宏碁》（臺北：天下出版，1996年），頁16-18、23-26。

[30] 施振榮《宏碁的世紀變革：淡出製造、成就品牌》（臺北：天下遠見出版，2004年），頁95-96。

牌（Multitech）推出的「小教授一號」學習機，是躍上國際的第一個著名商品，由宏碁負責設計，生產則委託台達電；由於設計的功能優越，加上台達電生產品質很好，且價格大約只有同類商品的一半，推出後相當成功，宏碁也初步建立品牌形象基礎。三十二位元電腦是1986年推出，時間點相當早，因而大幅度提升宏碁公司在全球電腦市場的知名度。1986年起臺幣升值，美國、歐洲都在談貿易保護主義，宏碁也發現自己必須與美國、日本的超級大公司競爭，此時國際化更形重要，宏碁調整研究發展的配置，除了在臺灣有一個五、六百人的研究組織外，在美國也有一個研究部門。製造地點除了臺灣之外，美國也有製造工廠，商標更加以更改，聘請外國知名的奧美設計公司，選了Acer這個具有積極、有洞察力拉丁語意的單字，沖淡國籍色彩，做爲世界性品牌。[31]臺灣切入資訊產業的時間點並沒有落後先進國家很久，也有不少與宏碁一樣認識到要建立自有品牌的廠商，如友訊、華碩等等。

　　化學工業界的奇美實業也重視自有技術的累積。奇美實業在國際市場上最知名之產品爲ABS，[32]ABS事業的起點則是保利化學所生產的聚苯乙烯樹脂（簡稱PS）。PS爲五大汎用樹脂之一，原料是苯乙烯（SM），耐酸也耐鹼，且有良好的電氣絕緣性，化學性及物理性均極穩定，經加工後可製成各種日用品，如電氣器具如電視機外殼、電冰箱內殼、洗衣機配件、電子製品、工業用零件、包裝材料及汽車材料等，與現代日常生活關係密切。1965年臺達化學公司設廠開始生產PS供應市場，接著成功化學、保利化學、高福化學及勝記塑膠等公司加入，保利化學的規模很快就超過同業。保利化學爲奇美所投資。奇美的許文龍看到PS的應用範圍日益廣闊，市場潛力旺盛，是一項潛力雄厚的投資對象，1968年1月與日本三菱油化株式會社合資成立保利化學公司，生產PS。奇美與三菱油化合作主因是技術，因爲奇美

[31] 前引施振榮《創業的挑戰》，頁128-140。

[32] 2007年臺灣外銷的石化產品第一位爲ABS，外銷比率92.6%，奇美是全球最大的ABS廠商。第二位爲PS（外銷比率88.8%），兩種奇美都是主要生產廠商。張超群計畫主持，王俊勝等著《2008高分子產業年鑑》（新竹：工業技術研究院產業經濟與趨勢研究中心出版，2008年），頁3-49～3-59。

自行研發PS生產技術一直無法突破,轉而尋求日本三菱油化的技術支援,1968年底雙方簽訂技術合約,並接受該公司投資20%,1975年產品取得美國UL94V-0認定符合難燃性耐衝擊級聚苯乙烯樹脂之標準,可外銷美國,並獲經濟部工業局頒發優良廠研獎。接著保利公司以多年生產耐衝擊級保利硬膠的經驗,再融合歐、美、日等國技術,自己研究開發ABS樹脂技術成功。ABS是丙烯腈(AN)、丁二烯(BD)、苯乙烯(SM)共聚合熱可塑性樹脂,因其優良性質,如強韌、堅硬而質輕、不易破裂、加工性優良、染色容易、可以電鍍、化學性及物理性穩定,可供作為電冰箱內殼、洗衣機配件、電視機、電腦、電話器等之外殼以及廚房器具,或可做為汽車之車燈殼、控制儀器盤、小零件等材料,用途很廣。1985年保利化學公司與奇美實業公司合併,嗣後奇美實業公司繼續保利所蓄積的技術,1990年代後期奇美實業公司的生產規模是PS年產40萬公噸,ABS年產80-100萬公噸,為世界ABS樹脂之最大生產廠商(Top Maker)。[33]

　　奇美的ABS成為世界規模最大的、最重要的原因是技術的突破。1976年開始生產到1980年之間,奇美的ABS沒有特色,產量也只從月產200公噸增加到900公噸。1981年展開擴廠,完成了月產500公噸的生產設備,主要是因為AS新技術的突破。保利的AS原本採用分批式懸濁生產法,就是一批批化合反應,日本有研究者開發出連續式生產方法,但沒有獲得重視,許文龍把他請到保利開發製程,採用連續式方法品質好、成本低,物美價廉。奇美進而將AS開發出的連續式生產方法用在ABS製程,首先生產高橡膠含量的B-polymer(這是奇美自己命名的),再加AS混煉,任意調節最終橡膠含量製成ABS最終產品。要完成這個技術,有兩個關鍵,第一是B-polymer的重合技術,是化學上的問題,由日本顧問原遵司、蘇榮藏領導的開發部解決。第二個關鍵是B-polymer的脫水、乾燥,奇美捨棄傳統使用的遠心分離機脫

[33] 鄭德賢編著《保利化學:聚苯乙烯ABS樹脂開發之回憶》(臺南:作者印行,1998年),頁1-8。

　　水，選用橡膠工廠所採用的機械式脫水乾燥法，進口了兩套設備，發揮累積的技術能力終於試車成功，也開發了ABS新製程。**34**

　　奇美的技術研發能力與創業者有關，許文龍是技術者出身，對研究與開發（R&D）本來就非常用心，創業不久就投鉅資購買十萬多倍數的電子顯微鏡，研究別人的配方，建立自己的技術，不足之處投資更多人力深入研究，或購買必要的技術，但長期以來一直以自主研發為主，有必要時再尋求技術合作，這是因為自主研發可以培養出技術人才，讓技術不斷累積，並在技術達到世界水準而無法再買到新技術時，迎接必須自己開發的時機。**35**

　　技術達到世界水準無法再買到新技術，必須自己開發的另一個具體例證是台達電，創立者是成功大學電機系畢業的鄭崇華，1971年籌了30萬元資本，員工只有15名，是標準的小型企業，主要產品是臺灣還未生產、電視機零件裡成本最低、技術難度較高的電視線圈和中週變壓器（IFT），現場生產技術是鄭崇華在美商臺灣TRW工廠時所累積。台達電創業之初即以自有品牌投入生產，從供應大同公司、聲寶公司等；大同公司自行設計開發12PC黑白電視，找台達電設計12PC的零組件，品質穩定且線路比較簡單，價格約只有日商的二分之一。台達電創業不久碰上1973年（民國62）的石油危機，全球產業受到衝擊，大同公司的訂單開始減少，台達電為了生存必須開發新客戶，開始轉做外商，先送樣品去檢驗測試，通過之後才下訂單，1974年開發了RCA、增你智等客戶，1980年成立美國辦事處，並與飛利浦合作，成功的關鍵是自動化生產技術，因為飛利浦的訂單很大，產量一下子擴

---

34 許文龍述講、高鏡棠、杜榮昌筆錄〈談ABS經營的突破與成就感〉，《奇美企業》24（1986年5月），頁5-15；朱玉堂〈從一個小問題之解決看ABS技術之累積〉，《奇美企業》29（1994年8月），頁21-23。前引許文龍口述，林佳龍、廖錦桂編著《零與無限大：許文龍幸福學》，頁98-101。後來製造ABS的技術，包括韓國、泰國或是馬來西亞這些國家都用奇美開發出來的新技術，且技術之外還要有發展策略、行銷等之配合。

35 前引許文龍口述，林佳龍、廖錦桂編著《零與無限大：許文龍幸福學》，頁155-157。

大幾十倍，一定要靠自動化生產設備品質才會穩定。**36**

　　台達電在電視機零組件設計、生產累積的自主技術與品牌，成為跨入電子業的基礎。1980年代個人電腦產業逐漸蓬勃發展，臺灣也在1980年成立了資策會、新竹科學工業園區，加上80年代中期，臺灣的勞動力已經開始短缺，而且台達電的電視零件在全球市場的占有率相當高，想要擴大市場規模不容易，因此決定順著世界潮流發展，跨入個人電腦市場。台達電進入電腦市場的第一個產品是電源雜訊濾波器（EMI Filter），針對世界最大電源雜訊濾波器（EMI Filter）廠商Corcom的產品零件結構及特性做了一些改進，申請專利，同時還設計了150個型號申請並取得了美國的UL、加拿大CSA及德國的VED等安規認證，重視品質安全，奠定了信譽，接著開發交換式電源供應器（Switching Power Supply）生產技術時，運用累積的電源雜訊濾波器及電磁元件技術能力，並延攬了臺灣RCA一批有電路設計經驗卻被資遣的工程師，1981年接一些小訂單累積經驗，1983年（民國72）能力達到水準量產上市，國內主要客戶為宏碁，國外的客戶有IBM、NEC、EPSON、ITT等。1985年接到IBM數量龐大的訂單擴大生產線時，為了強化產品的品質，採用表面黏著方式設計交換式電源供應器，是全球第一家採用這種技術的廠商，此項技術的進步，可以把PC產品做的更小，也可遏止仿冒。半導體龍頭英特爾也與台達電合作，把許多電源供應器交給台達電設計，而且派一個人來協助，雙方成為長期夥伴關係。**37**

　　台達電接設計代工訂單雖然可以提升自己的技術，但是並沒有辦法獲得最新技術，而且當臺灣的技術提高到對國際上技術領先公司而言成為競爭對手，產生威脅時，即使出高價購買，對方也不可能提供技術，這時自己投入更多資源從事研究開發是唯一的選擇，吸收臺灣內部的優秀技術，與國內外

36 鄭崇華口述、張玉文採訪《實在的力量：鄭崇華與台達電的經營智慧》（臺北：天下遠見出版，2010年），頁31-75，82-106。

37 前引鄭崇華口述、張玉文採訪，《實在的力量：鄭崇華與台達電的經營智慧》，頁113-127，159-160。

大學及全球研究機構合作研發。**38**

五、臺灣現代民營重化工業的特色

　　了解民營重化工廠的具體經驗，回頭檢討戰後臺灣民營重化工業發展的特色，可以看到國內與國外三個重要因素，即國家政策的影響、國際代工與規模經濟，以及業者建立品牌、採取市場導向研究發展之努力。

（一）國家政策的影響

　　臺灣民營重化工業發展過程中，國家政策的影響有三個層面：第一是制度面，1950年代中期，在美援影響下，國民政府給予民營企業較大發展空間，土地改革時四大公司開放民營，經濟政策傾向以民營為主的路線，尊重私有財產權制度，讓投資者可以較為安心地參與需要更多資本設備、更多技術研究之重化工業；其次是接收日產改組而成的公營事業持續存在，特別是鋼鐵、石油、能源等長期由國家主導的基礎產業，到1970年代政府的十大建設投資以及政府主導引進的新產業，深深影響臺灣重化工業之發展。臺灣的石化工廠雖然從美國引進技術與設備，與日本、美國綜合性巨大企業不同，採取專業化生產單一製品的經營模式，乃是國家政策主導所形成之特色；第三，1980年代臺灣半導體產業從無到有的過程，政府設立的工業研究院扮演重要功能，是臺灣的工業發展過程中比較特殊的例子。創立之後經營上採用民營企業的精神，董事長、總經理的決策是主導公司經營的主要力量，採用專業化生產模式，乃是建立在臺灣已經存在不少中小規模的設計與封測部門專業化工廠的基礎之上，從美國引進技術，並未採取美國式的綜合性大型企

38 前引鄭崇華口述、張玉文採訪《實在的力量─鄭崇華與台達電的經營智慧》，頁131-146，162-163，200-202。

業，沒有設計與封測的部門，雖然產量很大，從國際比較的觀點來看僅屬中規模的企業，並不是巨大企業，因為產品專業化的關係，一方面具有規模經濟的優勢，卻沒有巨大企業的複雜組織，成為競爭優勢之一。

　　國家政策自1950年代在制度面給予民營資本投資誘因，1980年代轉而偏重策略性政策指導，較少直接介入，從半導體產業的經驗，國家政策的改變，與經濟自由化的世界趨勢有關，與臺灣民營重化工業的力量成長也有關連。

（二）國際代工與規模經濟

　　1950年代中期民營資本投入重化工業經營的動機，有市場及政策兩種取向，也就是在市場需求及政策提供較為安心的投資環境時開始投資。到了1960年代臺灣採取投資獎勵條例以及出口導向政策，臺灣加入國際分工體制，投入國際市場競爭，出口占臺灣工業生產的比重快速上升，國際市場對臺灣的影響力也日益深化，成為引導臺灣工業發展的重要力量。

　　臺灣民營重化工業進入國際市場的方式之一是代工。取得國際代工訂單的方式是把自己生產的產品，拿到國外大廠面前爭取訂單。臺灣市場也好，世界市場也好，要取得消費者的支持的前提條件是物美價廉，也就是品質有一定水準，價格要比同樣品質的競爭者低，才能取得市場競爭力，獲得國際代工訂單，同時也需要顧及智慧財產權，因而自己擁有技術是基本條件。取得訂單之後雖然有機會在國外大廠指導下吸收最新技術，但同時也必須努力學習強化競爭力才能留住訂單。爭取到國外大廠訂單之後，對臺灣工業而言最大的變化乃是規模經濟的重要性提升；中小企業在與國外大廠合作時往往必須配合交易對象的規模進行調整，同時具有規模經濟特性的國外大廠也透過集中訂單而壓低成本，因而1980年代臺灣的重化工業之工廠規模，出現隨著代工訂單而成長的現象，資本主義規模經濟的色彩也日漸濃厚。

（三）品牌與市場導向研究發展

　　國外大廠的訂單具有指導提升技術的正面功能，但也有將訂單轉移的風險。面對流失國際大廠訂單危機時，自創品牌是對策之一，也是1970年代臺灣重化工廠走向國際市場時的另一種選擇。

　　品牌是商品取得消費者認同的重要策略，在臺灣社會並不陌生，清代的曾振明香鋪、施錦玉香鋪產品使用標頭，標頭的功用之一即在區別產品，取得消費者認同。日本時代在臺灣實施日本的商標法，黑松商標等出現，戰後則有大同電扇、大同電鍋等，大同不但是公司名稱也是商標。1960年代外資來臺投資電子業時，臺灣已有大學電機系畢業具有學理基礎的工程師，他們在外資工廠任職時累積設廠、經營能力，成長爲具有國際視野與國際競爭技術能力的經營者，1970年代獨立創業時就有自創品牌的觀念，特別是宏碁的創辦者之前人曾經營線香製造，商標與品牌歷史經驗傳承的意涵更爲明確。

　　自創品牌並不是一條簡單的路，爲了要讓自己的品牌可以在國際市場有能見度，品質就必須獲得消費者的肯定與認同，也就是研究開發與自創品牌是一體的兩面，也是國際化的基本條件。要以自有品牌進入國際市場必須有自己的技術，臺灣部分重化工業廠商相當重視製品開發體制，與國外技術合作時也以發展出自己的技術做爲事業的基礎，例如東元電機、化學工業及電子產業，有不少是以自己的品牌外銷。品牌要眞正在國際市場占有一席之地，要先獲得消費者肯定、愛用，成功的品牌必須讓自己的產品與別人有區隔的，這是模仿做不到的，必須依賴強大的研究開發能力。施振榮自己的研究能力很強，創業後考慮臺灣資訊工業剛萌芽，提倡老二主義。老二主義的重點來自資訊產業特性，資訊產業的市場需求變化太迅速，研究開發新產品的投資風險高，而且資訊產業技術還在發展中，新產品一定有需要改良的地方，於是乃效法日本松下電器的市場導向，研究開發原則，觀察市場需要推出改良產品。只要發現明確的市場需求，就立刻著手進行，搶先推出經過改良之後性能穩定的產品，以時間換取金錢。在策略上也適時推出一些叫好但不叫座，屬創新科技但投資不是很大的產品，這是爲了塑造具有創新力的企

業形象，提高企業定位的研究開發。**39**建立品牌必須下很大的功夫，也必須全心全意地呵護，但是當臺灣工業的人力成本優勢消失時，以自有品牌投入國際市場競爭，是繼續維持臺灣工業生產之重要方式。

臺灣社會對於貿易很熟悉，從十七世紀的荷蘭時代就與世界市場連結，但是，1960年代以一個獨立的經濟體投入世界市場競爭，是有史以來的第一次。透過本書的分析，則可以看到臺灣社會在1950年已經明顯具有自主學習技術、吸收國外新技術並改良技術的動作，在機械、電機、化學工業等現代工業化社會的指標產業普遍可以看到。這樣的自主學習精神，在1960年代臺灣與國外在市場、技術方面有更多接觸、合作機會時仍然存在，而且不僅是少數單一的存在，不同產業的眾多中小企業主，眾多的技術人自主性的積極提升技術，才有能力吸收新技術、改良引進的新技術，進而生產物美價廉的商品，走向世界市場。

總之，臺灣民營重化工業在國家政策的影響之下，在石化業、半導體產業塑造了專業化的不同模式。民營重化工業則以出口為主，為了滿足國際大廠的要求爭取代工訂單，也漸漸走向規模經濟，有些業者則選擇建立品牌、採取市場導向研究，在走出臺灣、投入世界市場之後也日益成長，具有規模經濟之優勢。這些民營工廠雖然大多在設立時採取中小規模，但在進軍國際市場之後累積資本與技術而不斷成長，乃帶有愈來愈明顯的規模經濟色彩，當臺灣重化工業在工業裡的占比愈來愈重時，規模經濟色彩也日漸濃厚。進軍國際市場之後不斷成長的基本動力來自技術，中小企業要在二十一世紀繼續保持競爭力，也需要技術，民營工廠在技術研究開發方面做了不少努力，但目前了解的仍然不夠，乃是需要更多研究者投入的議題。

在這樣的工業結構變遷之中，臺灣的中小企業面對重視研究開發的時代變化，以及具規模經濟優勢的競爭對手，需要更多努力。1987年採取經濟

---

39 施振榮《創業的挑戰》（臺北：社會大學文教基金會，1989年），頁20-45。

自由化政策之後，臺灣經濟對出口的依賴更高，國際化程度更深，而且國際市場裡的競爭對手有歐、美、日等先進國家，也有東南亞、中國等生產成本低的國家，以臺灣的條件要在國際市場裡擁有競爭力，必須擁有更好的技術抵消人力成本、臺幣升值造成的劣勢，或是提升產品品質與生產技術，與美國、日本及歐洲國家的高品質產品競爭。加上臺灣工業生產技術成長到一定程度後就無法再買到新技術，必須投入更多的資源進行研究開發，1990年代臺灣工業已經進入了創造知識並應用知識的經濟體系，而且這種經濟體系需要規模經濟，對中小企業相對不利。[40]Hu與Schive分析1990年以前臺灣中小企業的生存關鍵，是能夠快速並靈活地採用正在擴散中的新技術、進步技術，搶得市場先機。[41]臺灣產業結構中，占相當比例的中小企業必須密切注意世界市場生產技術的變化，重視新技術並選擇性地採用新技術，努力降低成本、提高品質，才能在貿易市場裡占有一席之地。目前可以看到中小企業採取兩種方式因應，一是由政府強化研究開發的投資，[42]另一個是業界的合作研究開發[43]，這是在國際化的時代臺灣中小企業繼續維持競爭力的方法之一，這是仍在發展中的現象，可以持續觀察。

---

[40] 稱為新經濟或是知識經濟，代表性產業是資訊電子產業。蔡明璋〈臺灣的新經濟：文獻的回顧與評述〉，《臺灣社會學刊》34（2005年6月），頁211-247。

[41] Hu, Ming-Wen and Chi Schive, "The Changing Competitiveness of Taiwan's Manufacturing SMEs." Small Business Economics11 (1998): 315-326.

[42] 施建生等著《1980年代以來臺灣經濟發展經驗》（臺北：中經院，1999年），頁277-278，284，396-397。

[43] 佐藤幸人編《臺灣の企業と產業》（千葉：アジア經濟研究所，2008年），頁54-59。A-Team成立6年後，臺灣自行車平均出口單價成長超過3倍，攀升到2009年的290元美金，全球各大自行車廠無不到臺灣駐點、設廠。

終　章

　　孟子曾提出「一人之身，而百工之所爲備」，百工一語長期以來是中國傳統加工業複雜多元的代名詞，並且點出一個人日常生活所需之物，需要衆多工匠生產支持，加工生產與生活息息相關，直到今日，工業發展仍然是普遍提高人民生活水準的有效手段。

　　從十七世紀自以來的加工生產歷史過程中，臺灣歷經了不同統治者，對於加工生產採取較積極態度的時期，基本上有荷治時代、清末到日治時期，還有1970年代之後。三個時期各有特色，影響也不同，三個時期之外的更多時間，臺灣漢人社會的加工生產活動以市場需求爲指標，自主發展，成爲臺灣工業化以衆多民營中小工廠主導，並由衆多民營中小工廠生產出口商品的重要特徵，雖然這個特徵正在消失中。

一、十七世紀奠立加工基礎的重要性

　　回顧臺灣自十七世紀以來的加工生產之歷史，糖之出口外銷自1636年開始持續到1960年代，超過三百年，清代米穀亦加入大量出口行列，清末再加上茶及樟腦等產品大量出口。這些農產加工品占重要地位，也符合臺灣自然條件農業較具優勢、居民以市場爲導向之經濟結構。

　　經濟活動不只限於出口外銷，國內消費市場也很重要。荷蘭人在臺灣發展製糖業，獎勵有製糖加工技術的漢人移民臺灣，奠定了基礎加工技術。漢人移民從1640年代開始生產糖桶、糖箱，木工技術與農業技術幾乎同時起步，可以製造交通工具、家具、生產工具，也有食品加工與編織副業等，供應生產與生活所需。

　　荷蘭時代的漢人移民，在明鄭時代沒有看到大舉離開臺灣的紀錄，歸屬滿清後也大部分持續在這塊土地上生活，基本上沒有看到明顯技術斷層。此時國家對經濟介入較少，臺灣內部市場需求成爲加工生產的主要投入誘因，持續吸引擁有專業加工技術人才遷移來臺，康熙年間曾扶容帶著祖傳配方與

設備來臺創設曾振明香鋪，乾隆時期施錦玉遷移到鹿港開業，香鋪在臺灣創業之後展開技術改良，漸漸採用本地原料並展開進口替代過程，就是具體例證。臺灣生產農產品加工出口，吸引更多移民渡臺，加上內部滋養生息，人口日眾，內部消費市場日益擴大，供應本地消費市場之生產亦日漸增加，日漸趨近中國傳統農家兼做加工副業的生產結構。

臺灣這塊土地上居住著土著民族；漢人移民來自中國福建、廣東，經歷荷蘭、明鄭、清朝等不同的統治者，這樣的歷史讓技術多元化，加工生產技術之主要來源是中國，但也吸收了荷蘭人及原住民的智慧，熱心技術傳承與改良的業者所生產的生活用品中，十九世紀具工藝品性質之線香、蓆與布等，由內銷擴大到外銷出口。1905年，臺灣第一次以近代方法進行人口普查時，職業方面的調查資料顯示臺灣仍然是農業社會，但工商業也有一定程度累積，工商業的就業人口合計占15%，帶有不少的工商業色彩，男男女女投入加工生產活動，生產的產品以供應臺灣內部日常生活所需為主，出口商品為輔，工商獲利大於農業，也更容易打造出一個相對富裕的社會。內部消費市場的交易乃是支持日常生活的重要事項，卻也因眾人習以為常而忽視。這些加工產品在日本統治時代，大部分被列入雜項工業，直到1930年代仍是重要加工產品，仍然以供應島內消費市場為主，直到生活型態改變、需求減少，被歷史變遷所淘汰。

從長期發展的角度來看，十七世紀延續到十九世紀的加工生產活動表現出了一些社會文化現象，延續到資本主義工業化社會，例如少年拜師學藝，以從事加工生產立足社會是光明正大的事，經營加工生產家族的子弟走上科舉之路仍可兼理家業，從事技術的改良、研究。不間斷地吸收外來技術、重視市場、產業群聚、善於利用資源、節省原料、薄利多銷，在傳統農業社會時代的加工生產中都已經出現，在現代工業化社會裡仍然清晰可見。特別是善於利用資源、節省原料以及薄利多銷，就是所謂物美價廉的原理，從清代以來流傳數百年，一直保留到現代工業社會時期。這種善於利用資源的精神在戰後初期的物資缺乏時代表現最明顯，拆廢電錶的絕緣材料再利用，將美

軍當成破銅爛鐵的橡膠帶、舊工具打造成具現代性的生產線，都是在擁有技術者的巧思下廢物變成資源、工具的例子。而臺灣改良或設計的紡織機、工具機、電腦等資訊產品，在不損及功能之下節省材料，同時帶來更容易操作、降低故障率的附加價值，都可視爲善於利用資源及節省材料的表現，在現代石化工業也可以看到，可以視爲臺灣製造技術的一種特點，也是臺灣製造具有國際競爭力的重要因素之一，自清代以來脈脈相承。此外，漢人移民從原鄉帶來生產技術，荷蘭人、平埔族也提供了某些技術與想法被漢人社會吸收，不斷吸收新知的傳統，理論上應該有助於吸收近現代歐美、日本的知識與技術。

　　臺灣傳統線香的專業化生產過程，已經出現明顯的分工情形。亞當斯密的名著《國富論》安排「論分工」爲這本名著破題，生產過程的分工是現代經濟發展的重要關鍵，也是現代生產機械化的重要關鍵。臺灣傳統加工生產在何時分工？如何進行分工？分工的傳統與接受現代生產機械化、專注某一工序後熟能生巧，可能找到較簡便的操作方式，政治完善的社會，分工讓社會生產力提升也有助工人所得改善等等，乃是值得重視的待深入研究課題之一。

二、中小企業因應市場轉型工業化

　　1858年臺灣開港之後與世界市場接軌，也必須面臨西方歷經工業革命洗禮後建構的近代經濟擁有的機械文明，以及集結眾人財力經營機械化工廠的近代公司制度等之衝擊。衝擊包含技術面及制度面，需要國家與社會共同因應。

　　國家方面，清末在國際局勢變動壓力下重視產業發展，以引進機械化生產爲主要方式，1895年之後不受政治變動的影響繼續推動，具有延續性。但與機械化生產相輔相成的近代公司制度，需要由國家制定規則加以管理，主

要是由日本殖民統治者建立的，因為處在特殊的政治情境之下，日本引進的制度是有選擇性的，在臺灣近代化初期並未建立一套包含銀行、近代公司制度與證券市場完整的經濟制度。

　　現代工業生產另一個重要變化是科學與技術結合。科學知識需要透過教育，科學與技術結合則需要大量的研究成本，因而現代國家使用財政獎勵以促進現代工業發展相當常見。日治前期以海運業、製糖業為主，透過殖民統治，由日本資本家引進一些適合在臺灣生產，或是臺灣需要的、在那個時代相對先進的產業，還有1949年國民政府遷臺之後扶植紡織業、自行車等產業，獎勵民營工業，也取得一定效果。但是最有特色的產業，還是以臺灣原料，結合科學知識，在國家支持之下長期進行技術研究的產業，蔗渣紙漿、丁醇以及芳油是代表產品。這些商品以清代興盛的糖及樟腦副產物為原料，由國家主導進行技術研究後投資生產，屬於自主研究以大幅提升產品附加價值之獨特技術。這些產業發展最明顯的階段是實施因應第二次世界大戰實施戰時生產擴充計畫時，以軍需為中心所建構的產業，資本以及技術都由日本人主導，產品也是以供應日本市場、軍需為主。戰後國民政府接收日產，這些產業大部分被接收後改組為公營企業，基本上是由國家資本取代日本資本，由國家主導糖、肥料、紙、鋁、水泥、機械、造船、燒鹼等基礎產業，擁有規模經濟特性，卻不是主導臺灣轉型工業化的主要力量。

　　中小企業是臺灣主導臺灣轉型工業化之主力，乃是處在這樣的歷史情境之下，因而臺灣人在轉型工業化的過程中，必須以更積極的態度把握機會，付諸行動，自主選擇。

　　從十七世紀一直累積到二十世紀的加工技術與市場經驗，在臺灣轉型工業化社會初期扮演重要角色。臺灣的農產加工產品持續出口，一直維持與外部市場之商貿活動，與外界交流，因而十九、二十世紀之交面臨西方資本主義、殖民帝國主義衝擊時，臺灣社會的商人們也較有能力認識時代變化，並隨著時代的變化進行調整。清末到日本統治前期的1910年代，臺灣人主動吸收產業機械、近代公司制度、大量出口加工品等歷史經驗，乃建立在碾米、

茶、番薯粉、釀酒、製蓆編帽等傳統加工技術之上，吸收外來的新技術、新觀念。臺灣社會吸收生產機械化的技術變革相對順利，到了1910年（明治43）已經有能力改良產業機械，取得日本專利，奠定了模仿、改良的技術基礎。

　　科學與技術結合，以自主研究改變原料性質與提升附加價值的重大變化，需要各種專業背景的技術，是無法如機械化一般透過現場學習累積經驗。殖民統治時代在技術研究過程雖然很少看到臺灣人參與，但是在臺灣建立了完整的工業教育體系，戰後初期臺灣人經營的燒鹼產業裡，以及魚肝油、接著劑等等例子，都可以看到明顯工業生產與科學技術結合的痕跡，到1950年代塑膠加工業的表現更加明顯。臺灣社會與技術研究開發的關連值得進一步深入檢討。

　　臺灣人約在1870年代與西方產業接觸的機會日增，到1960年代中期轉型工業化，前後約百年過程中，最重要的關鍵年代是1930年代。當時總督府推動臺灣軍需工業化，日月潭水力發電完成提供廉價且方便的能源，臺灣人接受近代教育學會知識、技術的人才增加，成為自主參與工業生產之誘因，加上日本發動戰爭，第二次世界大戰時日本供應臺灣之民生必需品能力降低，總督府獎勵日本人到臺灣生產民生用品供應市場之政策。政府政策以日本資本為主，臺灣人則以積極態度把握機會，在沒有國家權力支持之下，採取小規模形式，以長期累積的技術與資本，主動投入生產產業機械、化學染料、塗料、西藥等民需產業，並積極吸收現代性觀念加以因應，累積到1946年，約有6000家小型為主由臺灣人經營的民營工廠。

　　戰後，日本供應臺灣之民生必須品能力降低的情況並沒有改變。臺灣與上海市場連結時可以由上海取得供應，只限於1947下半年到1949年上半年約2年之間，接著臺海局勢轉變，國民政府遷臺，兩岸陷入分裂狀態，外部供應再度中斷。政府遷臺後財政困難，臺灣經濟必須自立成長，日用工業製品必須採取進口替代的壓力持續存在，繼續由內部生產供應。在國民政府尊重私人所有權制度的安排之下，日治時期養成的臺籍技術人才也繼續在臺灣社

會努力，1946-1949年間新設工廠行動積極，1949年民營工廠增加到約一萬家。國民政府遷臺、東亞政治軍事局勢風雨飄搖之中，已經設立的工廠努力圖存，加上隨政府遷臺的資本、設備與技術人才，以及政府採取進口替代政策，獎勵臺灣民需工業產品的自給，臺灣工業持續成長。1952年時，不但戰爭的破壞已被修復，紡織、肥料工業有大量增加，水力發電、交通、水泥與化學工業等日治時期已有的產業超過戰前的最高水準，還增加了許多戰後新創辦的民需工業，臺灣成為一個漸趨獨立自主的經濟體，並呈現中小企業林立的特色。

1953年之後民營工業快速且穩定地成長，在1950年代後期超越公營企業，成為臺灣工業發展之主導力量。然而民營工業快速成長，到1950年代中葉已有愈來愈多品項滿足市場自給之目標，接著因內部市場狹小而陷入生產過剩困境，必須以外銷出口紓解生產過剩之壓力。1950年代後期，政府財政已大幅改善，民營工業生產過剩造成經濟壓力，政府乃適時採取經濟自由化政策，降低臺灣生產過剩商品外銷時政治方面之阻力。但是出口外銷商品必須價廉物美，才能取得國際競爭力，這是需要業者共同努力的。臺灣的中小工廠為主之工業結構，眾多經濟者以長期累積之技術投入改良，或與外資合作，從美日等國家引進技術、設備，降低生產成本提高製品品質，官民共同努力合作之下，出口成長迅速，並且在出口激勵之下，1964年工業產值超過農業產值，轉型為工業化社會，由眾多中小工廠生產輕工業產品出口，並非典型的資本主義規模經濟之工業化模式，乃在國際上獨樹一幟。

二十世紀初期製帽業者選擇將傳統家戶式的生產方式與大量出口商品結合起來，形塑了眾多家庭手工生產者、商人參與大宗商品生產並大量外銷市場的歷史經驗，形成工廠制度之外另一種與資本主義連結的方式，與第二次大戰後臺灣的客廳即工廠、外銷主力以中小企業為主具有許多共通點。二十世紀初臺灣商人們與資本主義的大規模生產方式接觸時，在沒有國家的干預之下，自行判斷、選擇臺灣社會有市場需求且需要進口的產品切入市場，長期累積下臺灣社會可以生產的商品種類複雜多元，而農業時代加工業的同業

　　互助互賴的產業群聚色彩也被保存下來，眾多中小企業共同努力降低成本、提高品質，強化市場競爭力。

　　臺灣工業化的重要推力是出口，由中小企業生產產品推向國際，競爭主力是物美價廉。要做到物美價廉並不是一件簡單的事，而是需要技術研究。技術研究不僅是創新，創新的機會很少，更多的技術研究是一種改良，包括改良生產技術以達到節省資源、節省能源、節省時間等，都能夠提升生產效力降低原料成本，而改良生產技術也可以提升產品的品質、降低生產成本，因而臺灣社會的技術研究歷史，乃是未來值得重視的課題。

　　總之，臺灣與資本主義接觸到轉型為工業化社會的發展過程中，國家政策主導的產業與放任自主成長之產業涇渭分明，日治時期放任臺灣人自主經營之產業形成戰後民營工業之主力，社會有累積的資本，也有生產技術，依市場需求自主選擇空間相當大，長期以來的累積，塑造了臺灣工業化以眾多民營中小工廠主導，並由眾多民營中小工廠生產出口商品的重要特徵，呈現一貫的連續性發展脈絡。

三、規模經濟的未來挑戰

　　1964年臺灣轉型為工業化社會，乃是以輕工業產品之出口為主，參入門檻低，很容易被取而代之，因而工業化國家之標竿是以較難被取代的重工業與化學工業為主。

　　1960年代臺灣內外經濟環境都出現重大變化。1964年轉型為工業化社會的同時，出口也成為工業成長變遷之主力，國際市場成為影響臺灣工業走向的重要因素之一。第二次大戰結束後進入冷戰時代，臺灣歸入資本主義陣營，受到資本主義以及美國經濟的變化影響很大。1950-1973年世界經濟處在資本主義黃金時代，1973年資本主義黃金時代結束後，低價商品的需求增加，同時也有更多人有能力消費汽車、冰箱、電扇、電話、電腦、手機等各

種商品，石化製品如纖維、塑膠、清潔劑等也大量出現在生活之中，這些商品的生產技術由美國、日本主導，具有規模經濟色彩，生產與生活出現明顯變化。當臺灣的出口商品中石化、電機等重工業與石化工業的占比提高時，規模經濟色彩日益明顯。

另外，國家的力量也自1970年代強化對工業生產的投資與指導，主力置於重工業與石化工業，生產技術取自美國、日本，也具有規模經濟色彩。臺灣重工業與化學工業的發展歷程與輕工業不同，國家的力量相對重要，臺灣民營重化工業在國家政策的影響之下，在石化業、半導體產業塑造了專業化的特殊模式。

重化工業的規模經濟特性，規定了民營工廠必須重視出口，為了滿足國際大廠的要求爭取代工訂單，也漸漸走向規模經濟，即使選擇建立品牌、採取市場導向研究，有能力走出臺灣投入世界市場之後，也日益成長而具有規模經濟之優勢。這些民營工廠雖然大多在設立時採取中小規模，但在進軍國際市場之後累積資本與技術而不斷成長，乃帶有愈來愈明顯的規模經濟色彩，當臺灣重化工業在工業裡的占比愈來愈重時，規模經濟色彩也日漸濃厚，雖然仍然遠不及跨國巨大企業的規模，卻也與1980年代之前的中小企業為主流時代的產業結構有所不同，國家與市場的力量，使臺灣的中小企業工業化社會之獨特性開始淡化，資本主義普遍存在的規模經濟性格日漸明顯，這是目前正在發展中，值得持續關注。

中小企業為主的工業化社會，與資本主義規模經濟工業化社會的最大不同，在於社會財富之分配。

一般而言，工業化的過程有三部曲：(1)生產技術的改變。使用機械及動力以及化學處理法等新生產技術的機械化工廠，進行大規模生產；大規模生產機械需要龐大資本，資本乃集中在資本家手裡。(2)社會的改變。機械化工廠構成經濟主力，壓迫小生產者的生存空間，社會分化為少數資本家及多數受薪勞工階級。(3)資本家掌握經濟主導權，進而影響政治。

傳統的小規模工業乃是著根於特定的與地域、風土不可分的企業、地

方的零售商，零售商與小工廠所在的街市生活與風景，或多或少都與大地連結，給予存在的根，帶有歷史記憶背景，提供相互關係的安定感，工廠主與勞工之間互相認識，帶有人與人交往之溫度，勞工也比較有機會創業升格為經營者，分享資本的利潤，因而財富分配的公平性相對較高。資本主義的主流則是大量生產以降低成本、引起大量消費的規模經濟，原料與商品市場不再與特定土地連結，而且社會分化為少數資本家及多數受薪勞工階級，創業機會不多，財富集中在少數資本家的現象明顯。從十九世紀末美國的經驗，可以看到在規模經濟的威力下，大量中小企業不是因競爭失敗被大企業併購，就是被壓迫而倒閉，生產集中在少數獨占或寡占的巨大企業，巨大企業的規模甚至比州政府還大，且因獨占或寡占市場而取得決定價格的權力，獲得的利潤非常可觀，引起警戒與反感而推動反獨占法立法禁止，1890年、1914年的兩度立法及補強法令也無法阻擋此一趨勢；政府介入無法改善社會貧富差距繼續擴大、資源分配不均的困境。在這樣的生產體制裡，技術成為侍女，工程師的地位變成工廠經營的附屬領域，創業的難度變高、機會變少，社會不公平等等問題日益嚴重。

1980年代的臺灣工業化進展快速的同時，社會的貧富差距也有明顯改善，乃是中小企業主導經濟發展，有助於分配公平之顯例。1980年代中期以來的臺灣工業界規模經濟的色彩也日漸濃厚，受到規模經濟的影響，大企業的製品產量急速擴大，競爭並試圖壟斷市場，創業機會減少、社會貧富差距持續擴大、資源分配不均的困境，也日益嚴重。進入二十一世紀，大量生產必須伴隨大量消費，龐大的原料需求造成快速耗損的自然資源，大量生產及大量消費行為中快速增加的廢棄物，都對自然環境造成衝擊，不再清淨的空氣、愈來愈少乾淨可用的水資源，更多強烈的自然災害等等，成為國家與社會的沉重負擔。

人的智慧與雙手是最能夠善用大自然給予之資源的，也能適時調整行為做出最適當的選擇。臺灣社會是願意不斷努力的，如果認為工業的生產讓生活更方便的同時，也要重視生活品質，願意投入研究，讓製程更乾淨，讓工

廠附近的空氣也能維持清新，讓生產後排出的水比進入工廠前的水更乾淨，打造更適合生活的環境，提供健康安全的產品。臺灣社會長期以來表現出具有自主色彩且能柔軟順應時代變化，以臺灣長期累積的製造能力，應該是可以調整經濟結構與消費行為，打造一個趨向均富、公平且可以自在、安全樂活的社會。

引用書目

一、史料

《臺灣總督府公文類纂》
　　〈產業狀況并物價表（元臺南縣）〉，1897年1月，9783-7；
　　〈加福均三任臺北帝國大學教授、敘高等官一等、依願免本官〉（1937年），10090-146。
　　〈各廳ニ於ケル勞働者ニ關スル調查書二回〉，1902年9月，4691-2。
　　〈山藍調查復命書若山技師呈出〉，1896年7月，4506-11。
　　〈商事會社設立認可各廳報告ノ件〉，1902年9月，4816-7。
　　〈製腦家ノ放棄シタル不要損倒木及臭樟木ハ相當價格ヲ以テ賣下森林收入ノ增加ヲ期シ度意見專賣局長ニ照會ノ件并局長回答ノ件〉，1903年，4779-9。
　　〈泉州府下苧麻布製造狀況調查書（廈門領事）〉，1911年3月，5436-29。
　　〈大甲帽蓆會社官有地貸下ノ件〉，1909年9月，5187-2。
　　〈大甲莚製品及原料ニ關スル調書臺中縣提出〉，1901年5月，637-6。
　　〈苧麻調查山田〔正通〕技手復命〉，1897年10月，179-2。
　　〈鳳山地方產業情況取調書（元臺南縣）〉，1897年2月，9743-1。
　　〈鳳梨及鳳梨絲調查復命書（元臺南縣）〉，1897年6月，9780-4。
　　〈北村喜三郎任府專賣局技師、官等、俸給、免官〉（1934年），10078-96。
　　〈木村松之助林投帽商況調查ノ爲メ神戶大阪へ出張復命書進達（臺中廳）〉，1912年6月，5523-11。
　　〈林投樹葉製帽工廠設置ノ件彰化廳長報告〉，1902年1月，4688-3。
　　〈臺灣戰場態勢整備要綱ニ關スル件〉，1941年1月，11487-9。

《省級機關檔案》
　　〈大東工業股份有限公司小座車請准予登記證明案〉，1948年3月。
　　〈中南紡織股份有限公司工廠登記變更申請書請轉送核案〉，1947年10月。
　　〈各製藥工廠技師應向衛生部補辦登記手續通知案〉，1949年1月。
　　〈義芳化學工業公司陳芳鑄呈報創設化學燒鹼工廠一節核准案〉，1947年12月。

〈臺灣機械工業股份有限公司設立申請書等核備案〉，1951年7月。

〈據請核准臺灣齒輪造機廠臺中廠設立〉，1950年1月。

〈華南電器廠等呈請停止向日本訂購電燈泡電送案〉，1949年8月。

《日本國立公文書館公文類聚》

〈臺灣総督府専売局官制中ヲ改正ス（1926年6月））。

方志、社史、調查報告、回憶錄

《信東創業25週年紀念誌》（信東藥廠編印，年代不詳）。

丁紹儀《東瀛識略》（臺北：臺灣銀行經濟研究室，1957年）。

山田金治〈パイワン蕃族利用植物〉，《臺灣總督府中央研究所林業部彙報第1號》（臺北：臺灣總督府中央研究所，1923年）。

川口長孺等撰《安平縣雜記》（臺北：臺灣銀行經濟研究室，1959年）。

中國石油志編輯小組《中國石油志》（高雄：中國石油公司，1976年）。

六十七《番社采風圖考》（臺北：臺灣銀行經濟研究室，1961年）。

方國健《海闊天空—我在DELL的歲月》（臺北：天下文化出版，2002年3月）。

王永慶《生根、深耕》（臺北：王永慶發行，1993年）。

王作榮等調查《臺灣における大手企業の實態》（臺北：財團法人交流協會，1974年3月）。

王瑛曾編《重修鳳山縣志》（臺北：臺灣銀行經濟研究室，1962年）。

臺灣總督府《臺灣線香製造業調查》（臺北，臺灣總督府民政部殖產局，1910年）。

永山規矩雄調查〈臺灣に於ける木竹材の使用〉《臺灣總督府中央研究所林業部報告第5號》（臺北：臺灣總督府中央研究所，1927年3月）。

永井一雄《臺灣產芳香揮發油『臭油』之研究》（臺北：臺灣總督府專賣局，1912年3月）。

永井一雄《臺灣產樟牛油及油樹油之研究》（臺北：臺灣總督府專賣局，1914年2月）。

田中一二《臺北市史》（臺北：成文，1985年覆刻版）。

田邊一郎《本島製筵ニ關スル調查》（臺北：臺灣總督府殖產局，1915年）。

朱江淮口述；朱瑞墉整理《朱麗傳：大甲地方經濟建設功勞者》（臺北：朱江淮文教基金會出版，2004年）。

朱景英《海東札記》（臺北：臺灣銀行經濟研究室，1958年）。

江日昇《臺灣外記》（臺北：臺灣銀行經濟研究室，1960年）。

江樹生譯註《熱蘭遮城日誌》I（臺南：臺南市政府，2000年）。

江樹生譯註《熱蘭遮城日誌》II（臺南：臺南市政府，2002年）。

江樹生譯註《熱蘭遮城日誌》III（臺南：臺南市政府，2003年）。

江樹生譯註《熱蘭遮城日誌》IV（臺南：臺南市政府，2011年）。

吳德功《彰化節孝冊》（臺北：臺灣銀行經濟研究室，1961年）。

李時珍《本草綱目》（臺北：國立中國醫藥研究所，1981年）。

村上直次郎譯注、中村孝志校注《バタヴィア城日誌》II（東京：平凡社，2003年）。

村井八郎〈士林產ノ小刀ニ就テ〉、〈支那型鐵鍋ニ關スル調查〉，《臺灣總督府中央研究所工業部報告第1回》（臺北：臺灣總督府中央研究所，1926年）。

杜聰明《杜聰明言論集》（臺北：杜聰明博士獎學基金管理委員會，1972年）。

周鍾瑄《諸羅縣志》（臺北：臺灣銀行經濟研究室，1962年）。

周璽總纂《彰化縣志》（臺北：臺灣銀行經濟研究室，1962年）。

東亞農業研究所編《臺灣農工調整問題懇談會記錄》（臺北：該會，1943年9月）。

松井七郎〈臺灣產粘土の耐火度試驗成績〉，《臺灣總督府工業研究所彙報第1號》（臺北：臺灣總督府工業研究所，1940年）。

松本秀雄、矢次萬六〈臺灣ニ於ケル製藍業ニ就テ〉，《臺灣總督府研究所報告第5回》（臺北：臺灣總督府研究所，1917年）。

林長城口述，邱建文採訪整理，《走過東元：林長城回憶錄》（臺北：遠流，1999年）。

林豪編《澎湖廳志》（臺北：臺灣銀行經濟研究室，1963年）。

河原功編《臺灣引揚留用記錄》第10卷（東京：ゆまに書房，1998年）。

施振榮《再造宏碁》（臺北：天下出版，1996年）。

施振榮《宏碁的世紀變革：淡出製造、成就品牌》（臺北：天下遠見出版，2004年）。

施振榮《創業的挑戰》（臺北：社會大學文教基金會，1989年）。

施琅《靖海紀事》（臺北：臺灣銀行經濟研究室，1958年）。

施翠峰《施翠峰回憶錄》（臺北：臺北縣文化局，2010年）。

柯培元撰《噶瑪蘭志略》（臺北：臺灣銀行經濟研究室，1961年）。

洪敏麟《臺南市市區史蹟調查報告書》（南投：臺灣省文獻委員會，1979年）。

唐贊袞撰《臺陽見聞錄》（臺北：臺灣銀行經濟研究室，1958年）。

孫毓棠編《中國近代工業史資料（第一輯）》（臺北縣：文海，1975年）。

島田彌市、倉田藤一《大甲藺及同製作品調查書》（臺北：臺灣總督府民政部殖產局，1908年5月）。

涂順從《南瀛產業誌》（臺南縣：臺南縣立文化中心，1997年）。

眞島寬吾〈臺灣二於ケル主要天然染料二關スル調查〉，《臺灣總督府中央研究所工業部報告第1回》（臺北：臺灣總督府中央研究所，1926年）。

高砂香料50年史編集委員會編《高砂香料50年史》（東京：高砂香料工業，1973年3月）。

高騰蛟、盧世祥《做餅的人生　明天有夢》（臺北：遠流，2001年）。

張國安《歷練：張國安自傳》（臺北：天下出版，1943年）。

張國周《藥典輯要》（臺北：張國周張胃散製藥廠，1957年）。

張麗俊著；許雪姬、洪秋芬解讀《水竹居主人日記（四）》（臺北：中央研究院近代史研究所，2001年8月）。

許文龍口述，林佳龍、廖錦桂編著《零與無限大：許文龍幸福學》（臺北：早安財經文化出版，2010年）。

許雪姬《霧峰林家相關人物訪談記錄（頂厝篇）》，中縣口述歷史叢書第五輯（臺中：臺中縣立文化中心，1998年6月）。

連橫《雅言》（臺北：臺灣銀行經濟研究室，1958年）。

連橫《臺灣通史》（臺北：臺灣銀行經濟研究室，1962年）。

陳大川《臺灣紙業發展史》（臺北：造紙公會，2004年）。

陳文達《鳳山縣志》（臺北：臺灣銀行經濟研究室，1957年）。

陳文達纂《臺灣縣志》（臺北：臺灣銀行經濟研究室，1961年）。

陳茂榜《經營漫談》（臺北：聲寶雜誌，1976年）。

陳培桂編《淡水廳志》（臺北：臺灣銀行經濟研究室，1963年）。

黃逢昶《臺灣生熟番紀事》（臺北：臺灣銀行經濟研究室，1960年）。

黃進興《半世紀的奮鬥：吳火獅先生口述傳記》（臺北：允晨，1990年）。

黑谷了太郎《林投帽製造業調查》（臺北：臺灣總督府民政部殖產局，1915年12月）。

經濟部國營事業委員會編《廿五年來之經濟部所屬國營事業》（臺北：經濟部國營事業委員會，1971年5月）。

雷柏爾（Arthur F. Raper）、全漢昇、陳紹馨《臺灣之城市與工業》（臺北：國立臺灣大學出版，1954年）。

福岡縣內務部第五課《臺灣農事調查書》（福岡：福岡縣內務部第五課，1896年）。

臺灣工礦公司編《工礦公司最近四年概況》（臺北：臺灣工礦公司，1953年）。

臺灣省接收委員會編《臺灣省接收委員會日產處理委員會結束總報告》（臺北：臺灣省接收委員會日產處理委員會，1947年）。

臺灣銀行調查課《臺灣製帽業ノ現況及改善策》（臺北：臺灣銀行調查課，1919年7月）。

臺灣總督府《臺灣總督府事務成績提要》昭和13年—昭和16年（臺北：成文出版社影印本，1985年3月臺一版）。

臺灣總督府《臺灣總督府臨時產業調查會會議錄》（臺北：臺灣總督府，1931年）。

臺灣總督府民政部殖產局《大甲藺及同製作品調查書》（臺北：臺灣總督府，1908年5月）。

臺灣總督府專賣局《臺灣總督府專賣局事業第三十七年報》（臺北：編者，1939年）。

臺灣總督府專賣局《臺灣總督府專賣局事業第廿五至廿七年報》（臺北：臺灣總督府專賣局，1929年）。

臺灣總督府專賣局編《臺灣總督府專賣局事業第三十八年報》（臺北：編者，1940年）。

臺灣總督府殖產局《工廠名簿（1938年度）》（臺北：臺灣總督府，1940年）。

臺灣總督府殖產局商工課《熱帶產業調查書　工業ニ關スル事項》（臺北：臺灣總督府，1935年8月）。

臺灣總督府農事試驗場《臺灣重要農作物調查　第二編　特用作物》（臺

北：臺灣總督府農事試驗場，1906年）。

劉家謀等《臺灣雜詠合刻》（臺北：臺灣銀行經濟研究室，1961年）。

蔡振豐《苑裡志》（臺北：臺灣銀行經濟研究室，1959年）。

蔣師轍撰《臺游日記》（臺北：臺灣銀行經濟研究室，1957年）。

蔣毓英《臺灣府志》（南投：國史館臺灣文獻館，2002年）。

諸家著《樹杞林志》（臺北：臺灣銀行經濟研究室，1960年）。

鄭崇華口述、張玉文採訪《實在的力量：鄭崇華與台達電的經營智慧》（臺北：天下遠見出版，2010年）。

鄭德賢編著《保利化學：聚苯乙烯ABS樹脂開發之回憶》（臺南：作者印行，1998年）。

鄭鵬雲、曾逢辰《新竹縣志初稿》（臺北：臺灣銀行經濟研究室，1959年）。

盧德嘉《鳳山縣采訪冊》（臺北：臺灣銀行經濟研究室，1960年）。

臨時臺灣舊慣調查會編《臺灣私法附錄參考書（第三卷上）》（臺北：南天書局二刷，1995年10月）。

臨時臺灣舊慣調查會編《臺灣私法第三卷上》（臺北：南天書局，1995年覆刻）。

謝金鑾編《續修臺灣縣志》（臺北：臺灣銀行經濟研究室，1962年）。

韓家寶、鄭維中譯著《荷蘭時代臺灣告令集、婚姻與洗禮登錄簿》（臺北：曹永和文教基金會出版，2005年）。

顏水龍《臺灣工藝》（臺北：顏水龍自印，1952年）。

嚴演存編《魚雁集》（自印，1994年5月）。

鷹取田一郎《臺灣列紳傳》（桃園：華夏書坊，2009年覆刻）。

曾田政治《香料とともに六十年》（東京：曾田香料，1967年）。

史料專書

十週年紀念特輯編輯委員會編《臺灣製藥工業》（臺北：臺灣區製藥工業同業公會，1958年9月）。

小池金之助《臺灣帽子の話》（臺北：臺灣三省堂，1943年6月）。

中國新聞資料編《自由中國的工業》（臺北：臺灣出版社，1954年）。

中華民國紡織工程學會編，《慶祝成立六十週年鑽禧紀念專輯》（臺北：中華民國紡織工程學會，1990年）。

中華徵信所，《中華民國先驅企業（下冊）》（臺北：中華徵信所，1986年3月）。

中華徵信所編《2012臺灣地區大型集團企業研究》（臺北：中華徵信所，2013年）。

內藤素生《南國之人士》（臺北：臺灣人物社，1922年）。

方天龍《淬煉—登上阿爾卑斯的和成欣業》（臺北：商周文化，1996年10月）。

日本專売公社編，《樟腦專賣史》（東京：日本專売公社，1956年）。

片岡巖《臺灣風俗誌》（臺北：南天書局，1994年覆刻）。

印藤元一《香料の實際知識》（東京：東洋經濟新報社，1985年）。

杉本良《專賣制度前の臺灣の酒》（東京：著者發行，1932年6月）。

李宗雯等撰《創造財富的人（第六集）》（臺北：聯經出版事業，1976年6月）。

李庭蘭《創造財富的人（第二集）》（臺北：聯經出版事業公司，1975年3月）。

李國鼎、陳木在《我國經濟發展策略總論》（臺北：聯經出版事業公司，1987年）。

李國鼎《臺灣經濟快速成長的經驗》（臺北：正中書局，1978年）。

李國鼎《臺灣經濟發展中的科技與人才》（臺北：資訊與電腦雜誌社，1999年）。

岩崎潔治《臺灣實業家名鑑》（臺北：臺灣雜誌社，1912年）。

東京電報通信社《戰時體制下に於ける事業及人物》（東京：大空社，1990年覆刻）。

松下芳三郎《臺灣樟腦專賣志》（臺北：臺灣總督府史料編纂委員會，1924年）。

林惠雯《大稻埕查某人地圖》（臺北：博揚文化出版，1999年）。

林進發《臺灣官紳年鑑》（臺北：民眾公論社，1932年）。

金平亮三《臺灣樹木誌》（臺北：臺灣總督府中央研究所，1936年）。

帝國發明家傳記刊行會編《帝國發明家傳（下卷）》（東京：日本圖書センター，1991年）。

柯萬榮《臺南州名士錄》（臺南：臺南州名士錄編纂局，1931年）。

泉風浪《中部臺灣を語る》（臺北：南瀛新報社，1930年）。

張超群計畫主持，王俊勝等著《2008高分子產業年鑑》（新竹：工業技術研究院產業經濟與趨勢研究中心出版，2008年）。

張超群計畫主持，黃素珍等著《2011電子材料產業年鑑》（臺北：經濟部、工業技術研究院產業經濟與趨勢研究中心，2011年）。

章子惠編《臺灣時人誌》（臺北：國光出版社，1947年3月）。

陳逢源〈臺灣經濟の自給化〉，《臺灣經濟と農業問題》（臺北：萬出版社，1944年2月）。

陳瑞惠總編《生命的守護：榮民製藥廠》（臺北：行政院文化建設委員會，2005年）。

經濟部工業局編《中華民國89年工業發展年鑑》（臺北：經濟部工業局，2000年）。

臺中州勸業課編《臺灣に於ける帽子》（臺中：臺中州勸業課，1933年3月）。

臺灣日日新報社編《產業臺灣の一轉機》（臺北：編者，1930年）。

臺灣省政府建設廳編《臺灣的民營工業》（臺北：臺灣省政府建設廳，1952年）。

臺灣區造紙工業同業公會編《造紙工業四十年》（臺北：臺灣區造紙工業同業公會，1987年）。

臺灣區機器工業同業公會編《機械工業五十年史》（臺北：臺灣區機器工業同業公會，1995年）。

臺灣新民報社編《臺灣人士鑑（日刊一周年版）》（臺北：臺灣新民報社，1937年）。

臺灣銀行經濟研究室編《十七世紀臺灣英國貿易史料》（臺北：臺灣銀行經濟研究室，1959年）。

臺灣總督府商品陳列館編《臺灣に於ける家内工業》（臺北：臺灣總督府商品陳列館，年代不詳）。

劉士永撰文，檔案管理局編《榮藥濟世：行政院退輔會榮民製藥廠》（臺北：檔案管理局，2009年）。

劉益昌、林祝菁《林挺生傳：教授、校長、董事長》（臺北：商訊文化，2008年）。

潘誌甲《民營企業的發展》（臺北：聯經出版事業公司，1987年）。

蔡棟雄執行編輯《三重工業史》（臺北縣：三重市公所，2009年）。

鄭祺耀、許淑玲編《機械工業六十年史》（臺北：臺灣區機器工業同業公會，2005年）。

興南新聞社編《臺灣人士鑑》（臺北：興南新聞社，1943年）。

魏依玲主持《2000汽、機、自行車產業現況與趨勢分析》（臺北：經濟部、工業技術研究院產業經濟與趨勢研究中心，2000年）。

魏錫鈴《騎上峰頂—捷安特與劉金標傳奇》（臺北：聯經出版事業，2004年）。

專書

Douglass C. North Structure and Change in Economic History, New York: W.W.Norton, c1981.

Hu, Ming-Wen and Chi Schive, "The Changing Competitiveness of Taiwan's Manufacturing SMEs." Small Business Economics11 (1998): 315-326.

Sidney W. Mintz著，王超、朱健剛譯《甜與權力：糖在近代歷史上的地位》（北京：商務印書館，2010年）。

山田憲太郎《日本香料史》（大阪：小川香料株式會社，1948年）。

川上桃子《圧縮された産業発展——臺湾ノートパソコン企業の成長メカニズム》（名古屋大學出版會，2012年7月）。

王振華《化學工業概論》（臺北：三民書局，1978年）。

矢内原忠雄《帝國主義下の臺灣》（東京都：岩波書店，1988年6月）。

石田浩《臺灣經濟の構造と展開：臺灣は開發獨裁のモデルか》（東京都：大月書店，2003年）。

佐藤幸人《臺灣ハイテク產業の生成と發展》（東京：岩波書店，2007年）。

佐藤幸人編《臺灣の企業と產業》（千葉：アジア經濟研究所，2008年）。

吳若予《戰後臺灣公營事業之政經分析》（臺北：業強出版社，1992年）。

呂紹理《展示臺灣：權力、空間與殖民統治的形象表述》（臺北：麥田，2005年）。

李乾朗《臺灣建築史》（臺北：五南，2008年11月）。

卓意雯《清代臺灣婦女的生活》（臺北：自立晚報出版，1993年）。

周憲文《臺灣經濟史》（臺北：臺灣開明書店，1980年）。

林玉萍《臺灣航空工業史：戰爭羽翼下的1935年－1979年》（臺北：新銳文

創，2011年）。

邱顯堂主編《臺灣接著劑工業發展史》（臺北：臺灣區合成樹脂接著劑工業同業公會，2006年）。

施建生等著《1980年代以來臺灣經濟發展經驗》（臺北：中經院，1999年）。

柯志明《臺灣都市小型製造業的創業—經營與生產組織：以五分埔成衣製造業為案例的分析》（臺北：中央研究院民族學研究所，1993年）。

洪紹洋《近代臺灣造船業的技術轉移與學習》（臺北：遠流，2011年）。

洪麗完《熟番社會網絡與集體意識—臺灣中部平埔族群歷史變遷（1700-1900）》（臺北：聯經出版社，2009年）。

浜下武志、川勝平太《アジア交易圈と日本工業化》（東京：藤原書店，2001年）。

翁佳音《荷蘭時代：臺灣史研究的連續性問題》（臺北：稻鄉出版社，2008年）。

高村直助《會社の誕生》（東京都：吉川弘文館，1996年）。

高淑媛《經濟政策與產業發展—以日治時期臺灣鳳梨罐頭業為例》（臺北：稻鄉出版社，2007年6月）。

高淑媛《臺灣近代化學工業史》（臺北：臺灣化學工程學會，2012年10月）。

高淑媛《頭冷胸寬腳敏—成大早期畢業生與臺灣工業化》（臺南：國立成功大學，2011年11月）。

張清溪等著《經濟學：理論與實際》（臺北：張清溪發行，2000年）。

曹永和《臺灣早期歷史研究》（臺北：聯經出版公司，1979年7月）。

許正和、邱創勳《躍上峰頂的臺灣鐵馬：臺灣自行車產業發展史》（高雄：科學工藝博物館，2007年）。

許雪姬、楊麗祝、賴惠敏合著《續修臺中縣志・人物志》（臺中：臺中縣文化局，2010年）。

許雪姬等撰文《臺灣歷史辭典》（臺北：行政院文化建設委員會，2004年）。

許賢瑤《臺灣包種茶論集》（臺北：樂學，2005年）。

陳政宏《鏗鏘已遠：臺機公司獨特的一百年》（臺北市：行政院文化建設委員會，2007年）。

陳善鳴《臺灣化學工業發展與貿易》（臺北：明志工專，1968年）。

陳慈玉《臺北縣茶業發展史》（臺北：稻鄉，2004年）。

費爾南‧布勞岱爾（Fernand Braudel）著，施康強、顧良譯《十五至十八世紀的物質文明、經濟和資本主義　卷一》（新北市：廣場出版，2012年）。

隅谷三喜男、劉進慶、涂照彥《臺灣の經濟：典型NIESの光と影》（東京：東京大學出版會，1992年）。

黃富三《女工與臺灣工業化》（臺北：牧童，1977年）。

臺灣省文獻委員會《臺灣近代史經濟篇》（南投：臺灣省文獻委員會，1995年6月）。

劉士永《光復初期臺灣經濟政策的檢討》（臺北：稻鄉，1996年）。

劉仁傑《分工網路：剖析臺灣工具機產業競爭力的奧秘》（臺北：聯經出版事業，1999年）。

戴國煇《中國甘蔗糖業の展開》（東京：アジア經濟研究所，1967年）。

戴國煇《臺灣史探微—現實與史實的相互往還》（臺北：南天書局，1999年11月）。

謝國興《亦儒亦商亦風流：陳逢源（1893-1982）》（臺北：允晨文化，2002年），頁12-14。

謝國興《企業發展與臺灣經濟：臺南幫的個案研究》（臺北：中央研究院近代史研究所，1994年）。

謝國興《府城紳士：辛文炳和他的志業（1912-1999）》（臺北：南天書局，2000年5月）。

韓家寶著、鄭維中譯《荷蘭時代臺灣的經濟、土地與稅務》（臺北：播種者文化，2002年）。

瞿宛文《經濟成長的機制—以臺灣石化業與自行車業為例》（臺北：唐山，2002年）。

期刊及專書論文

方至民、翁良杰〈制度與制度修正：臺灣積體電路產業發展的路徑變遷（自1973至1993）〉，《人文及社會科學集刊》16：3（2004年9月），頁351-388。

四方田雅史〈模造パナマ帽をめぐる産地間競争—戦前期臺灣‧沖縄の産地形態の比較を通じて—〉，《社會經濟史學》69：2（2003年），頁169-188。

江樹生〈臺灣經營藍樹藍靛業的開始〉，《臺灣文獻》53：4（2002年12月），頁239-253。

何素花〈臺灣蠶業之發展：日治時期殖民經濟事業之一〉，《臺灣史料研究》22（2004年2月），頁72-111。

何鳳嬌〈日據時期臺灣糖業的發展〉，《國史館館刊》復刊20（1996年6月），頁71-94。

吳文星〈日治初期臺灣糖業改革之序幕〉，收入黃俊傑編《高雄歷史與文化論文集（第三輯）》（高雄：陳中和翁慈善基金會，1996年），頁1-11。

吳榮發〈淺野水泥高雄場的發展（1917-1948年）〉，《高市文獻》18：3（2005年9月），頁1-26。

吳聰敏〈1945-1949年國民政府對臺灣的經濟政策〉，《經濟論文叢刊》25：4（1997年12月），頁521-554。

李又寧〈傳統對於近代中國婦女的影響〉，載《中華民國建國史討論集二》（臺北：中央文物供應社，1981年），頁258-272。

李其霖〈清代臺灣軍工戰船廠的興建〉，《淡江史學》14（2003年12月），頁193-215。

李其霖〈清代臺灣軍工戰船廠的沒落〉，《暨南史學》12（2009年7月），頁157-200。

李進億〈萬頃花田萬斛珠：日治時期臺北地區香花產業史初探（1895-1945）〉，《臺灣文獻》60：1（2009年3月），頁267-310。

村上直次郎著、石萬壽譯〈熱蘭遮築城始末〉，《臺灣文獻》26：3（1971年9月），頁115-118。

林文龍〈臺灣螺溪硯的早期發展〉，《臺灣文獻》61：2（2010年6月），頁85-109。

林忠正〈臺灣紡織工業發展政策之研究〉，《臺灣風物》45：3（1995年9月），頁122-172。

林忠正〈臺灣近百年產業的發展—以紡織業爲例〉，《臺灣近百年史論文集》（臺北：吳三連臺灣史料基金會，1996年），頁469-504。

林哲安〈日治時期臺灣花生榨油技術的發展與運用〉，《臺灣史學雜誌》13（2012年12月），頁60-95。

林偉盛〈荷據時期的臺灣砂糖貿易〉，曹永和先生八十壽慶論文集編輯委員會編《曹永和先生八十壽慶論文集》（臺北：樂學書局，2001年），頁7-29。

洪紹洋〈戰後臺灣機械公司的接收與早期發展（1945-1953）〉，《臺灣史研究》17：3（2010年9月），頁151-182。

洪紹洋2009〈日治時期臺灣機械業發展之初探：以臺灣鐵工所爲例〉，收於國立中央圖書館臺灣分館編，《臺灣學研究國際學術研討會：殖民與近代化論文集》（臺北：國立中央圖書館臺灣分館，2009年），頁271-296。

洪麗雯〈藝術與產業的交會：清末臺灣藺草之運銷〉，《臺灣學研究》4（2007年12月），頁61-76。

洪麗雯〈日治時期臺灣藺草紙會社的出現及發展〉，《臺灣文獻》58：4（2007年12月），頁269-312。

范瑞珍〈客家產業經營探討：以姜阿新茶業經營爲例〉，《臺北文獻》150（2004年12月），頁107-130。

高淑媛著、閻立譯〈日本植民初期における臺灣人の資本主義体験〉，《經濟史研究》15（2011年），頁109-130。

堀內義隆〈日本植民地期臺湾における機械市場の形成と機械工業の発展〉，《現代臺灣研究》35（2009年3月），頁35-56。

張怡敏〈戰後臺灣民間資本累積之探討—以紅糖經營者爲例〉《臺灣社會研究季刊》35（1999年），頁119-162。

張振岳〈噶瑪蘭人的手工織布法〉，《臺灣風物》47：4（1997年12月），頁113-130。

張漢裕〈日據時代臺灣經濟之演變〉，《臺灣經濟史二集》（臺北：臺灣銀行經濟研究室，1955年），頁95-97。

許雪姬〈竹筏在臺灣交通史上的地位〉，《臺灣風物》33：3（1983年9月），頁1-9。

許雪姬〈邵友濂與臺灣的自強新政〉，收於《清季自強運動研討會論文集》（臺北：中央研究院近代史研究所，1988年6月），頁427-458。

許雪姬〈唐榮鐵工廠之研究，1940-1955〉，收於《高雄歷史與文化論文集（第二輯）》（高雄：陳中和翁慈善基金會，1995年），頁155-199。

許雪姬〈唐傳宗與鼎盛時期的唐榮鐵工廠，1956-1960〉，《思與言》33：2（1995年6月），頁67-96。

許雪姬〈戰後臺灣民營鋼鐵業的發展與限制，1945-1960〉，收於陳永發主編《兩岸分途：冷戰初期的政經發展》（臺北：中央研究院近代史研究所，2006年），頁293-337。

許毓良〈清代臺灣社會用鐵與硝磺考：兼談火器的使用〉，《臺灣文獻》55：4（2004年12月），頁107-117。

許賢瑤〈臺灣包種茶的製造與發展〉，《臺灣文獻》56：1（2005年3月），頁131-170。

許賢瑤〈日治時代臺灣包種茶的生產與交易〉，《臺北文獻》151（2005年3月），頁137-174。

都築洋次郎、山下愛子〈ロテノーンの研究史と發見者永井一雄の事蹟〉，《科學史研究》35（1955年7月），頁10-18。

陳世慶〈本省塑膠與合板的工業〉，《臺灣文獻》21：1（1970年3月），頁108-114。

陳思宇、陳慈玉〈臺灣區生產事業管理委員會對公營事業的整頓1949－1953年〉，《一九四九年：中國的關鍵年代學術討論會論文集》（國史館，2000年），頁449-488。

陳慈玉〈日據時期臺灣鹽業的發展—臺灣經濟現代化與技術移轉之個案研究〉，載中研院近史所編《中國現代化論文集》（臺北，中研院近史所，1991年3月），頁579-605。

陳慈玉〈一九四〇年代的臺灣軍需工業〉，《中華軍事史學會會刊》9（2004年4月），頁145-189。

陳慈玉〈斷裂與連續：戰時到戰後初期臺灣重要軍需工業的變遷〉，《兩岸發展史研究》7（2009年6月），頁155-199。

陳慈玉〈自軍需至民需—近代臺灣的鹼氯工業〉，《兩岸發展史研究》創刊號（2006年8月），頁1-19。

陳慈玉〈近代臺灣的鹽業與鹼業：技術移轉與產業轉型的一個案〉，《新亞學報》24（2006年1月），頁241-290。

陳慈玉〈近代臺湾の塩業とソーダ業—技術革新と産業転換の一例として〉，《社会システム研究》12（2006年3月），頁139-172。

陳慈玉〈連續與斷裂：戰後初期的臺灣工礦業，1945-1947〉，收入楊振隆編，《大國霸權or小國人權：二二八事件61週年國際學術研討會學術論文集・上冊》（臺北：二二八事件紀念基金會，2009年），頁65-124。

陳慈玉〈「計劃經濟」體制下的臺灣鋁業〉，收入謝國興編《改革與改造：冷戰初期兩岸的糧食、土地與工商業變革》（臺北：中央研究院近代史研究所，2010年），頁233-274。

陳漢光〈臺灣板輪牛車之今昔〉，《臺灣文獻》11：4（1960年12月），頁14-32。

曾品滄〈平民飲料大革命：日治初期臺灣清涼飲料的發展與變遷〉，《中華飲食文化基金會會訊》14：2（2008年5月），頁18-23。

曾品滄〈炎起爨下薪：清代臺灣的燃料利用與燃料產業發展〉，《臺灣史研究》15：2（2008年6月），頁37-78。

曾迺碩〈清季嘉義之藍澱〉，《臺灣文獻》7：1-2（1956年6月）號，頁13-21。

黃明德〈荷蘭時代東石鄉產蚵殼利用初探〉，《嘉義文獻》36（2011年12月），頁131-150。

黃紹恒〈從對糖業之投資看日俄戰爭前後臺灣人資本的動向〉，《臺灣社會研究季刊》23（1996年），頁83-146。

黃富三〈臺灣農商連體經濟的興起與銳變〉，林玉茹編《比較視野下的臺灣商業傳統》（臺北，中央研究院臺灣史研究所，2012年），頁3-36。

黃富三〈十七世紀臺灣農商連體經濟的啓動〉，陳益源主編《2009閩南文化國際學術研討會論文集》（臺南：國立成功大學中國文學系，2009年），頁121-142。

楊翠華〈美援技術協助：戰後臺灣工業化開端的一個側面〉，收入陳永發編，《兩岸分途：冷戰初期的政經發展》（臺北：中央研究院近代史研究所，2006年），頁261-292。

葉淑貞〈臺灣「新經濟史」研究的新局面〉，《經濟論文叢刊》22：2（1994年6月），頁128-148。

葉淑貞〈從歷史角度剖析臺灣戰後工業發展的特徵〉，《中國現代史專題研究報告（17）》（臺北縣，中華民國史料研究中心，1995年5月），頁508-610。

葉淑貞、劉素芬〈工業的發展〉，《臺灣近代史　經濟篇》（南投市，臺灣省文獻委員會，1995年6月），頁199-310。

葉淑貞〈臺灣工業產出結構的演變：1912-1990〉，《經濟論文叢刊》24：2（1996年6月），頁227-274。

詹立宇、張明宗、徐之強〈臺灣製造業垂直分工與產業聚集之關係〉，《經濟論文叢刊》32：4（2004年12月），頁483-511。

詹雅能〈從福建到臺灣—擊缽吟的興起、發展與傳播〉，《臺灣文學研究學報》16（2013年4月），頁116-125。

劉士永〈戰後初期臺灣工業政策與生產狀況1945-1952〉《臺灣風物》41：3（1991年10月），頁156-206。

劉克智〈臺灣婦女勞動力與工業發展之關係〉，于宗先、劉克智編《臺灣的工業發展》（臺北：中央研究院經濟研究所，1984年），頁407-431。

劉玲慧〈嘉義新港剪粘業的發展歷程與特色〉，《臺灣文獻》56：3（2005年9月），頁331-378。

劉素芬〈民國四十年代政府經濟政策與民營企業：唐榮鐵工廠改組爲公營之政策背景〉收入黃俊傑編《高雄歷史與文化論文集（第二輯）》（高雄：陳中和翁慈善基金會，1995年），頁201-299。

劉進慶〈戰後臺灣經濟の發展過程〉，收入本多健吉編《南北問題の現代的構造》（東京：日本評論社，1983年），頁143-145。

劉鶯釧、謝嘉雯〈女性勞動參與的決定因素：1905-1940年的臺灣實證〉，《經濟論文叢刊》25：2（1997年6月），頁183-205。

樊沁萍、劉素芬〈一九六○年代唐榮鐵工廠公營化個案分析〉，《人文及社會科學集刊》8：1（1996年3月），頁189-226。

蔡承豪、蕭景文〈尋找失落的產業與先民的回憶：清代平溪的藍靛業〉，《臺北文獻》，148（2004年6月），頁233-256。

蔡承豪〈從在來犁到改良犁：臺灣的犁具改良（1900s-1960s）〉，《師大臺灣史學報》2（2009年3月），頁161-214。

蔡承豪〈嘉義地區藍靛業的發展與變遷（十八世紀初—1920年代）《臺灣文獻》63：3（2012年9月），頁151-199。

蔡旺洲〈嘉義製材工廠九十年風華：回顧與前瞻〉，《臺灣史料研究》25（2005年7月），頁81-96。

蔡明璋〈臺灣的新經濟：文獻的回顧與評述〉，《臺灣社會學刊》34（2005年6月），頁211-247。

蔡喜雄〈臺灣地區製藥工業的回顧與展望〉，《臺灣經濟研究月刊》15：9（1992年9月），頁9-10。

鄭志鵬〈攘外必先安內：產業公會與臺灣鞋業治理結構形成的歷史分析〉，《人文及社會科學集刊》，23：1（2011年3月），頁15-60。

戴寶村〈陳中和與新興製糖株式會社之發展〉，收入黃俊傑編《高雄歷史與文化論文集（第三輯）》（高雄：陳中和翁慈善基金會，1996年），頁71-90。

謝國雄〈事頭、頭家與立業基之活化〉，《臺灣社會研究季刊》15（1993年11

月），頁93-129。

謝國興〈1949年前後來臺的上海商人〉，《臺灣史研究》15：1（2008年3月），頁131-172。

謝國興〈光復以來臺南縣的產業發展概述〉，《南瀛文獻》3（2004年8月），頁80-92。

謝國興〈從家族企業到企業家族：佳和紡織集團的蛻變〉，《管理資本在臺灣》（臺北：遠流，1999年），頁317-338。

謝國興〈產業調整與企業經營：光復以來的臺灣紡織業〉，《中國現代史專題研究報告》17（國史館，1995年），頁430-462。

謝國興〈戰後初期臺灣中小企業的殖民地傳承〉，謝國興主編《邊區歷史與主體性形塑》（臺北：中央研究院出版，2013年），頁45-85。

瞿宛文〈重看臺灣棉紡織業早期的發展〉，《新史學》19：1（2008年3月），頁167-227。

瞿宛文〈臺灣戰後工業化是殖民時期的延續嗎？兼論戰後第一代企業家的起源〉，《臺灣史研究》17：2（2010年6月），頁39-84。

顧雅文〈日治時期臺灣的金雞納樹栽培與奎寧製藥〉，《臺灣史研究》18：3（2011年9月），頁47-91。

國家圖書館出版品預行編目資料

臺灣工業史／高淑媛著. －－初版. －－臺北
市：五南, 2016.09
　　面；　公分
ISBN 978-957-11-8473-9（平裝）

1.工業史　2.臺灣

555.933　　　　　　　　　　104029020

1WH7

臺灣工業史

作　　者 ― 高淑媛

發 行 人 ― 楊榮川

總 編 輯 ― 王翠華

主　　編 ― 陳姿穎

責任編輯 ― 許馨尹

封面設計 ― 陳翰陞

出 版 者 ― 五南圖書出版股份有限公司

地　　址：106台北市大安區和平東路二段339號4樓

電　　話：(02)2705-5066　　傳　　真：(02)2706-6100

網　　址：http://www.wunan.com.tw

電子郵件：wunan@wunan.com.tw

劃撥帳號：01068953

戶　　名：五南圖書出版股份有限公司

法律顧問　林勝安律師事務所　林勝安律師

出版日期　2016年9月初版一刷

定　　價　新臺幣350元